**HAYMON** verlag

Lukas Morscher

# Innsbrucker Alltagsleben 1830–1880

Veröffentlichungen des Innsbrucker Stadtarchivs, Neue Folge 51

Auflage:
4     3     2     1
2016  2015  2014  2013

© 2013
**HAYMON** verlag
Innsbruck-Wien
www.haymonverlag.at

ISBN 978-3-7099-7085-0

Umschlag- und Buchgestaltung, Satz:
hœretzeder grafische gestaltung, Scheffau/Tirol
Grafische Nachbearbeitung der Abbildungen: Benno Monz
Abbildungen: Alle Stadtarchiv/Stadtmuseum Innsbruck, außer
S. 23, 33, 45, 50, 56, 69, 72, 77, 97, 102, 104, 113, 126, 140, 151, 158, 162, 163,
167, 172, 190, 207, 233, 239 Sammlung Kurt Klieber

Bildnachweis: Trotz intensiver Bemühungen konnten nicht alle Inhaber-
Innen von Bildrechten ausfindig gemacht werden. Für entsprechende Hinweise
ist der Autor dankbar.

Gedruckt auf umweltfreundlichem,
chlor- und säurefrei gebleichtem Papier.

VORWORT

Christine
Oppitz-Plörer
Bürgermeisterin
und Kulturreferentin
der Tiroler Landes-
hauptstadt Innsbruck

## Eine Zeitmaschine aus Papier und Druckerschwärze

Bereits zum dritten Mal beweist Lukas Morscher, dass er
weder Schraubenzieher, Hammer noch Nägel braucht, um
eine Zeitmaschine zu bauen. Ihm genügen einige Blätter
Papier, etwas Druckerschwärze und die historischen Schätze
des Stadtarchiv/Stadtmuseum Innsbruck. Mit seinem dritten
Werk aus der Reihe „Innsbrucker Alltagsleben" lädt er alle
Interessierten auf eine Reise in das „vergangene" Innsbruck
ein und präsentiert Interessantes, Skurriles, Bewegendes,
Lustiges, Tragisches, Amüsantes, Schönes und vieles mehr
aus den Jahren 1830 bis 1880.

Schlägt man heute die Zeitung auf, findet man darin
Nachrichten aus der ganzen Welt. Angesichts dieser werden
die lokalen Geschehnisse oftmals nur gestreift. In dem um-
fangreichen Rückblick „Innsbrucker Alltagsleben 1830–1880"
liegt der Fokus auf ebendiesen lokalen Ereignissen. Dabei ist
die Bandbreite der präsentierten Geschichten erstaunlich:
Egal ob die Taten Kleinkrimineller, der Besuch des Kronprinzen Rudolf, Werbeanzeigen oder Berichte über den ersten „Sprechtelegraphen" sowie den Beginn der Gasbeleuchtung – das Werk enthält all jene Geschichten, welche die
Innsbruckerinnen und Innsbrucker einst beschäftigt haben.
In den Artikeln der damaligen Zeitungen zeigt sich nicht
nur die rasante Weiterentwicklung in kürzester Zeit, in
ihnen spiegelt sich auch jene Vielfalt wider, die unsere alpin-
urbane Landeshauptstadt – damals wie heute – prägt und
einzigartig macht. Ein weiteres Mal wird deutlich, dass Innsbruck eine bunte Stadt ist, die sich durch einen unglaubli-
chen Facettenreichtum in den unterschiedlichsten Bereichen
wie Sport, Kultur, Bildung, Architektur und Gesellschaft aus-
zeichnet.

Ich danke Lukas Morscher – dem Experten für die
Geschichte unserer Stadt – dafür, dass er allen Leserinnen
und Lesern mit dieser faszinierenden Alltagschronik die
Möglichkeit gibt, einen Streifzug durch fünf Jahrzehnte
Leben in und rund um Innsbruck zu unternehmen. Mit etwa
200 Bildern, Drucken und Fotografien, von denen viele
zum ersten Mal veröffentlicht werden, wird die längst vergangene Stadtgeschichte wieder lebendig und greifbar.

*Innsbruck, August 2013*

Lukas Morscher
Stadtarchiv/
Stadtmuseum
Innsbruck

# Eine letzte „Gebrauchsanleitung"

Sie halten den dritten und letzten Band des „Innsbrucker Alltagsleben" in Händen. Warum erscheint der zeitlich erste Band
als letzter dieser kleinen Reihe?

Die im vorliegenden Buch beschriebene Epoche ist diejenige,
die uns allen weitgehend fremd ist. Nur einzelne Stichworte,
etwa das Revolutionsjahr 1848, sind uns vielleicht noch aus
dem Geschichtsunterricht in Erinnerung. Ansonsten ist dieser
Zeitraum – wenn auch zu Unrecht! – ein unbekanntes Terrain.

Die sehr positiven Rückmeldungen zu den anderen beiden
Bänden haben mich darin bestärkt, die von Anfang an geplante
Trilogie auch abzuschließen.

Wenn es mit diesem Buch gelingen sollte, ein wenig Licht
auf Leben, Glück und Sorgen unserer Vorfahren zu werfen, so
ist schon viel erreicht. Gleichzeitig ist der Band natürlich kein
Geschichtsbuch mit Anspruch auf Vollständigkeit. Bei der Auswahl der Zeitungsartikel steht für mich auch die Unterhaltung
der Leserinnen und Leser im Vordergrund. Und die Maxime
lautet: Nicht aus der Sicht des Heute, des angeblich aufgeklärten
21. Jahrhunderts auf die „Alten" hinabschauen, nicht belehren,
nicht deuten, sondern einfach nur Episoden aus deren Alltagsleben zeigen.

Allerdings gibt es in der Erstellung dieses Bandes ein paar
Abweichungen gegenüber seinen Vorgängern. Bei der Auswahl des Bildmaterials musste ich wesentlich „großzügiger"
sein: sowohl was die zeitliche als auch die räumliche Dimen-
sion angeht. Topographische Fotos tauchen in Innsbruck erst
in den 1860er Jahren auf; Bildpostkarten um 1890/95. Da war
so mancher Vorgriff erforderlich. Zum Teil sollen die Bilder
einfach eine Atmosphäre vermitteln. Und natürlich sind auch
wieder ein paar Gustostückerln dabei.

Dem aufmerksamen Leser wird auffallen, dass die Seitenzah-
len der Zeitungen anfangs das ganze Jahr durchlaufen. Zudem
gab es hier häufig Satzfehler, sodass eine spätere Ausgabe unter
Umständen eine niedrigere Seitenzahl oder fortlaufende Num-
mer haben kann. Diese Daten habe ich natürlich so belassen.
Manche Korrekturen wurden aber doch vorgenommen, um Ver-
ständnisschwierigkeiten zu vermeiden. Zusätzlich finden Sie im
Anhang ein kleines Glossar mit einigen Begriffserläuterungen.

Schlussendlich stößt man beim Tiroler Boten vielleicht
noch auf einige Verwirrung: Es beginnt mit dem sich mehr-

fach ändernden Namen, was ich im Anhang zu erklären versucht habe, und geht weiter mit den diversen Beilagen, wie beispielsweise dem sogenannten Intelligenz-Blatt. Doch ein interessanter Name für eine Zeitung.

Ich möchte mich für die zahlreichen Rückmeldungen bedanken, die mich zu den beiden Vorgängerbänden erreicht haben. Es waren interessante, lustige und manchmal auch traurige Episoden, die mir Leserinnen und Leser berichtet haben. Besonders freut mich, dass auch Menschen, die nach eigenen Aussagen sonst Lesemuffel sind, die bisherigen Bände gelesen haben.

Das Zusammenstellen der Texte, die Auswahl der Bilder, die Recherchen und die Arbeit mit dem Verlag haben sehr viel (Frei-)Zeit in Anspruch genommen, und doch war es mir zweifellos ein echtes Vergnügen, an den Büchern arbeiten zu dürfen.

Um den Band mit bislang unveröffentlichten Dokumenten „garnieren" zu können, hat mir Kurt Klieber einen Einblick in seine schier unglaubliche Sammlung gegeben und mir wunderbare Dokumente völlig unkompliziert zur Verfügung gestellt. Danke Kurt!

Ein solches Buch entsteht über einen längeren Zeitraum. Es bedarf eines strapazierfähigen freundschaftlichen Kontaktes zwischen Autor und Verlag. Hier möchte ich nachdrücklich meiner Lektorin Dorothea Zanon und dem Programmleiter des Haymon Verlags Georg Hasibeder danken, die mich und die Entstehung der Bücher enorm unterstützt haben. Ohne sie wären sie wohl nie erschienen.

Meinem privaten Umfeld und Freundeskreis danke ich zutiefst für Geduld, Nachsicht und Verständnis.

Danke für Ihr Interesse!

*Innsbruck, August 2013*

## Eine Zeit des Umbruchs auf allen Ebenen
## Tirol und Österreich 1830–1880

Wenn wir heute an den Zeitraum von 1830 bis 1880 denken, dann vor allem an mehrere Einzeldaten: das Revolutionsjahr 1848, die erfolgreichen Feldzüge von Feldmarschall Radetzky und die Schlacht bei Königgrätz 1866. Dass die politische und gesellschaftliche Realität wesentlich facettenreicher war, liegt auf der Hand.

Der Krieg gegen Napoleon hatte das nach dem Ende des Heiligen Römischen Reiches Deutscher Nation geschaffene Kaisertum Österreich in den wirtschaftlichen Bankrott geführt. Im Jahr 1811 erklärte Kaiser Franz I. den Staatsbankrott. Durch den Wiener Kongress 1815 wurde eine europäische Nachkriegsordnung geschaffen, im Zuge derer Länder und Territorien mehrfach den Regenten wechselten.

Der Verlust der österreichischen Niederlande und der Vorlande, der Zugewinn von Salzburg und des Innviertels waren die wesentlichsten territorialen Veränderungen. Oberitalien wurde bis zum Po unmittelbar beherrscht und Habsburger regierten in den Herzogtümern Parma, Modena und Toskana.

Gleichzeitig übernahm Österreich im 1815 gegründeten Deutschen Bund, der bis 1866 Bestand haben sollte, die führende Rolle. Mit einem knappen Drittel der Bevölkerung war das Kaisertum Österreich die zahlenstärkste Macht im Deutschen Bund. Es folgte in Europa eine militärisch „ruhigere" Zeit. Dafür begann eine geistige Aufbruchsstimmung, die sich bis 1848 in mehreren Wellen über Europa ausbreitete. Die Stichworte hierfür sind Vormärz und Biedermeier. Das Biedermeier mit seiner „Flucht ins Private" des Bürgertums bezieht sich vor allem auf die Kunst, die Literatur und die Mode. Der Vormärz hingegen war eine Bewegung des Liberalismus und des Nationalismus in einem Klima von Unterdrückung und Repression, die 1848 in den Revolutionen ihren Höhepunkt und vorübergehenden Abschluss fand.

Die prägende politische Figur dieser Zeit war Fürst Metternich, der mit einem System von Verträgen und Allianzen die europäische Politik weitgehend lenkte und im Inneren energisch gegen die aufkommenden liberalen und nationalen Bewegungen vorging.

Die Vorgänge des Jahres 1848 erfassten beinahe alle europäischen Staaten und nahmen ihren Ausgang – wieder einmal – in

Frankreich. In der Habsburgermonarchie waren die Aufstände vor allem von nationalen Gedanken getragen. In Wien wurden die Aufstände mit militärischer Gewalt niedergeschlagen, die tausende Opfer forderte. Der schwache und völlig überforderte Kaiser Ferdinand „der Gütige" – im Volksmund als „Gütinant der Fertige" verspottet – floh vor dem Aufstand ins loyale Tirol. Die von der Zensur kontrollierten Tiroler Zeitungen waren voller Begeisterung über den länger währenden hohen Besuch. Kritik oder Infragestellungen waren nicht möglich.

Gleichzeitig wurden mehrere Verfassungsentwürfe ausgearbeitet, die aber schrittweise wieder außer Kraft gesetzt wurden. Der neue Kaiser – Franz Joseph I. – regierte bis ins Jahr 1859 in der Phase des Neoabsolutismus wieder autoritär. Der uns als so freundlich erscheinende ältere Herr mit dem seltsamen Backenbart lenkte als absoluter Herrscher die Länder mit eiserner Hand. Die zweite Hälfte des 19. Jahrhunderts ist auch eine Geschichte des persönlichen Schicksals von Kaiser Franz Joseph I. Mit seinem Lebensende war auch der Untergang der Österreichisch-Ungarischen Monarchie längst besiegelt. Ein Herrscher, der noch in der Pferdekutsche durch sein Riesenreich reiste, den Aufstieg der Eisenbahn erlebte, um schließlich im modernen Automobil durch die Städte seines Reiches zu fahren. In einem solchen wurde später auch sein Thronfolger Franz Ferdinand in Sarajevo erschossen.

In Italien, wo das Kaisertum Österreich noch große Territorien und vor allem politische Interessen verteidigte, führte die nationale Einigungsbewegung zu gewaltsamen Aufständen, die von europäischen Mächten unterstützt wurden, die gegen die Habsburger agieren wollten. Nach einigen militärischen Erfolgen, nicht zuletzt durch den legendären Feldmarschall Radetzky, gingen binnen weniger Jahre alle Besitzungen in Italien verloren. Die schreckliche Schlacht bei Solferino 1859, bei der zehntausende Soldaten nach der Schlacht aufgrund des völligen Fehlens einer geeigneten medizinischen Versorgung starben, führte zur Gründung des Roten Kreuzes und der Genfer Konvention.

Brennender als die Abgrenzung nach Süden war die Klärung der sogenannten Deutschen Frage. Preußen und Österreich kämpften um die Vorherrschaft im Deutschen Bund. Die Kleindeutsche Lösung, die von Preußens Ministerpräsident Otto von Bismarck betrieben wurde, sah den Deutschen Bund unter der Führung Preußens unter gleichzeitigem Ausschluss des Kaisertums Österreich vor. Die Großdeutsche Lösung hätte einen Zusammenschluss weitgehend aller deutschsprachiger Staaten unter der Führung Österreichs gebracht. Der Deutsche Krieg 1866 sollte schließlich die Entscheidung für die Kleindeutsche Lösung bringen, die 1871 mit dem Deutschen Reich einen weiteren Nationalstaat entstehen ließ. Die für den Deutschen Krieg entscheidende Schlacht fand am 3. Juli 1866 bei Königgrätz in Böhmen statt. Diese Schlacht endete mit einer vernichtenden Niederlage der Truppen der Österreicher und ihrer Verbündeten. Damit verlor Österreich jeden Einfluss auf die deutsche Politik und schied de facto aus dem deutschen „Staat" aus.

Dennoch war die entscheidende Veränderung in Österreich der Ausgleich mit Ungarn im Jahr 1867. Damit wurden der ungarischen Reichshälfte weitgehend die gleichen Rechte eingeräumt. Aus dem Kaisertum Österreich wurde die Österreichisch-Ungarische Doppelmonarchie. Die Grenze bildete das Flüsschen Leitha; daher wurden die beiden Reichshälften als Cisleithanien und Transleithanien, also diesseits und jenseits der Leitha, bezeichnet. Der Ausgleich schuf zwar mit den Ungarn ein tragfähiges Staatsgefüge, eröffnete aber mit den slawischen Völkern der Monarchie zugleich eine neue „Front", von der sich die Monarchie nie mehr erholen sollte.

Im Zuge der 1860er Jahre wurden zahlreiche gesetzliche Regelungen, allen voran die sogenannte Dezemberverfassung von 1867, erlassen, die eine neue und bis heute weitgehend gültige Form der Rechtsstaatlichkeit bedeutete. Von der Gewerbeordnung 1859 über das Recht der persönlichen Freiheit und dem Schutz des Hausrechts 1862 bis zur Niederlassungsfreiheit der Juden wurden beinahe alle Bereiche des menschlichen Lebens auf eine neue Basis gestellt.

Nach diesen ereignisreichen Jahren fanden die Entwicklungen vor allem auf technischer Ebene statt. Seit dem Siegeszug der Eisenbahn, über die Innsbruck 1858 an die „weite Welt" angeschlossen wurde, sorgten beinahe jährlich technische Innovationen für Veränderung. Das sogenannte Stadtgas, die technisierte Müllentsorgung, Wasserleitungen aus Bleirohren, aber auch die ersten Telefonapparate und dann der elektrische Strom und viele weitere Erfindungen erleichterten den Alltag.

Und noch eine neue Erscheinung trat auf den Plan: Menschen, die zur Sommerfrische aufs Land reisten, um dort die heißen Monate zu verbringen. Oft brachten sie Ideen und Moden aus der Stadt mit aufs Land. Neben der neuen Einkommensquelle veränderte sich auch die Einstellung der Landbevölkerung zu ihrer Heimat. Eine Art Nationalbewusstsein begann sich zu entwickeln – der Stolz, dass das Land so „wichtig" ist, dass Fremde eigens kommen, um es zu besuchen.

Für Tirol waren diese Jahrzehnte an allen Ecken und Enden von großer Bedeutung. Die Kriege in Italien sorgten für den Durchzug von Truppen und die Notwendigkeit, Verwundete unterzubringen. Der Anschluss an das Eisenbahnnnetz machte Entfernungen „kürzer", das heißt, sie konnten rasch und günstig überwunden werden. Das galt für Truppen, Waren, aber auch für die erwähnten Sommerfrische-Gäste.

In der Stadt Innsbruck veränderte sich das Bild der Geschäfte nachhaltig. Waren es früher traditionelle Händler, die meist lokale Waren anboten, konnten jetzt Produkte und auch Luxusgüter aus der „ganzen Welt" gekauft werden. Beachtlich ist nebenbei, wie schnell sich die Sprache und Machart der Inserate änderte, wie im Verlauf dieses Buches schön zu erkennen ist.

In den Zeitungsartikeln deuten überraschend wenige Anzeichen auf das bevorstehende Ende des bestehenden Reiches hin. Die politischen Ränke und Intrigen unterscheiden sich nicht wesentlich von jenen in den vorhergehenden Jahrzehnten.

Es sind größtenteils noch recht unbeschwerte Jahre und Jahrzehnte, die die Menschen in Innsbruck verleben sollten. Die „gute alte Zeit" neigt sich aber schon deutlich dem Ende zu.

# 1830

7. JÄNNER »| ## Auch wir haben hier, wie fast allerwärts,

einen ungewöhnlich frühen und strengen Winter. Seit Weihnachten ist die Kälte immer im Steigen begriffen gewesen, das Thermometer wechselte von -14 bis -20 Reaumur. Nahe am Wasser stand es auch schon auf mehr als 21 Grad. Der Inn ist von hier bis Hall mit Ausnahme weniger Stellen ganz zugefroren, ein Ereigniß, welches seit dem Jahre 1788 nicht mehr statt fand. In diesem Jahre hatte aber auch der kälteste Tag -25 Grad, eine Kälte, wie man sie seitdem hier nicht mehr erlebt hat. « Bothe von Tirol, Nr. 2, S. 1.

1. FEBRUAR »| ## Bekanntmachung.

Mit hoher Bewilligung werden am 9., 10. und 11. Februar d. J. in der v. Anreiterischen Behausung nächst der Kapuziner-Kirche dahier, im zweiten Stock von 9 bis 13 Uhr Vormittags und von 2 bis 5 Uhr Nachmittags, gegen alsogleiche Zahlung, und zwar an den ersten beiden Tagen ein Pianoforte, Spiegel, Steckuhren, Kommode und andere Kästen, Kanapee, Sessel, Spiel- und Speisetische, Bilder, dann ein Service von Steingut, mehrere Arten von Gläser, gemeine Küchen- und Hauseinrichtungsstücke, endlich auch Schießgewehre, mehreres brauch- und unbrauchbare Eisen; am 11. Februar aber ausschließend von 9 bis 11 Uhr verschiedene Bücher, einige Landkarten und Kupferstiche an den Meistbiethenden veräußert. « Intelligenz-Blatt, Nr. 9, S. 53.

Ein Bild für Ratefüchse: Es ist der Blick von der Kaiserjägerstraße Richtung Universitätsstraße mit der Kapuzinerkirche links hinten.

Ein Idyll: das ehemalige Kurbad Egerdach mit der Stadt Innsbruck und der Martinswand im Hintergrund.

5. AUGUST  »│ Uebersicht der Heilquellen von Tirol und Vorarlberg,

entworfen von Professor F. C. Karpe im Jahre 1828. [...] Ampaß bei Innsbruck im Unterinnthale, eine salzig-erdige Quelle, hart an der Haller Innsbruck; ich zweifle nicht, daß es dieses Bad ist, welches man ehemals das Enbricklerbad nannte und einen größeren Ruf als heut zu Tage hatte. [...]

Egerdach bei Innsbruck hat eine Quelle, welche schwefelsaure und salzsaure Neutral- und erdige Mittelsalze enthält, und gegen chronische Hautkrankheiten, Störungen des Kreislaufes und den Verrichtungen in den Unterleibs-Organen und gegen Nervenkrankheiten als Bad gebraucht wird. « Bothe von Tirol, Nr. 62, Anhang, S. 248.

7. OKTOBER  »│ Der heutige Tag war für unsere Hauptstadt

ein zweifacher Festtag, denn an die Feier des allerhöchsten Namens unseres Herrn und Landesvaters knüpfte sich auch noch die Feier der Wiedereröffnung der Ritterakademie. Von der unvergeßlichen Kaiserin Maria Therese im Jahre 1775 als collegium nobilium gegründet, wurde dieses Institut, nachdem es im Laufe der Zeit mehrere Aenderungen, die endlich im Jahre 1813 mit seiner gänzlichen Auflösung endigten, erlitten hatte, durch einen Akt der Großmuth und Gerechtigkeit Sr. Majestät mit allerhöchster Entschließung vom 22. November 1828 der ursprünglichen Stiftung gemäß als Unterrichts- und Erziehungsanstalt wieder

hergestellt. Die von Sr. Majestät am 10. August d. J. allergnädigst ernannten acht-
zehn Stiftlinge, welche bereits in den ersten Tagen dieses Monats in dem Institute
eingetroffen waren, verfügten sich vor 9 Uhr Morgens, angeführt von ihrem Vice-
Direktor, dem Gymnasiallehrer Dr. Norbert Oberhauser, und von den beiden Inspektoren Dr. Sigmund Gschnaller und Dr. Adalbert Inama, sämmtlich Conventualen
des Prämonstratenser-Stiftes Wiltau, dem die Leitung und Aufsicht dieser Anstalt
anvertraut ist, in die Wohnung Sr. Excellenz des Herrn Landesgouverneurs Friedrich Grafen v. Wilczek, wo sich auch die Herrn Gubernialräthe versammelten. [...]
Diese Feierlichkeit nahm um so mehr die allgemeine Theilnahme der sehr zahlreichen und glänzenden Versammlung, in welcher sich die höchsten Civil- und Militär-
Beamten, ein großer Theil des hiesigen Adels und die aus allen Landestheilen herbei gekommenen Eltern und Verwandten der Zöglinge befanden, in Anspruch, als
die Wiedereröffnung dieser Akademie wirklich ein vom Lande Tirol, insbesondere
aber vom Adel dieser Provinz lang entbehrtes Bedürfniß und eben deßhalb eine der
größten Regenten-Wohlthaten unseres angebeteten Monarchen ist. [...] «

Bote von Tirol, Nr. 80, S. 317.

13. DEZEMBER    »» | ## Bekanntmachung.

Es wird von Seite der Armenfonds-Vorstehung von Wiltau zur
Kenntniß gebracht, daß man bei dem künftigen Jahreswechsel die zur Beseitigung
der lästigen Neujahrswünsche und Visiten eingeführten Entschuldigungskarten
gegen den üblichen per 24 kr. vom Stücke ausgegeben werden. Dieses wird den
großmüthigen Wohlthätern der vielen und bedürftigen hierortigen Armen mit der
Bemerkung bekannt gemacht, daß die Entschuldigungskarten entweder in der k. k.
Landesgerichtskanzlei, oder beim Gemeindevorsteher Hrn. Peter Paul Posch, Haus
Nr. 93, oder im Oberrauchischen Kaffeehause Nr. 72 zu jeder beliebigen Stunde gelöst
werden können. Wiltau, den 9. Dez. 1830. «    Intelligenz-Blatt, Nr. 99, S. 778.

Mit der Neujahrs-
Entschuldigungskarte
„befreite" man sich
von den lästigen
Besuchen zu Neujahr
und es kam Geld für
wohltätige Zwecke
zusammen.

# 1831

Ein Redoutengebäude, wie hier vor dem Stadtsaal, war nichts anderes als ein Ballsaal. Veranstaltungszentrum nennt man das heute.

**13. JÄNNER** >> **Vorgestern traf der Herzog von Lucca**

unter dem Namen eines Grafen v. Stiava aus Italien kommend hier ein, stieg im Gasthof zur goldenen Sonne ab, und setzte Tags darauf die Reise nach München fort. << Bothe von Tirol, Nr. 4, S. 13.

**20. JÄNNER** >> **Die am letzten Sonntage den 16. l. M. stattgehabte Armen-Redoute**

gewährte eine Gesammteinnahme von 883 fl. R.W. und über Abzug der Unkosten von 193 fl. 22 kr. R.W. einen reinen Ertrag zum Vortheile der hiesigen Armenversorgung per 689 fl. 38 kr. R.W. Indem die Armenkommission diese großmüthige Unterstützung zur allgemeinen Kenntniß bringt, erstattet sie ihren schuldigen Dank an Alle, welche theils durch Abgabe von Preisen oder deren Ankauf, theils durch Besuch der Redoute, oder Verzichtleistung auf ihre festgesetzte Gebühren zur Förderung einer so reichen Einnahme wohlthätig beitrugen. << Bothe von Tirol, Nr. 6, S. 21.

Ein zeitlicher Vorgriff um viele Jahrzehnte: eine wunderbare Jugendstil-Werbung für ein Parfüm.

2. MAI »

## Auf Ansuchen der Gemeinde Mühlau

hat das k. k. Landgericht Hall den dieser Gemeinde neu verliehenen, und auf den 4. Mai fallenden Viehmarkt, bei dem Umstande, daß in der
nächst gelegenen Gemeinde Arzl noch immer die Hornviehkrankheit herrschet,
für das laufende Jahr aufzuheben befunden. « Bothe von Tirol, Nr. 35, S. 137.

14. JULI »

## Unsere zwei französisch chemische Parfüms-Fabrikate,

d. i. das aromatische Damen-Toilette- und Lavendelwasser, ist
von nun an im Kaufgewölbe der Nadelmacher Stockerschen Erben unter den Lauben
neben Hrn. Kaufmann Rieß zu haben. Der Preis für eine ganze Flasche vom erstern
ist um 36 kr. und vom letztern um 30 kr. R. W. bestimmt, halb Dutzende aber mit-
sammen genommen zu 3 fl. und 2 fl. 30 kr. in Kästchen gehörig verpackt. Da unser
obgenanntes Damen-Toilette-Wasser aus eben denselben edeln Kräutern und Essenzen wie das echte Köllner Wasser von Farina probmäßig zusammen gesetzt ist, so
können wir dasselbe auch in und nach dem Bade gebraucht, gehörig wirkend empfehlen. Innsbruck, im Juli 1831. Mar. L. Karg, Nr. 416 am Eingang der Höttingergasse
rechter Hand zu ebener Erde. « Intelligenz-Blatt, Nr. 56, S. 365.

　》》 Bereits gestern Abends begann der Innstrom

schnell zu einer ungewöhnlichen Höhe anzuwachsen. Da jedoch der Sillfluß, welcher nach der bisherigen Erfahrung in den Fällen bedeutender Ueberschwemmungen wegen der näher gelegenen Wildbäche, die sich in denselben ergießen, nicht anschwoll; so sah man mit Zuversicht dem baldigen Fallen des Inns entgegen. Gegen alle Erwartung stieg jedoch das Wasser bis heute von Stunde zu Stunde, und hatte um 9 Uhr früh die höchste Höhe mit 13 ½ Schuh über den Stand des Winterwassers erreicht. Die Hälfte des Innrains, so wie die Strecke von der Innbrücke bis zum goldenen Dache war von dem ausgetretenen Wasser überschwemmt, und die zweckmäßig geleitete Kommunikation wurde mir den übrigen Gassen durch Schiffe und Nothbrücken erhalten. Die Eilwägen mußten über Hötting und Mühlau instradirt werden, und nicht ohne Gefahr vermochten die eben dem Laurenzimarkt zuströmenden Marktleute ihren Weg auf der Straße von dem Ober- und Unterinnthale fortzusetzen. Brücken, Hausgeräthschaften, Vieh, Bäume, Holzstämme und eine Menge Getreidegarben drängten sich durch die Brücke, dessen feste Pfeiler die Wasserprobe bestanden, und deren uneingeschränkte Breite die Masse des aus so vielen Haupt- und Nebenthälern zusammengestürzten Wassers ohne Zurückstauung und ohne Gefahr für einzelne Stadtviertel zu fassen vermochte. Seit dem Jahre 1789 hat der Inn nie einen so hohen Wasserstand erreicht, und mit banger Erwartung sehen wir den Nachrichten aus dem Oberinnthale entgegen, wo sich bedeutende Verheerungen und Unglücksfälle ergeben haben dürften. Vorläufig ist nur so viel bekannt, daß die vor wenigen Jahren neu erbaute Innbrücke bei Zams zerstört wurde. Wir behalten uns vor, die detaillierten Schadensbeschreibungen, so wir solche erhalten, unseren Lesern mitzutheilen. 《 Bothe von Tirol, Nr. 65, S. 257.

　》》 Am 1. des nächstkünftigen Monats Oktober

wird an der hiesigen k. k. Leopold-Franzens-Universität das Studienjahr 18³¹/₃₂ mit einer kirchlichen und akademischen Feier auf die bisher übliche Weise eröffnet werden; am 3. Oktober beginnen die Vorlesungen der verschiedenen Studien-Abtheilungen. Dieses wird hiemit zur öffentlichen Kenntniß gebracht. 《 Bothe von Tirol, Nr. 72, S. 285.

　》》 Es wird hiemit zur öffentlichen Kenntniß gebracht,

daß der Herr Spitalarzt Dr. v. Wocher, nachdem er die Unterrichtung der für die Choleraspitäler bestimmten Wärter und Wärterinnen geschlossen hat, auch die Unterweisung der Domestiken unentgeldlich übernommen habe, die sich für ihre Herrschaft und Angehörigen für den Fall des Ausbruches der Cholera zu unterrichten wünschen. Männliche Domestiken haben sich künftigen Dienstag am 11. Okt. d. M. um 10 Uhr Vormittags in der Universität in dem Hörsaale des Hrn. Professors Maurmann, weibliche Dienstbothen aber am kommenden Donnerstage den 13. d. M. zu derselben Stunde in dem obenerwähnten Lokale einzufinden. Innsbruck am 9. Okt. 1831. K. k. Lokal-Sanitätskommission. ≪ Bothe von Tirol, Nr. 81, S. 321.

1. DEZEMBER ≫ ## Oeffentlicher Dank.

Die bestandene löbliche Sanitätskommission zu Innsbruck hat dem unterfertigten Kreisamte 500 Exemplare des Unterrichtes zu einer zweckmäßigen Wartung Cholerakranker, verfaßt vom Spitalarzte Hrn. Dr. v. Wocher, und in Druck gelegt auf Kosten eines Wohlthätigkeitsvereines, zur Vertheilung in diesem Kreise übersendet. Indem dieser Unterricht so eben seiner Bestimmung gewidmet wird, hält sich das unterfertigte Kreisamt verpflichtet, der belobten Kommission für das menschenfreundliche Wohlwollen gegen die Bewohner dieses Kreises den wärmsten Dank öffentlich hiemit auszudrücken. Bozen, den 26. Nov. 1831. K. K. Kreisamt an der Etsch. ≪ Bothe von Tirol, Nr. 96, S. 381.

Seuchen wie die Cholera waren auf die fehlende Trennung von Trink- und Abwasser zurückzuführen.

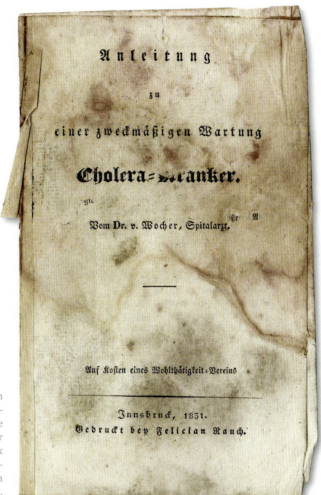

Während der ersten Hälfte des 19. Jahrhunderts trat die Seuche immer wieder auch in Innsbruck auf, aber die Behandlungsmöglichkeiten waren schlecht.

29. DEZEMBER ≫ **Der kürzlich verstorbene ständische Vertreter der Stadt Innsbruck,**
und Aktivitätsvokal Hr. Dr. Felix v. Riccabona hat dem Provinzial-Taubstummen-Institute einen bedeutenden im Bezirke der Gemeinde Hötting gelegenen, und beiläufig 900 Morgen haltenden Wald ohne irgend eine Bedingung zum Geschenke gemacht. Indem die Landestelle wegen der bestmöglichsten Benützung dieses werthvollen Geschenkes das Nöthige einleitet, hält sie sich verpflichtet, hier zugleich die ehrende Anerkennung einer so menschenfreundlichen Handlung öffentlich auszusprechen. ≪ Bothe von Tirol, Nr. 104, S. 413.

# 1832

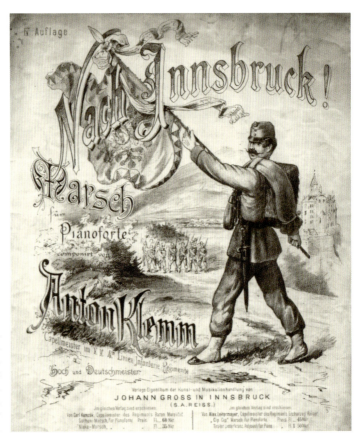

Die zahlreichen Kriege führten zu einer steten und massiven Präsenz von Truppen im Stadtbild. Dauernd wurde an einer der Grenzen gekämpft.

» Die Feier des am 12. d. M. eingetretenen a. h. Geburtsfestes Sr. Majestät

hat wieder einen sprechenden Beweis geliefert, wie sehr alle Klassen der Bewohner dieser Provinzial-Hauptstadt in den Gesinnungen unwandelbarer Treue, aufrichtiger Ergebenheit und inniger Verehrung übereinstimmen, und in den herzlichsten Wünschen für dessen lange Erhaltung sich begegnen. Schon am Vorabende des hohen Festes wurden von den Musikbanden der hier garnisonirenden k. k. Truppen, [...] vor der k. k. Burg in Gegenwart einer zahlreichen Menschenmenge mehrere gewählte Musikstücke vorgetragen. In der Frühe des festlichen Tages selbst verkündete der Donner des Kanonengeschützes den Bewohnern von Innsbruck und seiner Umgebungen den Anfang der erhabenen Feier, an der jeder gutgesinnte österreichische Unterthan mit freudiger Begeisterung Theil nimmt. [...] « Bothe von Tirol, Nr. 14. S. 50.

## ›› Die hiesige Tischler-Innung

zeigt anmit ergebenst an, daß sie zur Bequemlichkeit des Publikums im Hause Nr. 213 ½ in der Neustadt, dem Servitenkloster gegenüber, zu ebener Erde, eine Niederlage von soliden und eleganten Tischler-Arbeiten von allen Gattungen zu billigen Preisen errichtet, und zum Verkaufe ausgestellt hat. Es werden dort auch Bestellungen von Tischler-Arbeiten aller Art angenommen und auf's Beste besorgt werden. Es wird sich zu geneigtem Zuspruch bestens empfohlen. ««

Intelligenz-Blatt, Nr. 28, S. 187.

Ein fast zeitgenössischer Blick in die südliche Maria-Theresien-Straße, als diese noch als Neustadt bezeichnet wurde.

## ›› Um 2 ½ Uhr Nachmittags schlug auch den Bewohnern

dieser Hauptstadt und ihrer Umgebung eine frohe glückliche Stunde. Ihre Majestäten trafen von der letzten Nachtstation Landeck hier ein, herbeigesehnt seit dem ersten Momente, der dieses Glück ankündete, von vielen tausend Herzen. Von den Pöllerschüssen und Glockentönen der benachbarten Dörfer angemeldet, wurden Allerhöchstdieselben an dem Triumphbogen, der die Gränze des Landgerichts Wiltau und der Gemeinde Hötting bezeichnete, von geistlicher und weltlicher Gerichts- und Gemeinde-Vorstehung, an dem die Gränzmarke der Stadt bezeichnenden Bogen von dem Magistrate und der Geistlichkeit ehrerbiethigst empfangen, und beantworteten die Anrede des Bürgermeisters mit angestammter Huld. Durch die Vorstadt Mariahilf, durch die Stadt bis an die Thore der kaiserl. Burg waren die Schützen-Kompagnien von Wiltau, von den Gerichten Sonnenburg und Axams, von Amras und dann die bürgerliche Standesschützen-Kompagnie mit ihren Musikbanden und Fahnen aufgestellt, und hochaufjuchzendes Volk drängt den Wagen nach. An der Treppe der kaiserl. Burg empfingen Se. Excellenz der Herr Landes-Gouverneur und der Herr Militär-Kommandant General-Major Freiherr

v. Berger, alle Civil- und Militär-Authoritäten, die eben zum großen Kongresse versammelten Stände, die Herrn Fürstbischöfe von Brixen und Trient, und der Hr. General-Vikar von Vorarlberg das geliebte Herrscherpaar, das bald darauf an den Fenstern der Burg erscheinend, den Freudenruf einer unermeßlichen Volksmenge freundlich grüßend empfing, und die Landesschützen, diese sich immer wieder erneuerten lebenden Denkmale von Fürstentreue, in bedeutungsvoller Parade an sich vorbeiziehen ließ. Am Abend spielte die Kapelle des Inf.-Reg. Großherzog Baden vor den Fenstern der kaiserl. Burg, und als sie mit dem österreichischen Volkslied endete, das an einfacher Würde und tiefer Innigkeit noch von Keinem übertroffen war, brach das versammelte Volk in lautem, oft erneuertem Jubel aus. Wir begnügen uns diesen Festzug anzuzeigen, allein wir beschreiben ihn nicht! Glockengeläute und Pöllerschüsse, Triumphbogen, Blumengewinde, Inschriften, Gedichte, Freudenmusik und selbst der Zuruf der Menge – All' das ist doch nur ein dürftiges Alphabet, das wahrhaft tiefe Gefühle und einen Willkommen, dem Vergangenheit, Gegenwart und Zukunft eine höhere Weihe geben – nur kümmerlich ausdrücken kann. Wer in den österreichischen Kaiserstaaten, wer in Tirol versteht und empfindet nicht ohne Worte, was wir meinen? Wer überschaut nicht die Ereignisse der 10 Jahre, die seit ähnlichem frohen Wiedersehen verflossen sind? Und wenn Er's überschaut und überdenkt, wer hebt dann nicht Herz und Auge vom geliebten Kaiserpaar, das wir gesund wieder sehen, zum Himmel? Diesen Sinn hat uns der heutige Festtag, und in solcher Gesinnung wollen wir die Freudentage des theueren Besuches genießen. 《 Bothe von Tirol, Nr 53, S. 209.

Die Anwesenheit von Erzherzögen oder gar des Kaisers wurde mit Aufmärschen von Schützen und „Musikbanden" begeistert gefeiert.

Ein Briefkopf
des spendablen
Geschäftsmannes.

**20. AUGUST**  >> **Hr. Franz Joseph Habtmann,**
bürgerlicher Handelsmann dahier, hat dem bürgerlichen Stadt-
spitale von Innsbruck eine Aerarial-Obligation von 190 fl., und die verstorbene Elisabeth Heinrich, geborne Attlmayr, 200 fl. R. W. als Schenkung übergeben, für welche
wohlthätige Gaben hiemit der öffentliche Dank gezollet wird. ≪ Bothe von Tirol, Nr. 67, S. 265.

**5. NOVEMBER**  >> **Die dießjährige nun beendigte Konzentrirung**
der hier und in der nächsten Umgebung befindlichen k. k. Truppen zu den jährlichen Waffenübungen war von vorzüglichem Interesse durch die
größere Anzahl der Truppen von verschiedener Waffengattung, die daran Theil
nahmen. [...] ≪ Bothe von Tirol, Nr. 89, S. 353.

**10. DEZEMBER**  >> **Am 7. d. Abends trafen Se. Majestät
der König Otto von Griechenland,**
unter dem Namen eines Grafen von Kellheim, in Begleitung
Sr. königl. Hoheit des Kronprinzen von Baiern, unter dem Namen eines Grafen von
Werdenfels, hier ein, nahmen ihr Absteigquartier im Gasthof zum goldenen Adler,
und setzten vorgestern Mittags um 1 Uhr die Reise nach Italien fort. An diesem Tage
kamen auch die Deputirten Griechenlands auf der Rückreise von München hier an,
und reisten zum Theil nach einem kurzen Aufenthalt, zum Theil gestern früh wieder von hier ab. ≪ Bothe von Tirol, Nr. 99, S. 393.

**31. DEZEMBER**  >> **Das Gubernium hat**
die in Innsbruck am linken Innufer erledigte Stadtphysikatsstelle dem Dr. Joseph Unterberger verliehen. ≪ Bothe von Tirol, Nr. 105, S. 417.

# 1833

In den ersten Jahren waren die Entschuldigungskarten meist
mit Symbolen oder biblischen Szenen illustriert. Topographische Ansichten
kamen erst später.

7. JÄNNER  »»  ## Innsbruck. Der Ertrag der gelösten Neujahrs-Entschuldigungskarten

beträgt für das neue Jahr 1833 die bedeutende Summe von
680 fl. 41 ½ kr. N. W. Indem die Direktion in Armensachen dieß erfreuliche Resultat zur öffentlichen Kenntniß bringt, sagt sie zugleich allen Wohlthätern den herzlichsten Dank für ihre dießmal wie immer bewiesene Güte. « Bothe von Tirol, Nr. 2, S. 5.

11. MÄRZ  »»  ## Kundmachung.

In Folge des Neubaues der hiesigen Innbrücke, welcher am
11. d. M. begonnen, und dann ununterbrochen fortgesetzt werden wird, muß für längere Zeit eine Unterbrechung der Benützung dieser Brücke mit Wägen und Karren jeder Art, so wie mit Reitpferden und Zug- oder Triebvieh jeder Gattung, eintreten, so daß zu dieser Benützung einstweilen ausschließend nur die Brücke nächst Mühlau zu dienen haben wird. Den Fußgehern bleibt jedoch das im vorigen Jahre neu hergestellte Trottoir der Rohrbrücke fortan zur Benützung offen. Dieß wird

mit dem Bedeuten zur öffentlichen Kenntniß gebracht, daß die k. k. Polizei-Wach-mannschaft beauftragt ist, Jedermann das Fahren, Reiten, oder den Viehtrieb über die ausschließend nur den Fußgehern vorbehaltene Rohrbrücke zu verwehren. Innsbruck, den 1. März 1833. Vom k. k. Landes-Gubernium für Tirol und Vorarlberg. Friedrich Graf v. Wilczek, Gouverneur. Robert Ritter v. Benz, k. k. wirkl. Hofrath. Freiherr v. Buol, k. k. Gub.-Rath. 〈〈 Intelligenz-Blatt, Nr. 20, S. 100.

30. MAI 〉〉 ## Der Bau der hiesigen Innbrücke
ist nun so weit vorgeschritten, daß derselbe binnen wenigen Tagen seine Vollendung erreichen, und die Brücke bis 9. k. M. Juni für das Fuhrwerk jeder Gattung und Schwere wieder eröffnet werden wird. 〈〈 Bothe von Tirol, Nr. 43, S. 169.

3. JUNI 〉〉 ## Vorgestern Abends trafen Se. Majestät der König von Baiern
unter dem Namen eines Grafen von Augsburg hier ein, nahmen Ihr Absteigquartier im Gasthof zum goldenen Adler, und setzten gestern früh die Reise nach Italien fort. 〈〈 Bothe von Tirol, Nr. 44, S. 173.

Die namensgebende Innbrücke hat im Laufe der Jahrhunderte immer wieder ihr Aussehen geändert. Ihre Bedeutung ist aber gleich geblieben. Bis heute.

# 1833

»  ## Hr. Karl Nappo hat die letzte seiner Vorstellungen

zum Besten der hiesigen Armen gewidmet, wobei 204 fl. 28 kr. R. W. eingingen. Indem man dieses Resultat hiemit zur Kenntniß des Publikums bringt, verbindet man damit zugleich den öffentlichen Dank für Hrn. Nappos edelmüthige Handlung. Man würde nur das längst Gesagte und allgemein Anerkannte wiederholen müssen, wenn man die Kunstfertigkeit und seltene Vollendung schildern wollte, welche Hr. Nappo auch bei dieser Vorstellung an den Tag legte. Am Schlusse derselben wurde ihm von einem seiner Verehrer ein Lorbeerkranz zugeworfen; die schönste Krone hat Hr. Nappo indeß seinen Vorstellungen gewiß selbst durch diese edle Widmung aufgesetzt. «  Bothe von Tirol, Nr. 72, S. 285.

»  ## Die endlich eingetretene bessere Herbstwitterung

hat uns abermals, wie im vorigen Jahre, gestattet, Zeugen und Theilnehmer mehrerer interessanter und durch die innige Harmonie zwischen allen Ständen dieser Hauptstadt ausgezeichneten militärischen Feste zu seyn. Es waren dieses: ein Feldmanöver, ein Revuemanöver und eine Regimentsmusterung, die kurz nach einander am 8., 12. d. M. und gestern hier statt fanden. Das Feldmanöver am 8. d. M., zu dem alle hier und in der nächsten Umgebung kantonirenden k. k. Truppen, nämlich […] und acht Kanonen mitwirkten, begann bei der Weyerburg und an der unteren Innbrücke, und gab eine interessante Darstellung von dem Zurückdrängen eines schon bis zu jenen Punkten vorgerückten Feindes von Hügel zu Hügel, Dorf zu Dorf, über Hall hinaus bis an die Anhöhe bei Mils, wo die mit größter Präzision, und doch mit der zartesten Schonung aller einzelnen Saatfelder, auf diesem Terrain durchgeführten Evolutionen der verschiedenen Truppengattungen mit einem allgemeinen Bataillefeuer endeten, und die Truppen auf dem ordentlich abgesteckten Lagerplatze abkochten […] «  Bothe von Tirol, Nr. 83, S. 329.

»  ## Tirol. Die für das Militärjahr 18$^{31}$/$_{32}$

in sanitätspolizeilicher Hinsicht in der ganzen Provinz von Tirol und Vorarlberg gesammelten Notizen geben folgende Hauptresultate, die nebst einer Vergleichung mit jenen des Militärjahres 18$^{30}$/$_{31}$ hiemit zur öffentlichen Kenntniß gebracht werden:

1. Von Epidemien wurden Menschen befallen, im Jahre 1831: 10,543, im Jahre 1832: 4854, somit in diesem Jahre um 5689 weniger.

Gestorben sind an epidemischen Krankheiten im J. 1831: 778, im J. 1832: 365, somit um 413 weniger, als im Jahre 1831.

Genesen sind an epidemischen Krankheiten im J. 1831: 9475, und im Jahre 1832: 4489; mithin um 4986 weniger, als im J. 1832.

Als das Dorf Amras noch ein kleine Ansammlung von Bauernhöfen inmitten von endlos erscheinenden Feldern war …

Die vorzüglichsten im J. 1832 geherrschten epidemischen Krankheiten waren echte, modifizirte und falsche Blattern, Lungen-Entzündungen, Lungensuchten, Wassersuchten, Nervenfieber, das gastrische und gallichte Fieber, Scharlachfieber und Ruhren. [...] ﹤ Bothe von Tirol, Nr. 89, S. 353.

30. DEZEMBER ﹥﹥ | ## Wegen der unter dem Hornvieh
im Unterinnthale schon seit einiger Zeit ausgebrochenen und bis jetzt noch nicht ganz erloschenen Lungenseuche bleiben die auf den 8. und 21. des künftigen Monats Jänner 1834 in Amras und Lans, Landgerichts Sonnenburg, fallenden Viehmärkte nach dem eigenen Wunsche der genannten zwei Gemeinden auf unbestimmte Zeit verschoben. ﹤ Bothe von Tirol, Nr. 104, S. 413.

# 1834

K. K. Burg zu Innsbruck.

Ein biedermeierlicher Blick vom Rennweg Richtung Hofburg und Hofkirche.
Im Vordergrund das ehemalige Dogana-Gebäude.

10. MÄRZ   »» | ## Der sonst auf den 14. Febr. d. J. bestimmte Viehmarkt am Schönberge

wird am 18. März d. J., so wie der Viehmarkt in Amras am 1. April und jener in Kematen am 21. April d. J. abgehalten. «« Bothe von Tirol, Nr. 20, S. 77.

17. APRIL   »» | ## Gestern hat die Eröffnung der heurigen Versammlungen der Tiroler Stände

unter den gewöhnlichen Feierlichkeiten statt gefunden. Nach vorausgegangenem feierlichem Gottesdienste, welcher um 19 Uhr Früh in der Hofkirche abgehalten wurde, empfingen Se. Exzellenz der Herr Landesgouverneur Graf von Wilczek, umgeben von dem Gremium der Landesstelle, in dem mit dem Bilde Sr. Majestät geschmückten Riesensaale der k. k. Hofburg an den Stufen des Thrones die Herren Stände, um denselben das allerhöchste Steuerpostulat bekannt zu geben. […] «« Bothe von Tirol, Nr. 31, S. 121.

>> Seit dem 21. Febr. 1823, an welchem Tage
die ins Vaterland zurück gebrachten Gebeine
des Andreas Edlen von Hofer auf a. h. Befehl Sr. Majestät des
Kaisers in der hiesigen Hofkirche feierlich zur Erde waren bestattet worden, sah kein
Eingeborner, ja kein theilnehmender Fremder den einfachen Stein, der sie bedeckte,
ohne sich zum Vorhinein des Momentes zu freuen, wo sich über dieser Ruhestätte
des heldenmüthigen und begeisterten Kämpfers, der für sein Vaterland und seinen
Monarchen lebte und starb, das Denkmahl erheben würde, das Se. Majestät seinem
Andenken zu errichten vorlängst beschlossen hatte.

Dieser frohe Augenblick war gekommen, das kolossale Standbild auf a. h. Befehl
aus vaterländischem weißen Marmor durch den Professor der Bildhauerkunst an der
k. k. Akademie der bildenden Künste in Wien Hrn. Johann Schaller vollendet, war
glücklich hier angekommen, über der Asche Hofers und neben Kaiser Maximilians
Grabmahl unter der Leitung des Künstlers aufgestellt, in derselben Kirche, wo im
Jahre 1809 am Namenstage seines geliebten Kaisers der Lebende die goldene Ehren-
medaille empfing, und der 5. d. M. war zur feierlichen Enthüllung bestimmt. […] «

Bothe von Tirol, Nr. 37, S. 145.

Der Tiroler
Nationalheld
Andreas Hofer wurde
1810 in Mantua
erschossen und
auch dort begraben.
1823 kamen seine
Gebeine wieder
nach Innsbruck
zurück und erhielten
1834 das heute
noch bestehende
Grabdenkmal.

# 1834

**23. JUNI**  ›› | ## Gestern trafen Ihre Majestät die Frau Herzogin von Parma, Maria Louise,

unter dem Namen einer Gräfin von Colorno, aus Italien kommend, hier ein, nahmen Ihr Absteigquartier im Gasthof zur goldenen Sonne, und setzten heut Vormittags die Reise durch das Unterinnthal fort. ‹‹ Bothe von Tirol, Nr. 50, S. 197.

**4. SEPTEMBER**  ›› | ## Abends zog ein äußerst heftiges Ungewitter

von Vorarlberg gegen Graubündten, wo ein wahrscheinlich stattgehabter Wolkenbruch große Verheerungen anrichtete. – Plötzlich fing der Rhein ungewöhnlich zu steigen an, so daß er nach und nach 14 bis 15 Schuh über seinen niedersten Stand sich erhob. [...] Auch im Ober- und Unterinnthale schwoll am 28. Aug. der Inn ungewöhnlich an, und da die Hauptmasse des Wassers und des damit fortgeschwemmten Holzes aus Engedein kam, so ist es höchst wahrscheinlich, daß sich die Regengüsse aus der Gegend von Chur und Mayenfeld in das Engedein erstreckten. ‹‹ Bothe von Tirol, Nr. 71, S. 281.

**2. OKTOBER**  ›› | ## Die hiesige Theaterunternehmerin,

Katharina Hain, hat den Ertrag der gestrigen Vorstellung den durch Brand verunglückten Bewohnern von Wiener-Neustadt großmüthig gewidmet, wodurch denselben eine milde Gabe von 225 fl. 31 kr. R. W. oder 187 fl. 48 k. C.M.W.W. zugeflossen ist. ‹‹ Bothe von Tirol, Nr. 79, S. 313.

**6. OKTOBER**  ›› | ## Tirol. Se. Majestät der Kaiser

hat laut allerhöchster Entschließung, ddo. Brünn, den 31. Aug. 1834, die Dankadresse der Tiroler Stände für das dem Lande geschenkte Marmorbild des Andreas von Hofer mit besonderem Wohlgefallen aufgenommen, und zu erkennen gegeben, „daß es Höchstderselben ein Bedürfniß war, das Land mit einem Denkmale zu beschenken, in welchem sich zugleich die bewährte Liebe und Treue der Tiroler versinnlicht." ‹‹ Bothe von Tirol, Nr. 80, S. 317.

**13. OKTOBER**  ›› | ## Der mit dem Namen unsers heißgeliebten Kaisers und Herrn

bezeichnete 4. Oktober wurde als ein österreichischer Nationalfeiertag heuer auch in dieser Hauptstadt in prunkloser aber herzlicher Feier hingebracht. Die Civilbehörden und alle Klassen der Einwohner brachten bei feierlichem Hochamte in der St. Jakobs-Pfarrkirche, die k. k. Militärbehörde und die in Parade aufmarschirten garnisonirenden Truppen aber gleichzeitig bei abgesonderter heil. Messe heiße Gebethe des Dankes dem Allerhöchsten dar – des Dankes für das erhal-

Die Pfarrkirche zu St. Jakob war seit ihrer Errichtung Ort der meisten religiösen Feierlichkeiten. Der Nationalfeiertag wurde am Namenstag des Kaisers Franz gefeiert.

tene, der Bitte um das langdauernde Leben des besten Vaters. Und während des Abends im allgemein beleuchteten Schauspielhause die dort versammelte Menge in die bekannte Volkshymne einstimmte, verkündeten Pöllerschüsse in der benachbarten Gemeinde Hötting, daß auch dort im frohen Privatvereine die Lust des Tages durch die Erinnerung an seine Bedeutung veredelt worden sey. « Bothe von Tirol, Nr. 82, S. 325.

4. DEZEMBER    » | ## Verzierte Botzner Zelten (Kletzenbrod)
werden fortan auf Bestellung billigst verfertigt zu Innsbruck, Pfarrplatz, Haus Nr. 17, im ersten Stocke.

In der Neustadt Nr. 186 im dritten Stocke vornaus ist ein schön meublirtes Zimmer um billigsten Preis zu vermiethen.

In der Neustadt Nr. 198 sind zwei möblirte Zimmer vorn hinaus mit oder ohne Bedienung zu vermiethen. Das Nähere in demselben Hause im dritten Stocke.

Pferdeverkauf. Aus dem hierländigen Militär-Fuhrwesen werden die dienst-untauglichen schweren Pferde Mittwoch am 10., Samstag am 13. und Samstag am 20. Dezember 1834, jedesmal um 10 Uhr Vormittags, am Rennplatze allhier den Meistbiethenden gegen gleich bare Bezahlung öffentlich einzeln veräußert werden. Innsbruck, den 30. Nov. 1834. « Intelligenz-Blatt, Nr. 97, S. 641.

# 1835

Ein Blick auf das noch sehr kleine Innsbruck im 19. Jahrhundert.
Diese Zeichnung diente als Vorlage für die damals so beliebten Druckgrafiken.

12. FEBRUAR  »  ## Nach einem mehrjährigem Aufenthalte
fast in allen Theilen dieser Provinz hat das zuletzt in Amras und Hall kantenirende erste Feldbataillon des Broder Gränzregiments auf a. h. Befehl den Rückmarsch in seine ferne Heimath angetreten, was auch hinsichtlich des um Trient und Botzen dislozirten ersten Feldbataillons des Peterwardeiner Gränz-regiments der Fall ist. [...] « Bothe von Tirol, Nr. 13, S. 49.

16. MÄRZ  »  ## Nachdem auf ämtlichem Wege
## die Trauerbothschaft
von dem Hinscheiden weiland Sr. Majestät des Kaisers und Königs Franz I. auch hieher gelangt war, und unter allen Ständen der Bewohner dieser Hauptstadt die tiefste Betrübniß verursacht, und nachdem eine Gubernial-Kundmachung vom 5. März alle öffentlichen Belustigungen eingestellt, und die üblichen Seelengottesdienste in allen Pfarrkirchen dieser Provinz angeordnet hatte, vereinigten sich auch die tieferschütterten Bewohner der Hauptstadt Innsbruck zur Erfüllung dieser letzten traurigen Pflicht. [...] « Bothe von Tirol, Nr. 22, S. 85.

»» | # Da die Lungenseuche

zu Zirl und Kranebitten dem Erlöschen nahe ist, und zur Verhinderung der Verbreitung die erforderlichen Vorsichtsmaßregeln in Anwendung gebracht sind, so können die auf den 6. April und 1. Mai l. J. fallenden Viehmärkte zu Matrei, im Bezirke des Landgerichts Steinach, ungehindert abgehalten werden. ««

Bothe von Tirol, Nr. 27, S. 105.

»» | # Das Andenken der am 27. April 1826

von weiland Sr. Majestät dem Kaiser Franz I. allergnädigst beschlossenen Wiederherstellung der hiesigen Universität wird am künftigen Donnerstage, als am 7. Mai l. J., auf die übliche Art gefeiert werden. Um 9 Uhr Früh beginnt in der Universitätskirche das solemne Hochamt, nach dessen Beendigung im Universitätssaale eine akademische Rede gehalten wird. Alle Freunde der Wissenschaften werden zu dieser Feierlichkeit höflichst eingeladen. Innsbruck, den 4. Mai 1835. K. K. Universitäts-Rektorat. Dr. Maurer, d. Z. Rektor. «« Intelligenz-Blatt, Nr. 36, S. 230.

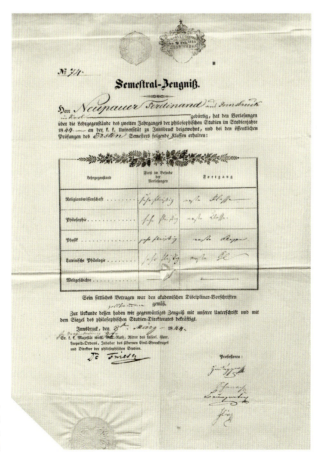

Ein Universitäts-
Zeugnis aus
Innsbruck aus dem
Jahr 1844.

# 1835

15. JUNI »| Das Gubernium

hat die durch den Tod des Dr. Unterberger in Innsbruck erledigte Stadtphysikatsstelle am linken Innufer dem Dr. der Medizin und Chirurgie Franz von Wecher verliehen. « Bothe von Tirol, Nr. 48, S. 189.

13. JULI »| Wie schon das letzte Blatt dieser Zeitung

die am 6. d. erfolgte glückliche Ankunft Sr. kaiserl. Hoheit des durchlauchtigsten Herrn Erzherzogs Johann verkündete, wollen wir nun den theilnehmenden Lesern den nur zu kurzen Aufenthalt dieses erhabenen und geliebten Gastes in unserer Mitte beschreiben.

Se. kaiserl. Hoheit sind am 6. d. gegen 3 Uhr Nachmittags von Reutte über Zirl hier eingetroffen, und ungeachtet diese frohe Ankunft gegen frühere Berechnung um einen Tag überraschte, doch von eilig gesammelten nächsten Schützen-Kompagnien und den fröhlich zusammen strömenden Bewohnern dieser Hauptstadt unter Pöllerschüssen und lautem Freudenrufe empfangen werden.

Die Schützen-Kompagnie von Hötting und ihrer Musikbande war an der Brücke des Höttinger Baches, die bürgerliche Stadtschützen-Kompagnie mit ihrer Musik bei der Schießstätte in Parade aufgestellt, in der Neustadt aber vor dem Absteigquartiere des Erzherzogs paradirten und defilirten eine Kompagnie von Amras, Bradl, und Aldrans, eine zweite von Patsch, Sistrans und Lans, dann noch die Kompagnie von Axams, Birgitz und Wilten. [...] « Bothe von Tirol, Nr. 56, S. 221.

15. OKTOBER »| Tirol. Warnung.

Seit einigen Jahren haben sich mehrere Fälle ereignet, daß Menschen durch das Losbrennen von in Wäldern oder Feldern gelegten Selbstgeschossen in der Art verletzt worden sind, daß sie zu Krüppeln wurden, oder nach den größten Schmerzen gar sterben mußten. [...] Nicht nur die positiven Gesetze, sondern selbst die eigene Einsicht jedes vernünftigen Menschen verbiethet die Legung solcher unheilbringenden Selbstgeschosse, und trotz dieses einleuchtenden Verbothes herrscht doch in manchen Gebirgsgegenden ein so wahrhaft nicht zu rechtfertigender Unfug. [...] « Bothe von Tirol, Nr. 83, S. 329.

9. NOVEMBER »| Der zur Beförderung der weiblichen Industrieschulen

und der Kleinkinderwartanstalten unter dem Schutze Ihrer Majestät der Kaiserin-Mutter begründete hiesige Frauenverein feierte heute das Namensfest seiner hohen Schutzfrau, indem die Mitglieder desselben ihre Zöglinge mit entsprechenden Geschenken betheilten. Der Ausschuß und die Bezirksfrauen des Vereins versammelten sich unter dem Vorsitze Ihrer Excellenz der Frau

Nach nur etwas mehr als zwei Jahren im Amt verstarb der Stadtphysikus für das linke Innufer, Dr. Joseph Unterberger, in jungen Jahren.

JOSEPH UNTERBERGER

Doctor der Medicin und Stadtphysicus zu Innsbruck

Gräfin von Wilczek bei großem Andrange des Publikums im kleinern Redouten-saale, wo sich die Schülerinnen der beiden Industrieschulen und die Zöglinge der drei Kleinkinderwartanstalten bereits eingefunden hatten. Die Industrieschule zu St. Nikolaus hatte hiezu 105, jene zu Dreiheiligen 64 Schülerinnen abgesendet. [...]

≪ Bothe von Tirol, Nr. 90, S. 357.

3. DEZEMBER  ≫ | ## Weiland Se. k. k. Majestät Franz der Erste
haben mittelst bei der vereinigten Hofkanzlei ausgefertigten, von Sr. k. k. Majestät Ferdinand dem Ersten Allerhöchsteigenhändig unterzeichne-ten Diploms, die in Tirol domicilirenden Brüder Leopold, Joseph und Karl v. Martini, durch allerhöchste Bestätigung des ihrem Vater im Jahre 1790 von dem dama-ligen churfürstl. baierischen Reichs-Vikariate verliehenen Grafenstandes, in den Grafenstand des österreichischen Kaiserstaates allergnädigst aufzunehmen geru-het. ≪ Bothe von Tirol, Nr. 97, S. 385.

# 1836

Die Unterstützung von Bedürftigen wurde meist über sog. Armenfonds finanziert, die aus Spenden, aber auch aus den Erlösen wohltätiger Veranstaltungen gespeist wurden.

28. JÄNNER »| **Die am 24. d. M. zum Besten des Armenfonds**
abgehaltene Redoute, mit welcher die Ausspielung mehrerer zum Theile von Wohlthätern gespendeter, theils vom Armenfonde angekaufter Gegenstände verbunden war, ertrug ohne Abzug der Kosten 1567 fl. 56 ¼ kr. R. W., wovon 475 fl. 12 kr. auf Einlaßkarten, 1054 fl. R. W. auf den Ankauf der Lose, und 38 fl. 44 ¼ R. W. auf die Garderobe falle. Hierfür erstattet die Armendirektion den Wohlthätern den wärmsten Dank, und erbittet sich für die Zukunft eine gleiche Unterstützung. « Bothe von Tirol, Nr. 8, S. 29.

22. FEBRUAR »| **Die k. k. allgemeine Hofkammer**
hat den Konzipisten der vereinten Kammeral-Gefällenverwaltung, Ambros Pitsch, und den Offizialen der Kammeral-Bezirksverwaltung in Trient, Rudolph Küffer Ritter von Asmannsvilla, zu Inspektoren der hierländigen Gefällenwache ernannt. « Bothe von Tirol, Nr. 15, S. 57.

21. MÄRZ »| Die im heurigen Jahre
unter den Herren Akademikern

an der k. k. Leopold-Franzens-Universität für die hiesigen Armen veranstaltete Sammlung hat die namhafte Summe von 111 fl. 49½ kr. R. W., und die Sammlung im k. k. Gymnasium den Ertrag von 60 fl. 33 kr. R. W. abgeworfen, wofür die Direktion in Armensachen ihren wärmsten Dank abstattet. «

Bothe von Tirol, Nr. 23, S. 89.

24. MÄRZ »| Ihre k. k. Majestät die Kaiserin-Mutter

haben den Kleinkinderwartanstalten zu Innsbruck einen Unterstützungsbeitrag von 200 fl. R.W.C.W. als einen Beweis Allerhöchstihrer Theilnahme an dem Gedeihen dieser Institute allergnädigst zustellen zu lassen geruht. Diese Summe ist dem Frauenvereine zur Verwendung im Sinne der erhabenen Wohlthäterin übergeben worden. « Bothe von Tirol, Nr. 24, S. 93.

DAVID MORITZ,
Religionslehrer am akademischen Gymnasium
zu Innsbruck

Ein Lehrer als
Respektsperson.

Die Fortschritte der Medizin im 19. Jahrhundert waren enorm.
Bis dahin war auch die Ausbildung der Ärzte noch „vorsintflutlich".

28. MÄRZ  »» | ## Tirol und Vorarlberg. Se. k. k. Majestät

haben mit allerhöchster an die Studienhofkommission gelangter Entschließung vom 8. März die Lehrkanzel der Vorbereitungswissenschaften für angehende Wundärzte an der Universität zu Innsbruck dem Doktor Emanuel August Michael allergnädigst zu verleihen geruht. «« Bothe von Tirol, Nr. 25, S. 97.

30. MAI  »» | ## Am 26. d. M. trafen Se. k. k. Hoheit der Erzherzog Maximilian von Este

hier ein, nahmen Ihr Absteigquartier im Gasthof zur goldenen Sonne und setzten an demselben Tage Nachmittags die Reise nach Salzburg fort. – Gestern Mittags um 12 Uhr passirten Se. Majestät der König Otto von Griechenland auf Ihrer Reise nach München durch hiesige Stadt. «« Bothe von Tirol, Nr. 43, S. 169.

21. JULI  »» | ## Heute Mittags 7 Minuten nach 12 Uhr

wurde hier ein ziemlich starkes Erdbeben verspürt, das sich, so wie jenes, welches am 12. Juni hier bemerkt wurde, besonders in den obern Stockwerken fühlbar machte, in deren Räumen es Geschirre etc. in Bewegung setzte.

«« Bothe von Tirol, Nr. 58, S. 229.

3. OKTOBER  »» | ## Durch mehrfache in der Ferne verbreitete Gerüchte veranlaßt,

und hiezu aufgefordert, müssen wir erklären, daß der Gesundheitszustand der Provinzial-Hauptstadt, Innsbruck, Gott sei Dank! bisher der befriedigendste ist; und daß ein Blick auf die Verzeichnisse der hier Verstorbenen im Intelligenzblatte dieser Zeitung jeden von dem Ungrunde aller gegentheiligen Gerüchte überzeugen kann. «« Bothe von Tirol, Nr. 79, S. 313.

»» ## Restauration und Kaffeehaus-Eröffnung.

Der Unterzeichnete hat mit Bewilligung des löblichen Stadt-magistrates die Anton Katzungische Kaffeehaus- und sogenannte Stadtkocherei-Gerechtsame in Innsbruck übernommen. Er übt dieses Gewerbe im Katzungischen Hause Nr. 134 auf dem Stadtplatze im ersten Stocke aus, und hat zu diesem Behufe 5 geräumige Zimmer ganz neu hergestellt, und elegant möblirt. Er ladet daher das geehrte Publikum dieser Hauptstadt zum Besuche dieses neu etablirten Kaffeehau-ses mit der Versicherung ein, daß er für billige und prompte Bedienung möglichst Sorge tragen werde. Zugleich wird bekannt gegeben, daß bei dem Unterzeichne-ten alle Gattungen von Zuckerbäckereien nebst besonders feinen Liqueuren und andern Getränken, so wie auch mehrere Sorten von Weinen zu haben sind. Des-gleichen werden auch auf Zuckerbäckereien, Torten etc. etc. Bestellungen gegen billigste Preise angenommen. Bei dem Unterzeichneten kann auch zu Mittag und Abends nach der Karte gespeist werden. Innsbruck, den 3. Nov. 1836. Joseph Tessaro. «« Intelligenz-Blatt, Nr. 89, S. 547.

Das Besitzerblatt des Katzung'schen Kaffeehauses, in dem 1848 alle Bewohner verzeichnet wurden.

# 1836

12. DEZEMBER »  ## Unter den wohlthätigen Anstalten für die leidende Menschheit

behaupten die Institute der barmherzigen Schwestern, deren Zwecke zunächst die Pflege armer Kranken ist, und welche aber auch, wo es thunlich ist, mit der Erziehung und dem weiblichen Unterrichte sich beschäftigen, eine erhabene Stelle. Aehnliche Institute bestehen bereits zu Zams, Ried und Imst, mit gutem Erfolge. Auch die Stadt Innsbruck hat nun eine solche Anstalt zu erwarten, da Se. k. k. Majestät unser allergnädigster Kaiser die von mehreren edlen Bürgern dieser für gemeinnützige Einrichtungen so empfänglichen Stadt beabsichtigte Gründung eines Hauses der barmherzigen Schwestern dahier bereits zu bewilligen, und über dieses gute Werk das allerhöchste Wohlgefallen zu äußern geruht haben. – Möge daher ein solches Haus in unserer Mitte recht bald ins Leben treten, die verdiente Theilnahme und Beförderung finden, und die besten Früchte zum Heile armer Kranken und zum Lohne derjenigen tragen, die für ihre Mitbürger so menschenfreundlich sorgen. « Bothe von Tirol, Nr. 99, S. 393.

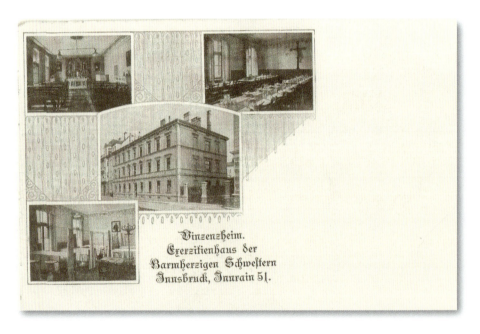

Vinzenzheim.
Exerzitienhaus der
Barmherzigen Schwestern
Innsbruck, Innrain 51.

Hier sei ein Vorgriff auf spätere Zeiten erlaubt: das Vinzenzheim der Barmherzigen Schwestern. Diese sind seit 1839 in Innsbruck vertreten und sind im Bereich der Krankenpflege und der Bildung tätig.

# 1837

Bothe von und für Tirol und Vorarlberg, 2.1.1837:
Inserat über Stellwagen.

**2**

## Bekanntmachung.

Nachdem Unterzeichneter die gnädige Bewilligung erhalten hat, einen

## zweiten Stell = Wagen

von Hall nach Innsbruck und wieder retour zu halten, so macht er hiermit ergebenst bekannt, daß vom 1. Jänner 1837 angefangen seine Stellwägen zu folgenden Stunden abfahren:

## Von Hall nach Innsbruck

Gasthaus zur goldenen Krone.

Früh um 7 Uhr,
Mittag um 12 Uhr,
Nachmittag um 3 Uhr,
Abends um 4½ Uhr.

## Von Innsbruck nach Hall

Gasthaus zum goldenen Löwen (Ongania).

Früh um 8 Uhr,
Mittag um 1 Uhr,
Nachmittag um 4 Uhr und
Abends um 5½ Uhr.

Es empfiehlt sich bestens

Georg Pichler.

1. JUNI »» ## Heute, beiläufig um 5 Uhr 15 Minuten in der Früh,

verspürte man hier zwei schnell auf einander folgende Erd-
stöße und eine Erderschütterung, welche 8 bis 10 Sekunden anhielt. In den Zimmern war der Eindruck so, als wenn ein Theil des Hauses zusammen gestürzt wäre;
dabei zitterten Thüren und Fenster stark, und verursachten ein Klirren der Fenster-
scheiben und ein starkes Geräusch. An den Wänden hängende Gegenstände kamen
in schwingende Bewegung, eben so die Möbeln, was besonders an den hohen Auf-
hänge- und Bücherkästen sichtbar war. In schwach gebauten Häusern fielen von
der obern Decke kleine Stücke Mörtel herab. Im Freien nahm man deutlich eine
Erschütterung des Erdbodens wahr, und daselbst befindliche Hunde zeigten große
Unruhe. [...] «« Bothe von Tirol, Nr. 44, S. 173.

3. JULI »» ## Blaue und weiße Fleckseife.

Im Gewerbsladen des Ignaz Klein in Innsbruck unter dem
Gewölbe im alten Regierungsgebäude ist zu haben eine blaue Fleckseife. Dieselbe
empfiehlt sich besonders für blaue tüchene Kleidungsstücke, wo sie nicht nur durchs
Waschen allen Schmutz und alle Flecken wegnimmt, sondern auch die Farbe bei
dem abgenützten Tuche erhöht, und dem Kleide wieder eine Neuheit gibt. Sie kann
also besonders für die blaue Montur beim k. k. Militär mit Nutzen angewendet werden. Das Stück kostet nur 3 kr. R. W. Auch ist zu haben eine weiße Fleckseife, mit
welcher man in weißem und allem gefärbtem Tuche die Flecke auswaschen und
bestens reinigen kann. Das Stück kostet nur 3 kr. R. W. Gleichfalls ist die beliebte
grüne Putzseife, Mandelseife, transparente Seife mit seinen Parfüms, Seifenkugeln,
Rasierseifen in Büchsen, Pomaden u. dgl. immer frisch und gut zu haben. Eben
daselbst sind auch zu bekommen: Streichriemen für Rasier- und Federmesser, nebst
Stahltafeln, um die abgenützten Streichriemen durch Bestreichen wieder brauch-
bar zu machen. «« Intelligenz-Blatt, Nr. 53, S. 439.

Im Handel sind
in Innsbruck nun
auch Produkte
erhältlich, von denen
man zuvor nur in
Journalen lesen
konnte: Seifenkugeln,
Parfüms und
Haushaltswaren.

Eine kleine Gärtnerin.

21. AUGUST    >> | **In unserm Blatt Nr. 45 vom 5. Juni**
lieferten wir eine Zusammenstellung der Berichte über die ungünstige Witterung, welche heuer die Monate April und Mai auszeichnete. Diese Erscheinungen waren im Norden und Osten, im Süden und Westen völlig gleichartig und ließen trüben Besorgnissen für die Erndten aller Feld- und Gärtenfrüchte Raum. Damals schlossen wir diesen Aufsatz mit den Worten: „Wenn denn endlich der Sommer seinen Charakter nicht verläugnet, so läßt sich immer noch von allen Früchten eine gesegnete Einsammlung erwarten." Der Sommer hat heuer seinen Charakter bis daher nicht verläugnet; er both uns heitere Tage, bei einer fast täglichen Wärme von 18–23 Grad im Schatten und laue Nächte, abwechselnd mit kurzen erquickenden Regen. Dieser schöne Sommer holte Alles nach, was die Monate April und Mai mit ihren mißlaunigen Physiognomien zurück gehalten hatten. Eine überreiche Heuerndte ist eingebracht, und der zweite Schnitt fällt ebenfalls so ergiebig aus; die Getreidegattungen sind körnerreich in den Scheunen; das türkische Korn steht in einer Ueppigkeit, die nichts zu wünschen übrig läßt; endlich lauten die Berichte aus dem südlichen Theil unseres Landes nicht minder erfreulich, denn auch die Trauben haben sich in einer solchen Menge und Größe entwickelt, daß, wenn nicht noch außerordentliche Zufälle ungünstig darauf einwirken, die heurige Fechsung an Quantität zu einer der reichlichsten und an Qualität zu einer der vorzüglichsten gezählt werden dürfte. In Innsbruck werden seit einigen Tagen bereits reife Trauben zum Verkauf feilgebothen. << Bothe von Tirol, Nr. 67, S. 265.

9. NOVEMBER » **Der hier bestehende Frauenverein,**

dessen Eifer zur Beförderung des Guten unermüdet ist, hat sein wohlthätiges Wirken durch eine neuerliche Vertheilung von nützlichen Geschenken an die Schülerinnen der beiden von dem Vereine unterstützten Industrieschulen, und an die Kinder der von demselben gegründeten Wartanstalten beurkundet, und zur Spendung seiner Gaben den 3. d. M., als den Vorabend des erhabenen Namensfestes seiner hohen Schutzfrau Ihrer Majestät der Kaiserin-Mutter Karolina Augusta gewählt. An diesem Tage um 9 Uhr Früh fand die feierliche Handlung in dem Saale der Kasinogesellschaft in Gegenwart der dermaligen Vorsteherin Frau Magdalena Gräfin von Wolkenstein, des Vereinsausschusses und einer großen Anzahl der Vereinsmitglieder, so wie der Seelsorgsgeistlichkeit und einiger Glieder des Magistrates, statt. [...] « Bothe von Tirol, Nr. 90, S. 357.

13. NOVEMBER » **Bekanntmachung.**

In Folge der landgerichtlichen Bewilligung fährt der Unterzeichnete mit seinem Stellwagen künftig an jedem Sonntag um 7 Uhr Früh von Brennbichl nach Innsbruck, und von dort wieder am Dienstag um 7 Uhr Früh nach Brennbichl zurück, von wo er Reisende am andern Tag bis Landeck oder noch weiter zufolge des besitzenden Lohnkutscher-Befugnisses um billige Preise befördern wird. Die Preise für die Stellwagenfahrt bleiben unverändert.

Brennbichl bei Imst, den 8. Nov. 1837. Joseph Mayr, Wirth. « Intelligenz-Blatt, Nr. 91, S. 731.

Bis zum Bau der Eisenbahn wurde der lokale „Fernverkehr" mit einem Netz von Kutschen bewerkstelligt. Eine solche Fahrt war sicherlich kein Vergnügen, legten die Kutscher doch weite Entfernungen in kurzer Zeit zurück.

# 1838

Um dem Kaiser huldigen zu können, bedurfte es schon 1838 einer eigenen Einlasskarte.

**12. APRIL** »

## Bekanntmachung.

Es wird hiemit allgemein bekannt gemacht, daß den 27. d. M. im Hause Nr. 260 im zweiten Stocke vorwärts in der obern Sillgasse verschiedene Hauseinrichtungsstücke, als: Kästen, Sessel, Betten, Bett- und Tischwäsche, Küchengeschirr und andere Hausfahrnisse, gegen sogleich bare Bezahlung in Reichswährung versteigert werden. « Intelligenz-Blatt, Nr. 30, S. 231.

**21. MAI** »

## Gestern wurden die dießjährigen Berathungen

des großen Tiroler ständischen Ausschusses, nachdem sie vom 23. April d. J. an ohne Unterbrechung fortgedauert hatten, wieder geschlossen. « Bothe von Tirol, Nr. 41, S. 161.

**21. JUNI** »

## Heute um 9 Uhr Morgens haben Se. kaiserl. Hoheit

der durchlauchtigste Herr Erzherzog Johann diese Hauptstadt nach einem 3½ tägigen Verweilen in derselben wieder verlassen, um sich über Salzburg nach Wien zu begeben. Se. kaiserl. Hoheit geruhten in dem Verlaufe dieser höchst erfreulich gewesenen Anwesenheit die ehrfurchtsvolle Aufwartung der hiesigen Civil- und Militärautoritäten gnädigst anzunehmen, die hier garnisonirenden k. k. Truppen nach dem Sonntags den 17. d. M. statt gefundenen Militärgottesdienste auf dem Rennplatze defiliren zu lassen, und die reitzend gelegene Militär-Schießstätte am Berg Isel, so wie jene der bürgerlichen Standesschützen mit einem gnädigsten Besuche zu beehren, wobei Höchstdieselben an den daselbst angestellten Festschießen Selbst huldvoll Theil zu nehmen geruhten. [...] « Bothe von Tirol, Nr. 50, S. 197.

Die Huldigung in Tirol am 12. August 1838.

Aus Wien zieht Kaiser Ferdinand
Herauf in Sein Tirolerland,
    Weil es um Huldigung gebeten.
Schon steht Er an des Landes Thor
Bei St. Johann; — schon grüßt ein Chor
    Von treuen Mannen den Erstehten.

Er strahlt in voller Herrlichkeit, —
    Die Hocherhab'nen im Geleit':
Der Gattin Majestät und Milde, —
Der Prinzen gnäd'ges Mittlerwort, —
Der Würdenträger festen Hort, —
    All' — all' vereint um Oestreichs Schilde.

Und mitten in der treuen Schaar
Stellt sich des Berglands Schutzgeist dar,
    In seiner Hand die alten Fahnen;
Er, — der die Treue nie verlor,
Schwingt stolz den rothen Aar empor,
    Um seine Söhne aufzumahnen.

In Anbetracht der politischen und gesellschaftlichen Unruhen in ganz Europa waren die Huldigungsadressen beinahe grotesk.

9. AUGUST

>> Tirol. Hier ist nachstehendes Programm

über die Huldigungs-Feierlichkeiten erschienen: Seine Majestät unser allergnädigster Kaiser und König haben in der dem allerdurchlauchtigsten Herrscherhaus angestammten Milde die im Jahre 1835 von der aus dem Lande nach der Haupt- und Residenzstadt Wien abgeordneten Deputation mit den herzlichsten Glückwünschen zu Allerhöchstderselben Thronbesteigung an den Stufen des geheiligten Thrones niedergelegte Bitte der Stände und Unterthanen Tirols: Seiner Majestät dem allerdurchlauchtigsten Landesfürsten die Landeshuldigung in höchsteigener Person leisten zu dürfen, allerhuldreichst zu erhören geruht.

Seine Majestät werden Sich, von väterlicher Liebe geleitet, in unserem Kreise zu erscheinen, und in Allerhöchster Person uns einen Eid abzunehmen würdigen, dessen heilige Bande diese Grafschaft zu jeder Zeit und unter allen Verhältnissen unzertrennlich an das allerdurchlauchtigste Kaiserhaus fesselten, und dessen Heiligkeit und Festigkeit durch unerschütterliche Treue zu erproben, immer der edle Wettstreit und wahre Stolz des Tirolers war und seyn wird. Den Landesinsassen dieser Provinz wird bezüglich der bevorstehenden Landesfeier hiemit Folgendes bekannt gemacht: [...] << Bothe von Tirol, Nr. 64, S. 253.

» | [...] Heute um 10 Uhr Vormittags
geruhten Se. Majestät

auf dem großen Platze hinter der Klosterkaserne über Sämmtliche Truppen der Garnison Revue zu halten. Allerhöchstdieselben waren zu Pferde, von allen anwesenden Herren Erzherzogen und der Generalität umgeben; Ihre Majestät die Kaiserin aber folgten den Truppenbewegungen im offenen Wagen. [...] «

Bothe von Tirol, Nr. 65, S. 257.

Die farbenfrohen
Uniformen der
Soldaten verliehen
jedem Umzug die
entsprechende
Prächtigkeit.

» | Der Huldigungstag war angebrochen –

windstiller, wolkenfreier als Einer der voraus gegangenen Tage, und die allgemeine freudige Geschäftigkeit verkündete seine hohe Bedeutung, während 101 Kanonenschüsse ihn den benachbarten Gebirgsthälern anmeldeten. Von allen Seiten scharten sich die aus den entferntesten Gegenden des Landes herbei geeilten Schützenkompagnien um ihre Fahnen und bildeten mit den k. k. Truppen der Garnison ununterbrochene Reihen durch die Straßen, welche der festliche Huldigungszug nehmen sollte, und eine dicht gedrängte Volksmenge füllte alle übrigen Räume und besetzte alle Fenster. [...] « Bothe von Tirol, Nr. 66, S. 261.

**16. AUGUST** » **Großer Ball, welcher Sonntag**

den 19. August in den kaiserl. königl. Redouten-Sälen statt findet. Herr Kapellmeister Joseph Lanner von Wien wird die Ehre haben, noch vor seiner Abreise nach Mailand mit seinem eigenen Orchester seine neuesten und beliebtesten Kompositionen zur Aufführung zu bringen. Die Eintritts-Karten zu 48 kr. R. W. sind in den Kunst- und Musikalien-Handlungen der Herren Unterberger und Groß, und Abends an der Kasse zu haben. Der Eintritt ist nur anständig gekleideten Personen gestattet. Der Anfang ist um 7 Uhr Abends. « Intelligenz-Blatt, Nr. 66, S. 534.

**10. DEZEMBER** » **Da gegenwärtig auch in den umliegenden Gegenden**

von Innsbruck nicht nur die Maul- und Klauenseuche unter dem Horn- und Kleinviehe vorkömmt, sondern in mehreren Ortschaften sogar die Lungenseuche ausgebrochen ist, so wird zur Verhüthung von Krankheitsverschleppungen angeordnet, daß auf den demnächst, d. i. am 17. Dez. 1838, in Innsbruck abzuhaltenden Thomasmarkt außer geschlachteten und der vorschriftsmäßigen Beschau zu unterziehenden Schweinen kein lebendiges Horn-, Schaf-, Ziegen- oder Borstenvieh gebracht werde. « Bothe von Tirol, Nr. 99, S. 393.

Die „Wiltauer Mühle" an der Sill: Ein Hirte für nur zwei Kühe zeigt den großen Wert gesunder Rinder für die Menschen damals.

# 1839

Das Nationaltheater war das kulturelle Zentrum der Stadt und des Landes. Die meisten der damals gespielten Stücke sind aber heute in Vergessenheit geraten.

28. FEBRUAR  ≫  Gestern erlitt Tirol einen schweren Verlust.
Im ehrwürdigen Alter von 78 Jahren starb der Präsident des k. k. tirolisch-vorarlbergischen Appellationsgerichtes und Vorstand des tirolischen Ferdinandeums, Andreas Alois Di Pauli Freiherr von Treuheim. Mehr als ein halbes Jahrhundert hatte der große Mann mit der seltensten Thätigkeit und Ausdauer dem Staate gedient, seines Vaterlandes Schicksale und Gefahren mit der größten Hingebung getheilt, und war von der Huld des Monarchen mannigfaltig geehrt. Richter durch 53 Jahre in allen Abstufungen des Dienstes war er ein Abbild der strengsten Gerechtigkeit und der gewissenhaftesten Pflichterfüllung; als Gelehrter ein gediegener Geschichtsforscher, ein edler Kunstfreund und unermüdeter Beförderer alles Guten und Schönen, die väterliche Stütze von manch' jungem Talente. Seine herrlichen Eigenschaften waren durch die reinste Frömmigkeit und Religiosität erhöht. Er gehörte in die Zahl jener großartigen ausgezeichneten Charaktere, wie sie in seltener Erscheinung Länder zieren, und welche die ganze Laufbahn ihres Wirkens auf allen Schritten durch reiche Früchte bezeichnen. ≪ Bothe von Tirol, Nr. 17, S. 65.

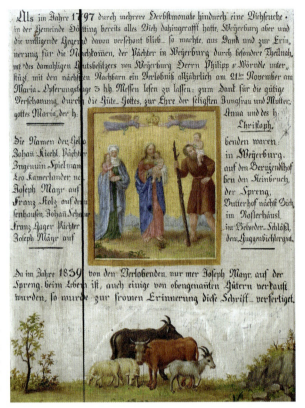

Votivtafeln,
wie diese aus der
Anna-Kapelle der
Weiherburg aus dem
Jahr 1839, wurden
für überstandene
Gefahren für Mensch
und Tier gestiftet.

21. MÄRZ  »  ## Die am 15. März d. J. erfolgte partiale Sonnenfinsterniß

wurde im Prämonstratenserstifte Wilten mit einem 40zölligen Heliometer von 30maliger Vergrößerung astronomisch beobachtet, und mit demselben mehrmals Hörner-Abstände gemessen. [...] Der Himmel blieb während der Finsternißdauer 1 Stund 19′34,9″ w. Zeit heiter, bald nach dem Ende stand die Sonne in Dünsten, und es begannen sich Wolken zu bilden. [...] « Bothe von Tirol, Nr. 23, S. 89.

6. MAI  »  ## Der gestrige, auch durch das schönste Frühlingswetter verherrlichte 1. Mai

gab in dieser Hauptstadt zugleich einer Anstalt die Frühlingsweihe, die in christlicher Liebe vorbereitet und gegründet, durch sie erhalten und gefördert, auch Früchte der christlichen Liebe bringen wird. Es war dieser 1. Mai der Tag feierlicher Einführung der barmherzigen Schwestern nach dem Orden des heiligen Vinzenz von Paul in das für sie neu erbaute Institutsgebäude und die Uebertragung der Krankenpflege an diesen ehrwürdigen Verein sich selbst aufopfernder Menschenliebe. [...] « Bothe von Tirol, Nr. 36, S. 141.

»| Sr. k. k. Majestät

haben mittelst Allerhöchstunterzeichneten Diploms den Gubernialrath zu Innsbruck und Ritter des kaiserl. österreichischen Leopoldordens, Daniel Mensi, den Ordensstatuten gemäß in den Ritterstand des österreichischen Kaiserstaates mit dem Prädikate „von Klarbach" allergnädigst zu erheben geruhet. «

Bothe von Tirol, Nr. 43, S. 169.

22. AUGUST »| Die Bewohner der Provinzial-Hauptstadt Tirols

und der Umgebung waren heute Zeugen und Theilnehmer eines vaterländischen Festes. Aus allerhöchster Gnade Sr. Majestät wurden silberne Medaillen mit dem Bande aus den Tiroler Landesfarben zur Erinnerung an die im vorigen Jahr statt gehabte Erbhuldigung an 130 Veteranen der Tiroler Landesschützen des Schwazer Kreises feierlich vertheilt; dieß Andenken kaiserl. Huld und Gnade ward mit religiöser Weihe und in geschichtlicher Deutung ausgeantwortet. [...] «

Bothe von Tirol, Nr. 67, S. 265.

18. NOVEMBER »| Gestern waren die Bewohner
Innsbrucks Zeugen

einer bedeutungsvollen militärischen Feierlichkeit. Es wurden die neuen Fahnen der beiden hier garnisonirenden Bataillons des Infanterie-Regiments G. H. von Baden geweiht. Hiezu war das Regiment um 10 Uhr in dem geräumigen Exerzirhofe der Klosterkaserne von einem großen, zu dieser Feierlichkeit besonders erbauten Altare in größter Parade aufgestellt. Nachdem die neuen Fahnen auf den vor dem Altare hiezu befindlichen Tisch gebracht worden, hielt der Herr Kaplan des Regimentes, Stephan Schaffner, eine würdevolle und erbauende Predigt, in welcher er die Thaten und Schicksale des Regimentes seit seiner Errichtung berührte, um den Soldaten in dem rümlichen Beispiele ihrer Vorfahren die Tugenden der Tapferkeit und Treue vorzuführen, sodann denselben die stets bewährte Liebe und Anhänglichkeit für das allerhöchste Kaiserhaus in Erinnerung brachte, und endlich die religiöse Bedeutung des für die Vertheidigung der Fahnen zu leistenden Eides in eindringlichen Worten zu Gemüthe führte. [...] «

Bothe von Tirol, Nr. 92, S. 365.

30. DEZEMBER »| Es hat eine Frau auf ein goldenes
Kettel Geld geliehen,

und sie erinnert sich nicht mehr an den Ort, wo sie dasselbe hingegeben hat. Sie bittet den Redlichen, der das Kettel als Hypothek besitzt, dasselbe an die Redaktion dieser Blätter abzugeben, wofür er den vollen Werth des Goldes erhalten wird. « Intelligenz-Blatt, Nr. 104, S. 890.

# 1840

In besonderen Fällen
wurde das Programm
des Theaters sogar
auf Seide gedruckt.
Solche Belege
sind aber überaus
selten erhalten.

10. FEBRUAR　　≫ | Bekanntmachung.

Mir wurde von der hohen k. k. Landesstelle dieser Provinz
die Befugniß zur Ausübung der öffentlichen Agentie für Tirol und Vorarlberg mit
dem Wohnsitze in Innsbruck gnädigst ertheilt. Ich übernehme daher alle Gattungen Rechts-, politische und Verwaltungs-Geschäfte, welche nicht etwa durch die
Gesetze andern Personen vorbehalten sind, und bin mit meiner Kanzlei, im Kaufmann Knoll'schen Eckhause Nr. 37 in der Hofgasse, dritten Stock, während den
gewöhnlichen Kanzleistunden zu sprechen. Innsbruck, den 8. Febr. 1840. Anton
Klemann, Doktor der Rechte und k. k. öffentlicher Agent. ≪　Intelligenz-Blatt, Nr. 12, S. 116.

23. APRIL　　≫ | Die des heiligen Osterfestes wegen

auf den 21. d. verlegte Feier des allen österreichischen Unterthanen so theuren Geburtsfestes unseres geliebten Kaisers fand auch gestern unter allgemeiner herzlicher Theilnahme statt. [...] ≪　Bothe von Tirol, Nr. 33, S. 129.

»| Gestern nachmittags trafen Se. k. k. Hoheit

der durchlauchtigste Herr Erzherzog Johann im erwünschten Wohlseyn hier ein, und nahmen Ihr Absteigquartier im Gasthofe zur gold. Sonne. «

Bothe von Tirol, Nr. 43, S. 169.


»| Bekanntmachung.

Nach den systemisirten und hohen Ortes genehmigten Grundsätzen des Schulplanes der hiesig städtischen Pfarrsingschule werden für das kommende Schuljahr 1840/41 wieder drei Schülerinnen im Gesangsunterrichte gegen die Bedingung unentgeldlich aufgenommen, daß sie durch drei Lehrjahre den Unterricht mit täglich einer Stunde fleißig besuchen, und nach dießfalls erlangter Ausbildung die Kirchenmusik am hiesigen Pfarrchore durch thätigste Mitwirkung unterstützen. [...] « Intelligenz-Blatt, Nr. 76, S. 733.


»| Oesterreichische Monarchie.

Tirol. Die k. k. Studien-Hofkommission hat die erledigte Präfektenstelle am Gymnasium zu Feldkirch dem bisherigen Humanitätslehrer Johann Mayer in Innsbruck verliehen. « Bothe von Tirol, Nr. 93, S. 369.


Der Blick vom Paschberg auf die sich langsam ausdehnende Stadt.
Im Vordergrund das kleine Sankt-Bartlmä-Kirchlein.

Hauser     Wastel     Censel     Hiesel     Tonel
Balthasar Leo.   Sebastian Leo.   Crescentia Faidll   Mathias Witmoser   Anton Leo.
aus Zell im Zillerthale in Tyrol.

Im 19. Jahrhundert werden Tirol und seine Kultur durch sog. Nationalsänger in ganz Europa bekannt gemacht. Viele der Zuhörer wollen dann auch dieses Land persönlich sehen …

7. DEZEMBER   » **Angekommene Fremde in Innsbruck.**
[…] Den 3. Dez. […] Hr. Andersen, Dichter und Philosoph, von München; […] « Intelligenz-Blatt, Nr. 98, S. 969.

7. DEZEMBER   » **Buchhandlungs-Anzeige.**
Dem Unterzeichneten wurde von der hohen k. k. vereinten Hofkanzlei die Ausübung einer Buchhandlung gnädigst bewilliget, und er bringt hiemit zur öffentlichen Kenntniß, daß er von nun an mit seinem bisherigen Antiquargeschäfte und seiner Leihbibliothek eine förmliche Buchhandlung verbinde, wodurch er in den Stand gesetzt ist, alle neuen literarischen Werke und Zeitschriften etc.

etc. in den verschiedenen Sprachen und Fächern, die bereits erschienen oder für die Folge noch heraus kommen, so weit es die bestehenden Censurs-Vorschriften gestatten, zu den angezeigten Katalogpreisen, oder im Wege der Pränumeration oder Subscription in möglichst kurzer Zeit herbei zu schaffen, wenn selbe nicht bereits bei ihm vorräthig seyn sollten. Der Unterzeichnete erlaubt sich daher, das verehrte Publikum um zahlreichen Zuspruch mit der Versicherung zu bitten, daß er weder Mühe noch Kosten scheuen würde, um sich die Zufriedenheit desselben sowohl durch ein reichhaltiges Lager neuer Werke, als durch schnelle Effektuirung der eingehenden Bestellungen zu verdienen. Der Unterzeichnete wird es sich besonders angelegen seyn lassen, alle neuen interessanteren Erscheinungen im Gebiethe der Literatur zur Ansicht der Bücherfreunde auf seinem Lager zu halten, und dieselben seinen verehrten Abnehmern, welche solches wünschen, auch zur Einsicht mitzutheilen. Zugleich erlaubt er sich, Allen, mit denen er bereits in Geschäftsverbindung gestanden, für das ihm bisher geschenkte Vertrauen den verbindlichsten Dank zu sagen, und die Versicherung beizufügen, daß er sein Antiquargeschäft und seine Leihbibliothek neben der Sortiments-Buchhandlung mit gleichem Eifer fortführen, und die ihm durch die letztere gebothene erweiterte Geschäftsverbindung nur dazu benützen werde, um auch das erstere noch thätiger und zu erhöhter Zufriedenheit der Herren Abnehmer zu betreiben. Innsbruck, im Dezember 1840. Karl Pfaundler, Buchhändler, Antiquar und Besitzer der öffentlichen Leihbibliothek. « Intelligenz-Blatt, Nr. 98, S. 969.


10. DEZEMBER   »| Bekanntmachung.

Der Unterzeichnete hat einen Vorrath von bestens hergestellten Karabinern von weißer und gelber Garnitur, besonders für Bezirkswächter bei den k. k. Landgerichten geeignet. Er empfiehlt sich demnach zu geneigtem Zuspruch, und bestimmt zugleich für die ganze Armatur eines solchen Mannes, nämlich für Säbel, Umschwungriemen, Kartusch und Karabiner den äußerst billigen Preis von 6 fl. W.W.C.M.

Joseph Mayr, Sattlermeister, unter den Lauben nächst dem wälschen Wirth in Innsbruck. « Intelligenz-Blatt, Nr. 99, S. 982.

# 1841

25. FEBRUAR »| ## Der dießjährige Karneval

ward am 21. d. M. in der Redoute zum Besten der Armen durch eine in ihrer wohlthätigen Absicht so edle, in der Anlage so sinnige, und in der Ausführung so gelungene Festlichkeit ausgezeichnet, daß wir nicht umhin können, derselben ehrend und dankbar auch in diesen Blättern zu erwähnen. Wenn schon, wie in früheren Jahren, dafür gesorgt war, der erwähnten Redoute durch den Reitz eines Glückstopfes zahlreicheren Besuch, und dem Armenfonde einen reichlicheren Beitrag zu gewinnen, so sollten doch heuer noch Bilder aus der vaterländischen Geschichte die patriotischen Gefühle der Vergangenheit und der Gegenwart anregen, und in Verbindung mit dem Wohlthätigkeitssinn der hiesigen Bewohner den edlen Zweck fördern. «  Bothe von Tirol, Nr. 16, S. 61.

8. APRIL »| ## Tirol. Am 31. März betraten Se. Excellenz

der neu ernannte Hr. Gouverneur und Landeshauptmann, Klemens Graf und Herr zu Brandis, von Wien über Kärnthen kommend, die seiner Leitung anvertraute Provinz Tirol, die Heimath seiner Väter. An der äußersten Gränze des Landes war eine geschmackvolle Ehrenpforte errichtet, bei welcher Se. Excellenz auf herzlichste bewillkommt wurde. [...] «  Bothe von Tirol, Nr. 28, S. 109.

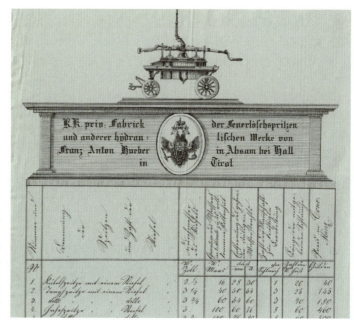

Ein rares Dokument: eine Preisliste der Firma Franz Anton Hueber in Absam, die sich der Herstellung von Feuerwehrspritzen widmete.

Das Wetter war früher immer ein Mysterium. Daran hat auch
die moderne Wettervorhersage nicht viel geändert. Oder glauben Sie
an den Wetterbericht?

12. AUGUST 》 | ## Als eine meteorologische Merkwürdigkeit verdient angeführt zu werden,

daß wir gestern hier ein Gewitter, oder vielmehr eine Reihenfolge von Gewittern hatten, welche ohne Unterbrechung durch beinahe elf Stunden, von 4 Uhr Morgens bis nahe an 3 Uhr Nachmittags, andauerten. Dabei regnete es die ganze Zeit hindurch sehr heftig, während auf den Hochgebirgen Schnee fiel, der die Temperatur bis zur Empfindlichkeit herab drückte, obwohl dieselbe am vorher gegangenen Tage durch den anhaltend wehenden Sirocco auf 24 Grade im Schatten, Nachmittags 4 Uhr, gehoben worden war. Das Gewitter war in manchen Momenten sehr heftig, so daß der Blitz an zwei oder drei kirchlichen Gebäuden herab gefahren seyn soll, jedoch ohne auffallende Spuren zu hinterlassen. 《

Bothe von Tirol, Nr. 64, S. 253.

30. AUGUST 》 | ## In der verflossenen Nacht bedrohte schweres Unglück

diese Stadt. Kurz vor Mitternacht stand auf einmal das hölzerne Gebäude der städtischen Fleischbank in Flammen, und fast gleichzeitig war das Feuer schon auf dem Dache des anstoßenden Hauses ausgebreitet. Eine Feuersäule überragte die Häuser und übersäte weithin die Dächer mit glühenden Koh-

Das Fleischbank-Gebäude am Marktplatz: einer von mehreren Orten in Innsbruck, die heute Plätze sind, aber früher verbaut waren.

len. Schon hatte sich die Flamme einer Seite des ausgedehnten Holzdaches am Joh. G. Tschurtschenthaler'schen Hause bemächtigt, und damit die höchste Gefahr für jenen Stadttheil, ja für den größten Theil der Stadt herbei geführt. Doch von allen Seiten kam Hülfe, und der vereinten Anstrengung gelang es, dem Weiterschreiten des Feuers Einhalt zu thun, und allmälig seiner selbst dort Meister zu werden, wo anfangs jede Rettung unmöglich schien. Außer der bereits zum Abtragen bestimmten städtischen Fleischbank ist nur das Georg Pichlersche Haus theilweise vom Feuer beschädigt worden. Allen, welche diese Stunde der Gefahr in Eifer und Anstrengung vereinigte, gebührt der Dank der bedrohten Stadt, vorzüglich möge das löbl. k. k. Militär und die mit unglaublicher Schnelligkeit aus der Nachbarstadt Hall und den umliegenden Dörfern mit sehr guten Löschgeräthen herbei geeilten Hülfsmannschaften sich versichert halten, daß ihre angestrengten und erfolgreichen Bemühungen stets im dankbaren Andenken Innsbrucks fortleben werden. 〝 Bothe von Tirol, Nr. 69, S. 273.

13. SEPTEMBER 〉〉 ## Schlafröcke aus der privilegirten Prager Fabrik
des Joseph Lederer sind neuerdings in sehr großer Auswahl angekommen, und das Stück zu 6 fl. R. W., so wie auch zu noch höheren Preisen zu haben bei Joseph Wanig in Innsbruck in der Neustadt Nr. 233. 〝

Intelligenz-Blatt, Nr. 73, S. 680.

4. OKTOBER  »» | **Es ist ein im guten Zustande
erhaltenes Handwerkszeug**

für die Kammmacher-Profession um billigen Preis aus freier
Hand zu verkaufen. Nähere Auskunft ertheilt der Kammmachermeister Joseph Erb
in Innsbruck, Neustadt Nr. 191. «« Intelligenz-Blatt, Nr. 79, S. 734.

4. OKTOBER  »» | **Anzeige.**

Unterschriebener, von der Reise so eben zurück gekehrt, auf
welcher er durch einen mehr als zweijährigen Aufenthalt in Deutschland auch das
homöopatische Heilverfahren näher kennen, insbesondere aber als Arzt der öffentlichen homöopatischen Heilanstalt in Leipzig anwenden gelernt hat, gibt sich hiemit die Ehre, die Eröffnung seiner ärztlichen Praxis hier mit dem Beisatze zur allgemeinen Kenntniß zu bringen, daß er in der Stallgasse, Haus Nr. 69 im dritten Stocke
wohne, und daselbst täglich von 7½ bis 9 Uhr Vormittags, und von 1½ bis 3 Uhr
Nachmittags ordinire. In dieser Wohnung kann er auch zu jeder Zeit des Tages zu
ärztlichen Visiten außer dem Hause getroffen werden.

Innsbruck, den 28. Sept. 1841. Isidor Mörz, Doktor der Medizin und Magister
der Geburtshülfe. «« Intelligenz-Blatt Nr. 79, S. 734.

1. NOVEMBER  »» | **Vorgestern Nachts 11 Uhr starb dahier
auf der Durchreise**

nach Pisa der königl. sächsische Hofkapellmeister Franz Mor-
lacchi, Ritter vom gold. Sporn, bekannt als ausgezeichneter Kompositeur sowohl im
dramatischen, als im Kirchenstyle. Er war sehr leidend hier angekommen; die sorg-
fältigste ärztliche Behandlung und die treueste Pflege seiner Begleitung konnten ein
Leben nicht mehr erhalten, das von langer Krankheit angegriffen und geschwächt
endlich einer Lungenlähmung erlag. Heute Nachmittag 3 Uhr wurde derselbe feierlich zur Erde bestattet, wobei sich eine die Bewohner Innsbrucks ehrende Theilnahme nicht bloß der Künstler und Kunstfreunde, sondern des ganzen Publikums
zeigte. [...] «« Bothe von Tirol, Nr. 87, S. 345.

2. DEZEMBER  »» | **Oesterreichische Monarchie. Tirol.**

Die Abnahme der Karten, durch welche man sich von Namens-
tags-Beglückwünschungen enthebt, hat einen Ertrag von 239 fl. 12 kr. R. W. gegeben.
Für diese rege Theilnahme wird hiemit allen Wohlthätern von den Vorstehungen
der Armen- und Kinderbewahr-Anstalten, welchen diese Gabe zu gleichen Theilen
zugekommen ist, der wärmste Dank gesagt. «« Bothe von Tirol, Nr. 96, S. 381.

# 1842

Musik wurde in bürgerlichen und adeligen Salons ebenso gepflegt wie im Musikverein. Solche Abende waren gesellschaftliche Ereignisse.

13. JÄNNER  »  Bei dem Drange der durch meine nothwendig gewordene schnelle Abreise gehäuften Geschäfte war es mir unmöglich von allen meinen Freunden, Gönnern und Schülern einzeln und persönlich Abschied zu nehmen. Ich sage ihnen daher hiemit öffentlich Lebewohl und zugleich meinen herzlichsten Dank für alle während eines achtjährigen Aufenthaltes dahier genossenen Beweise ihrer Freundschaft und Gefälligkeit, insbesondere aber den Schülern des Musikvereins für die mir am 2. dieß bereitete ebenso sinnvolle als für mein Herz wohlthuende Abschiedsfeier. – Nie wird die dankbare Erinnerung hieran in meinem Herzen erlöschen und sie wird mir für mein zukünftiges Leben der theuerste Beweis seyn, daß mein Streben und mein Wirken an der Schule des hiesigen Musikvereins nicht umsonst war.

Karl Mayer, ehemaliger Kapellmeister des Musikvereins zu Innsbruck. «

Intelligenz-Blatt, Nr. 4, S. 28.

25. APRIL » | Durch Vermittlung des geselligen
Vereins der „Namenlosen"
ist der hiesigen Armenkasse das von einem unbekannten Wohl-
thäter anfänglich nur für einen bestimmten Fall zugesicherte Geschenk von 50 fl.
R. W. ungeachtet des Nichtzutreffens jener Bedingung doch bar übergeben worden.
Die gefertigte Direktion sieht sich verpflichtet, ihren öffentlichen Dank dafür auszudrücken. Die Armendirektion. « Bothe von Tirol, Nr. 33, S. 129.

1. SEPTEMBER » | Schon lange war der steile Uebergang
über den Schönberg
südlich von dieser Hauptstadt eines der wesentlichsten Hemm-
nisse für den Handel durch Tirol und eine der unbequemsten und gefährlichsten
Stellen für die Reisenden, die durch dieses, an Naturschönheiten so reiche Land, am
schnellsten von Deutschland nach Italien gelangen. Diesem Uebelstande zu begegnen, geruhten Se. Majestät schon im Jahre 1833 den Umbau dieses steilen Berges
anzuordnen, und die großen auf mehr als eine halbe Million Gulden sich belaufen-
den Kosten desselben mit wahrer landesväterlicher Gnade auf den Staatsschatz zu
übernehmen. Die erste Abtheilung dieser Straße von Wiltau über den Berg Isel bis

Die Stephansbrücke südlich von Innsbruck war zur Zeit ihrer Errichtung ein
Meisterwerk der Ingenieurskunst – und sie leistet bis heute beste Dienste.

zum Sonnenburger Ecke ist bereits seit zwei Jahren vollendet, und biethet in seiner sanften kaum merkbaren Steigung die schönste Aussicht über Innsbruck und seine Umgebung dar. Die zweite Abtheilung vom Sonnenburger Ecke bis zum Wirtshause an der Schupfe wurde im Laufe dieses Jahres ausgeführt. Statt einer bald fallenden, bald steil zu 12 Zoll per Klafter ansteigenden Straße läuft die neue Bahn fast eben fort, und setzt in drei hohen, aus Quadersteinen erbauten schönen Bogenbrücken über die sie durchschneidende Wildbäche hinüber. Se. k. k. Hoheit der durchlauchtigste Hr. Erzherzog Stephan geruhten bei höchstderen Anwesenheit hier dem Lande einen sehr gnädigen Beweis Ihres Wohlwollens und der Theilnahme an allen, was sich auf dessen Wohl bezieht, dadurch zu ertheilen, daß höchstdieselben die Eröffnung dieser neuen Straßenstrecke persönlich vorzunehmen, und zugleich bei diesem Anlasse den Grundstein zu einem der großartigsten Bauwerke neuerer Zeit in der österreichischen Monarchie zu legen geruhten. Es ist dieß die Brücke über den Rutzbach in weiterer Fortsetzung der neuen Straße, sie wird in einen Bogen gespannt, der 112 Fuß ober dem Wasserspiegel zu stehen kommt, und eine Spannweite von 138 Fuß erhält. [...] ❮❮ Bothe von Tirol, Nr. 70, S. 277.

Die Schießstätte am Bergisel war nicht nur eine „militärische Übungsstätte", sondern auch ein gesellschaftlicher Treffpunkt.

Schausteller, Artisten und allerlei „Wunder" zogen bereits im 19. Jahrhundert durch die Lande und versuchten, Besucher in ihre Veranstaltungen zu locken.

12. SEPTEMBER  »  **Am 5. d. M. Abends war die Schießstätte des löbl. Regiments der Kaiserjäger**
auf dem historisch berühmten Berg Isel der Schauplatz einer Abschiedsfeier, welche das gesammte Offizierskorps der hiesigen Garnison zu Ehren seines scheidenden Kommandanten, Sr. Excellenz des Hrn. Feldmarschall-Lieutenants Freiherrn Czorich von Monte-Creto, den Se. Majestät von seinem bisherigen Posten als Militärkommandanten in Tirol und Vorarlberg vor Kurzem abzurufen und zum Kommandirenden in Temeswar zu ernennen geruht haben, veranstaltet hatte. [...]  «  Bothe von Tirol, Nr. 73, S. 289.

13. OKTOBER  »  **Notiz.**
Künftigen Sonntag den 16. Okt. Nachmittags wird der Unterzeichnete einen Luftballon in Gestalt eines großen Fisches steigen lassen, ein Experiment, welches noch allenthalben mit besonderem Beifalle aufgenommen worden ist, und wozu derselbe um so mehr seine ehrfurchtsvollste Einladung macht, als es ihm bedeutende Vorauslagen verursachte. J. Kammermayr.  «  Bothe von Tirol, Nr. 82, Anhang, S. 328.

31. OKTOBER  »  **Zahnärztliche Anzeige.**
Unterzeichneter, Schüler des Carabelli, macht hiemit bekannt, daß er auf Ansuchen Mehrerer sich entschlossen hat, seinen Aufenthalt hier um 8 Tage zu verlängern. Die verehrten Patienten, welche seine Hülfe in Anspruch zu nehmen gedenken, sind daher höflichst ersucht, innerhalb dieser Zeit ihre Meldun-

gen zu machen. Logirt zum goldenen Adler, und ist sicher zu treffen von 9 bis 11 Uhr und von 2 bis 3 Uhr. J. Häfelin, operativer und technischer Zahnarzt. «

*Intelligenz-Blatt, Nr. 87, S. 833.*

8. DEZEMBER »

## Oesterreichische Monarchie.
## Tirol. Kundmachung.

Bei noch bestehender Lungenseuche unter dem Hornvieh in Natters, im Landgerichtsbezirke Steinach und im Oberinnthal findet man den auf den 12. d. M. entfallenden Thomasmarkt in der Stadt Innsbruck, auf den Verkehr mit Pferden, Borstenvieh und geschlachtetem Rindvieh, welches letzte jedoch nicht aus infizirten Orten kommen darf, zu beschränken und den Zutrieb des Horn-, Schaf- und Gaisviehes zu demselben nicht zu gestatten. Dieß wird hiemit allgemein kund gemacht. Innsbruck, den 6. Dez. 1842. Vom k. k. Landes-Gubernium für Tirol und Vorarlberg. « *Bothe von Tirol, Nr. 98, S. 389.*

Ein Blick auf das Ortszentrum von Natters mit den natürlich noch lange nicht asphaltierten Straßen. Die Aufnahme dürfte aus der Zeit um 1890/1900 stammen.

# 1843

Mit aufgehobenem        Abonnement.

K. K. Nationaltheater        in Innsbruck.

Samstag den 18. Februar 1843

## zum Vortheile der Sängerin Anna v. Wittenau:

# Die Ballnacht.

Große Oper in 5 Akten, nach dem Französischen des Scribe, von J. R. von Seyfried und G. E. von Hofmann. Musik von Auber.

In dieser Zeit erhielten die Künstler keine fixe Gage, sondern waren an den Eintrittserlösen beteiligt. Umso wichtiger war zahlreicher Besuch bei den Aufführungen.

**2. JÄNNER** »| **Tirol. Es ist eine der vorzüglichsten und wichtigsten Aufgaben** des Ferdinandeums die Quellen der tirolischen Geschichte kennen zu lernen, sie zu sammeln und zu erhalten. Viele der wichtigsten Dokumente sind im Laufe der Zeiten, besonders in den Kriegen, zu Grunde gegangen, und nicht wenige leider noch in den neuesten Zeiten durch Sorglosigkeit und Unkenntniß der Besitzer vermodert, verstreut, oder aus kleinlicher Gewinnsucht zu mancherlei Zwecken verkauft und verbraucht worden. Um wenigstens das, was noch vorhanden ist, für die Geschichte des Landes und vor allem aus der ältern, mehr in Dunkel gehüllten Zeit zu retten, richtet der Verwaltungsausschuß des Ferdinandeums an Alle, die ein auf Tirol sich beziehendes Archiv oder Urkundensammlung besitzen, die freundliche Bitte, demselben ein Verzeichniß der darin befindlichen Urkunden der älteren Zeiten bis einschließlich des Jahres 1500 entweder unmittelbar, oder durch die Herren Mandatare einzusenden. [...]

Innsbruck, den 1. Jän. 1842. Der Verwaltungsausschuß des Ferdinandeums. Klemens Graf von Brandis, oberster Vorstand. « Bothe von Tirol, Nr. 1, S. 1.

# 1843

20. FEBRUAR »| Auf eine gegen Schluß des vorigen Monats
eingetretene mildere Witterung mit Südwind und heftigeren
Regen erfolgte am 4. und 5. Febr. d. J. ein solcher Schneefall in mehreren Landestheilen, daß man sich seit Jahren keines ähnlichen erinnern kann. Der Schnee fiel
in großen Flocken und unaufhörlich, und in kurzer Zeit lag er 2 bis 5 Schuh hoch in
der ganzen Gegend, und sperrte Straßen und Wege, so daß alle Verbindung unterbrochen wurde. [...] « Bothe von Tirol, Nr. 15, S. 57.

20. MÄRZ »| Am Abend des 17. und 18. d. M.
sah man hier um 7 Uhr Abends am westlichen Himmel einen,
scheinbar gegen 40 Grade langen und etwa ¾ Grad breiten, weißen Streifen, der an
Glanz die Milchstraße weit übertraf, und viel Aehnlichkeit mit einer lang gestreck-
ten Federwolke und dem Schweife eines Kometen hatte. [...] « Bothe von Tirol, Nr. 23, S. 89.

27. APRIL »| Mit allerhöchster Entschließung
vom 12. Febr. v. J. hatten Se. Majestät in Folge einer von den
Ständen Tirols an Allerhöchstdieselben gerichteten Bitte zu genehmigen geruht,
daß in Innsbruck ein Konvikt zur Erziehung von Jünglingen aus allen Ständen durch
freiwillige Beiträge gegründet, und unter die Leitung der Gesellschaft Jesu gestellt
werde. Zur Ausführung dieses Unternehmens hatte sich unter der Leitung der beiden Herren Fürstbischöfe des Landes ein Verein gebildet, und Beiträge zu sammeln
begonnen, und im Laufe von kaum einem Jahre waren diese Beiträge durch Wohl-
thätigkeit der Landesbewohner und verschiedener hoher und höchster Geber schon
so bedeutend geworden, daß ein geräumiger Bauplatz angekauft und mit dem Baue
begonnen werden konnte. « Bothe von Tirol, Nr. 34, S. 133.

Es war trotz
Schulpflicht noch
lange Zeit üblich,
dass Kinder arbeiten
mussten. Vor allem
in den Bereichen der
Landwirtschaft, der
Schaustellerei und
der Gastronomie
wurden Kinder schon
sehr früh eingesetzt.

Die weitläufigen Anlagen von Schloss Büchsenhausen wurden im Laufe der Jahre für verschiedene wirtschaftliche Aktivitäten genützt. In unmittelbarer Nachbarschaft befand sich das alte Venusberger Bad.

8. MAI    »| ## Die Heilanstalt des Venusberger Bades nächst Innsbruck

bei Büchsenhausen wird am 8. Mai d. J. wieder eröffnet. Indem der Gebrauch dieses vortrefflichen Bades, als eines der ältesten in Tirol, hinlänglich bekannt ist, so enthält man sich jeder Lospreisung desselben, und fügt nur bei, daß auch heuer seine Kurgäste täglich Schwitz- und Kräuter-Dampfbäder haben können. Aufgemuntert durch den immer zahlreichern Besuch, wird sich Unterzeichneter stets angelegen seyn lassen, seine respektiven Gäste durch schnelle und reinliche Bedienung, gute Speisen und Getränke auf das Billigste zufrieden zu stellen. Entfernte Badegäste bittet man gefälligst, ihre Ankunft acht Tage zuvor dem Gefertigten anzeigen zu wollen.

Joh. Spielmann, Badinhaber am Venusberg. « Intelligenz-Blatt, Nr. 37, S. 819.

11. MAI   »| ## Gestern war unsere Stadt Zeugin und Theilnehmerin

einer schönen, erhebenden Feierlichkeit – der Enthüllung des in der hiesigen Franziskanerkirche errichteten Denkmahles für die in den verschiedenen Epochen der Landesvertheidigung seit dem Jahre 1796 gefallenen Landesvertheidiger. Als die Gnade des nun in Gott ruhenden höchstseligen Kaisers Franz über dem Grabe des bis in den Tod getreuen Andreas Hofer in dieser Kirche jenes kaiserliche Monument errichtete, das ein Stolz unseres Landes und die Bewunderung aller Fremden ist, lag der Gedanke nahe, daß auch das tirolische Volk jenen heldenmüthigen Kämpfern eine dankbare Erinnerung weihe, welche in den verschiedenen neueren Landesvertheidigungsepochen vom Jahre 1796 angefangen muthvoll gestritten, und ihre Treue gegen Gott, Fürst und Vaterland mit ihrem heldenmüthigen Tode besiegelt hatten. [...] « Bothe von Tirol, Nr. 38, S. 149.

Ab der Mitte des 19. Jahrhunderts beginnt Innsbruck sich immer mehr auszuweiten. An den damaligen Stadträndern werden moderne Gebäude errichtet. Dennoch ist die Stadt noch überaus überschaubar.

2. OKTOBER »

## Bekanntmachung eines Güterverkaufes aus freier Hand

in der Höttinger-Aue, als: Eine große gemauerte Bauernbehausung mit mehrern heitzbaren und unheitzbaren Zimmern und Kammern, zwei Küchen, Speisgewölben und vier großen Kellern, dann Remm, Thennwerk, Heueinlage und geräumige Stallung, ein Früh- und ein großer mit Fruchtbäumen besetzter Obstgarten, bei 4 Jauch Ackerstatt und 9 M. M. Wiesmahd, und eine Waldung von 16 Morgen. Alles befindet sich im besten Kulturzustande. Der Verkauf geschieht unter sehr annehmbaren Bedingungen, welche von dem Eigenthümer oder der bisherigen Pächterin in der Aue Haus Nr. 256 mitgetheilt werden.

Innsbruck, den 23. Sept. 1843. « Intelligenz-Blatt, Nr. 79, S. 706.

# 1844

4. MÄRZ »

## Meyer & Komp. in Innsbruck,
## im neuen Spitalgebäude am Ursulergraben,

beehren sich die Anzeige zu machen, daß sie nun eine vollstän-
dige Niederlage von Eisengußwaaren jeder Art aus der k. k. Gießerei zu Jenbach führen, als: Herdplatten, Oefen, Häfen, Kessel, Reine, Stoß- und Schießmörser, Sparherde,
Eßröhre, Wagenbüchsen und ähnliche Gußstücke, welche zu billigst festgesetzten
Preisen verkauft werden; es werden auch Bestellungen nach Modellen oder genauer
Beschreibung auf alle Gußgegenstände angenommen und bestens besorgt. Die k. k.
privil. Maschinenfabrik dahier hat der genannten Handlung den ausschließlichen
Verschleiß ihrer Drahtstiften-Erzeugung auf hiesigem Platz übertragen, was diese
mit der Bemerkung zur Kenntniß bringt, daß dieser Artikel in beliebigen Quantitä-
ten zu den Fabriks-Preisen abgegeben wird. Schließlich empfiehlt sich die Handlung
zu geneigtem Zuspruch auf alle Artikel des Eisen- und Metallfaches unter Zusicherung bester und billig möglicher Bedienung. « Intelligenz-Blatt, Nr. 19, S. 175.

Die Fertigung von großen Stückzahlen in Serie in den Fabriken im Gegensatz
zur handwerklichen Einzelproduktion führte zu einem wesentlich breiteren
Angebot an Waren.

Damit verbunden
war auch der Beginn
der Bewerbung der
Produkte. Die ersten
Listen waren noch
recht bescheiden,
doch schon bald
folgten umfangreiche
Kataloge.

4. APRIL  »  # Fünfzehntes Unglück durch Lawinen.

(Durch Zufall verspätet). Der Unglücksfälle viele, die sich im
Laufe des verflossenen schneereichen Winters ergaben, haben wir unseren Lesern
zur Kenntniß gebracht. Alle diese Opfer an Menschenleben und Eigenthum waren
eine Folge von hohen Berg- und Felsenwänden herab gestürzter Schneemassen; daß
aber selbst der Fürstenweg in der Nähe des Schlosses Amras von Lawinen bedroht
werden konnte, wird Jedermann, der die Lage jener Straße kennt, befremden: Am
sogenannten Schloßberge, wohin der Weg in das Schloß Amras führt, rechts am
Wege steht das Haus des Johann Hupfauf ungefähr eine Schußweite von diesem
Schlosse entfernt. Rückwärts des Hauses liegt die Feldung, welche man die Burgwiese nennt, sie hat durchaus keine abschüssige Höhe gegen das darunter liegende
Haus des Johann Hupfauf. Kurze Zeit vor dem Schlafengehen äußerte sich Johann
Hupfauf, daß er den Wahler bei der Burgwiese wegen Abfluß des Wassers eröffnen
müsse, und ging mit diesen Worten bei der Stubenthür hinaus. Nach Verlauf einer
Viertelstunde vernahm das in der Wohnstube zurück gebliebene Eheweib Theres,
geborne Mayr, ein so furchtbares Krachen, daß sie glaubte, die ganze hinter dem
Hause liegende Burgwiese sey auf das Haus gestürzt. In dieser beängstigenden Lage,
die um so schrecklicher wurde, weil sie vermuthen mußte, daß ihr Ehemann rückwärts beim Haus am Wasserwahler arbeite, wollte sie ins Nebenzimmer hinein,

weil man von da in den Tennen und von dort ins Freie kommt, allein die Thür des Nebenzimmers vermochte sie nicht mehr zu öffnen, weil der dicht am Zimmer liegende Schnee den Zutritt dahin abgesperrt hatte. In dieser fürchterlichen, fast an Verzweiflung gränzenden Angst sprang sie zum Söller vor dem Hause und schrie um Hülfe und Rettung. Die Nachbarn eilten herbei, und auf die Erzählung der Theres Mayr fing man an, den vermißten Johann Hupfauf aufzusuchen. Aus Besorgniß, daß wegen des vielen Schnees im Innern des Hauses und im Tennen ein Einsturz erfolgen möchte, wagte Niemand, diese Lokalitäten zu betreten, und nur Georg Schipflinger, die eigene Gefahr nicht scheuend, wenn es sich handelt, ein Menschenleben zu retten, durchsuchte die inneren Lokalitäten des Hauses und den Tennen. Beim Nachsuchen im Tennen vernahm er ein tiefes Athemschöpfen. Er näherte sich dem Platze, wo er dieses hörte, und kratzte mit den Händen den Schnee vom Orte. Nach längerer Anstrengung kam er auf ein Stück Tennenthor und horchte von Neuem. Das Athemschöpfen wurde ihm stets bemerkbarer, und in der Hoffnung, daß an diesem Platze Johann Hupfauf liegen werde, kratzte Georg Schipflinger so lange den Schnee auseinander, bis ihm der Vermißte sichtbar wurde. Er konnte leider nicht mehr sprechen, und war schon seiner Auflösung nahe, bald darauf starb er in der Stube, wohin man ihn übertragen hatte. Ob den Verunglückten die Lawine im Tennen oder außerhalb des Hauses erreichte, ist unbekannt; nach den Vermuthungen des Eheweibes ist aber anzunehmen, daß der Verunglückte rückwärts beim Haus am Wasserwahlen arbeitete, wegen seiner Taubheit die von oben herab rollende Lawine nicht bemerkte, so von ihr erreicht und in den Tennen hingeschleudert wurde, wo er 3–4 Schuh tief unter dem Schnee von Georg Schipflinger angetroffen worden ist. 〈〈 Bothe von Tirol, Nr 28, S. 109.

Bis heute bedrohen Wildbäche und Lawinen das verbaute Gebiet der Stadt. Umso bedrohter waren früher deren Ränder. Auch bei Schloss Amras waren Opfer zu beklagen.

SCHLOSS AMBRAS.

16. SEPTEMBER　》　## Se. kaiserl. Hoheit der Herr Erzherzog Franz Karl,

hatten dem Aufenthalte in unserer Hauptstadt zwei uns höchst erfreuliche, unserer Erinnerung auf immer theure Tage, gewidmet, und haben sie benützt, um mit unermüdeter Thätigkeit alle öffentlichen Anstalten und Bauten in höchsten Augenschein zu nehmen. Am Morgen des 11. geruhten Se. kaiserl. Hoheit in der Hofkirche einer stillen Messe beizuwohnen, und darauf das neue Monument unsers Kriesmayer für die Landesvertheidiger und das Höchstdemselben schon bekannte Grabmahl des Andreas Hofer mit sichtbarer Rührung zu besuchen. Von da verfügten sich Se. kaiserl. Hoheit in die Neustadt, wo die gesammte Garnison, den Hrn. Generalmajor Edlen von Eliatscheck an der Spitze, aufgestellt war, gingen die langen Reihen durch und ließen sie dann an sich vorbei defiliren, mit gnädiger Anerkennung der schönen edlen Haltung, durch welche sich unser vaterländisches Regiment sowohl als das bei uns schon freundlich eingebürgerte Regiment von Groß-herzog von Baden auszeichnen. [...] 《 Bothe von Tirol, Nr 75, S. 297.

21. OKTOBER　》　## Der am Fallbach zu Hötting

noch in Betrieb stehende Ziegelofen mit Holz-, Lehm- und Ziegelvorrath, dann fünf Staudentheile zur Lehmgrabung und dazu gehörige Brük-ken werden der freiwilligen Veräußerung unterzogen. Nähere Auskünfte ertheilt Dr. Haßlwanter. Innsbruck, den 11. Okt. 1844. 《 Intelligenz-Blatt, Nr. 85, S. 807.

Es gibt viele Gründe, ein Fest zu feiern. Nicht wenige der Teilnehmer dieser Veranstaltung waren wohl zuinnerst bereits von „revolutionären" Gedanken beseelt.

# 1845

**Kundmachung.**

Zur Bedeckung des Papierbedarfs für das k. k. Gubernium, und die übrigen k. k. Stellen und Aemter dahier für das Verwaltungsjahr 18⁴⁵/₄₆ wird im Bureau der Kanzleidirektion am **23.** l. Monats Juli um **9** Uhr Vormittags die Lieferungsverhandlung vorgenommen werden, wobei die Lieferungsunternehmer acht Musterbogen von einer jeden Papiergattung beizubringen haben.

**K. K. Gubernium für Tirol und Vorarlberg.**

Innsbruck am 10. Juli 1845.

**Lorenz Itten,**
k. k. Gubernial-Sekretär.

Nr. 16572 Kanzlei.

Ein Ausschreibungstext, wie er heute für allerlei Bedarf der Verwaltung üblich ist. Hätten Sie das vor über 150 Jahren in dieser Form vermutet?

**6. FEBRUAR** »

## Im Verkaufsgewölbe des Unterzeichneten,

Hofgasse Nr. 40, sind täglich zu haben: Frische Küchenkräuter und Schnittlauch, Pastinakwurzel, weiße und rothe spanische und ordinäre Zwibel, große Salat-Selleri, blutrothe und weiße platte sehr delikate Salatrüben, Endivien-, Nissel- oder Feldsalat, gelbe Rüben, Braunkohl, blauer Kopfkohl, große gelbe besonders gute Riesen-Erdtoschen, Kohlrabi, runde mehlige Kartoffel, Winter- und Meerrettige, Limonien, Winterbirnen u.a.m., so wie auch sehr guter süßer Rahm (Schmetten), welcher im k. k. Hofgarten abgeholt, oder früher im Verkaufsgewölbe bestellt werden dürfte. Benedikt Eschenlohr, Kunst- und Handelsgärtner im k. k. Hofgarten. « Intelligenz-Blatt, Nr. 11, S. 91.

**3. MÄRZ** »

## Obgleich der heurige Fasching im eilendsten Schritte vorübergezogen,

hinterließ er doch für unsere Armen reichliche Früchte. Zwei Redouten wurden von der Direktion in Armensachen veranstaltet, und dabei die üblichen Glücksspiele vorbereitet. War auch die Anzahl der Gäste bei der ersten, am 19. Jänner, nur mäßig, so steigerte sich dieselbe bei der zweiten, am 2. Februar, auf die im Verhältniß zu den gebothenen Räumen außerordentliche Höhe von 1737 Personen. Es war für jeden Menschenfreund ein freudig erhebender Anblick, die Wogen der gedrängten Menge im festlich geschmückten Saale zu schauen. [...] «

Bothe von Tirol, Nr. 18, S. 69.

Das „Tirolische Nationalmuseum", das heutige Landesmuseum
Ferdinandeum, war seit seiner Gründung ein zentraler Punkt im
Geistes- und Kulturleben der Stadt.

14. APRIL   »   ## Heute marschirte die letzte Abtheilung des Infanterie-Regiments Großherzog von Baden

von hier nach Vorarlberg ab. Durch vierzehn Jahre hatte dasselbe hier im Lande in Garnison gestanden, und während dieser Zeit durch seine
ausgezeichnet schöne und ehrenhafte militärische Haltung, durch die trefflichste
Mannszucht und durch das humane, einträchtige Benehmen seines Offizierskorps
sich die allgemeine Achtung und Anerkennung erworben. [...] « Bothe von Tirol, Nr. 30, S. 117.

19. MAI   »   ## Oesterreichische Monarchie. Tirol. Innsbruck.

Die Tage dieser Woche waren für unsere Stadt Tage festlicher
Freude. Das Gebäude des tirolisch-vorarlbergischen Nationalmuseums, welches
Tirol der Gnade des erhabenen obersten Protektors desselben, Sr. Majestät unsers
allergnädigsten Kaisers, und der Unterstützung der Stände des Landes verdankt, war
in seiner inneren Einrichtung vollendet und harrte der feierlichen Eröffnung. Die
Freude über dieses für die Geschichte unseres Landes bedeutsame Ereigniß wurde
aber besonders erhöht durch die Anwesenheit Sr. kaiserl. Hoheit des durchlauchtigsten Hrn. Erzherzog Johann, welcher schon vor drei Jahren die Gnade gehabt
hatte, den Grundstein zu diesem Baue zu legen, und nun durch Se. Gegenwart bei der
feierlichen Eröffnung desselben neuerdings Höchstdessen wohlwollendste Theilnahme an dem Wohle und den Fortschritten unseres Landes bezeugte. Die freudige
Anerkennung für diese hohe Gnade sprach sich zuerst durch einen Festball aus,
welcher am 12. d. M. in dem schön dekorirten und glänzend erleuchteten Redoutensaale statt fand. [...] « Bothe von Tirol, Nr. 40, S. 157.

## ≫ Heute Nachts um 1½ Uhr weckte uns der Feuerruf

aus dem Schlaf. Es brannte in Wiltau ober dem Bräuhause in den Häusern, welche zwischen dem gegen das Kloster führenden Fahrweg und der auf den Neuraut führenden Brücke an der kleinen Sill liegen. Vier der gedrängt aneinander gestandenen Häuser, die noch Dächer von Holzschindeln trugen, waren an ihren Dächern bereits ergriffen, bevor man mit den Rettungsapparaten anzugelangen und solche zu entwickeln vermochte. Ein fünftes Haus wurde sehr beschädigt. Die gegen Norden anstoßenden Gebäude wurden mit großer Anstrengung, wobei sich vorzüglich Pioniere des Kaiserjäger-Regiments und des Regimentes Ferdinand Karl Viktor d'Este, in Gegenwart des Hrn. Feldmarschall-Lieutenants Baron Weiden, des Hrn. Generalmajors Eliatschek und der Herren Stabsoffiziere, auszeichneten, gerettet. Die Entstehungsweise ist noch unbekannt, doch war wahrscheinlich Nachlässigkeit die Grundursache des Unglücks. Drei Eigenthümer der abgebrannten Häuser sind der Brandassekuranz einverleibt. Aus Hall, Natters, Mutters, Arzl und andern benachbarten Ortschaften langten die Löschgeräthe mit Schnelligkeit an. ≪ Bothe von Tirol, Nr. 61, S. 241.

## ≫ Gestern um 3 Uhr Nachmittags

sind Ihre Majestät die Kaiserin von Rußland mit Ihrer kaiserl. Hoheit der durchlauchtigsten Frau Großfürstin Olga in erfreulichem Wohlseyn auf Höchstihrer Reise nach Italien über Partenkirchen und Seefeld kommend dahier in Innsbruck eingetroffen und haben Ihr Absteigquartier in der k. k. Hofburg zu nehmen geruht. [...] ≪ Bothe von Tirol, Nr. 79, S. 313.

Der Wiltener Friedhof vor den verschneiten Gipfeln der Nordkette. Deutlich ist der Höttinger Steinbruch zu erkennen, der einen Gutteil des Baumaterials für Innsbruck lieferte.

11. DEZEMBER  »  Bauplatz-Verkauf.

Es sind zwei Bauplätze in der Museumsgasse von 491 Quadrat-Klaftern im Gesammtumfange, welche gegen Morgen an die Straße am Sillkanale, gegen Westen an das Stocker'sche Haus und Garten, gegen Süden an die Museums-straße, und gegen Norden an den Fischnaler'schen Garten gränzen, aus freier Hand zu verkaufen. Das Nähere erfährt man im erwähnten Stocker'schen Hause zur ebenen Erde. «  Intelligenz-Blatt, Nr. 99, S. 949.

Die Meinhardstraße ist nicht nur eine Querstraße zur Museumstraße, sie wird auch vom Sillkanal durchflossen, der hier nur durch ein niederes Gitter abgetrennt ist.

# 1846

21. MAI »| **Gestern Abends sind Ihre Majestät**
die Kaiserin von Rußland mit Ihrer kaiserl. Hoheit der Großfürstin Olga, und Se. königl. Hoheit der Kronprinz von Württemberg in erwünsch-
tem Wohlseyn hier angekommen. […] So gelangten Ihre Majestät Abends glücklich
nach Bozen und setzten gestern Ihre Reise nach Innsbruck fort, wo Höchstdieselben in der Hofburg abstiegen und von Sr. Excellenz dem mittlerweile vorausgeeilten
Hrn. Landesgouverneur und dem Hrn. General von Eliatscheck empfangen wurden,
während eine Kompagnie des Regimentes Kaiser-Jäger auf dem Rennplatze vor der
Burg als Ehrenwache aufgestellt war. « Bothe von Tirol, Nr. 41, S. 161.

11. JUNI »| **Heute endete das große**
von Sr. Majestät allergnädigst bewilligte Freischießen von 100
Dukaten, welches zur Feier des allerhöchsten Namensfestes Sr. Majestät des Kaisers
am 30. v. M. begonnen hatte. Es eröffnete dieß die Reihe der großen Freischießen,
von denen gemäß der neuen von Sr. Majestät allerhöchst genehmigten Schießstands-
ordnung von Tirol jährlich zwei in verschiedenen Kreisen des Landes abwechselnd
statt finden sollen, und wofür Se. Majestät eine Gnadengabe von je 100 Dukaten zu
bewilligen allergnädigst geruhten, um die Freude an diesem volksthümlichen, mann-
haften Vergnügen zu erhöhen und allgemeiner zu verbreiten. […] «

Bothe von Tirol, Nr. 47, S. 185.

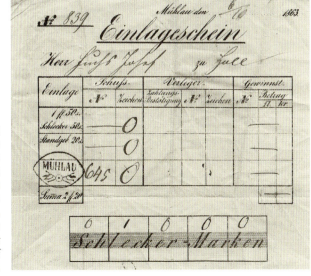

Die Frei- und
Festschießen wurden
nach komplizierten
Regeln durchgeführt
und von zahllosen
Schützen
frequentiert.
Kaum eine andere
Veranstaltung
konnte so viel Zulauf
registrieren.

**25. JUNI** » | **Die Gefertigten geben hiemit bekannt,**

daß ihre Stellwagenfahrt zwischen Innsbruck und Botzen nun wieder für die Sommermonate in nachstehender Ordnung statt hat: Als täglich kommt der Wagen von Botzen um 4 Uhr Nachmittag im Gasthause zum goldenen Hirschen in Innsbruck an, von wo aus selber des andern Tags Morgens 9½ Uhr wieder nach Botzen retour fährt. Per Post wird für die Person 24 kr. berechnet. Gepäck bis 10 Pfund ist frei, Mehrgewicht wird billigst berechnet werden. Indem die Unternehmer versprechen, für bestmögliche Bequemlichkeit der Herren Reisenden Sorge zu tragen, empfehlen sie sich eines geneigten Zuspruchs. Matrey, den 17. Juni 1846. Theresia Stadler. Johann Weiß. « Intelligenz-Blatt, Nr. 51, S. 493.

**3. SEPTEMBER** » | **Heute um 3¼ Uhr Früh weckte uns die Feuertrommel**

aus dem Schlaf. Das Klenken der kleinen Thurmglocke zeigte uns an, daß es außerhalb der Stadt brenne. Es wurden im Dorfe Mühlau das Schatzische Müllerhaus, die Wopfnerische Knoppernmühle und drei Städel ein Raub der Flammen. Schnelle Hülfe, sehr gute Leitung der Löschgeräthe und Windstille hinderten die weitere Verbreitung des Brandes, dessen Entstehungs-Ursache bisher unbekannt ist. « Bothe von Tirol, Nr. 71, S. 281.

Die Fahrt mit Kutschen und Stellwagen war sicherlich eine sehr holprige und abenteuerliche Form der Fortbewegung, da ja die Straßen und Wege nicht gepflastert waren.

Heute gerät der Name der Kettenbrücke leider immer mehr in Vergessenheit. Hier blicken wir Richtung Mühlau und Arzl.

22. OKTOBER  ≫ | ## Vorlegeblätter zum Latein- und Deutsch-Currentschreiben

sind vorräthig zu haben bei Hrn. Barth. Lechleitner, Buchbinder im Mittel-Spitalgebäude in Innsbruck. Da bei diesen Vorschriften die Stufenfolge genau beobachtet ist, so dürften sie besonders für Landschulen, und überhaupt Schülern zur häuslichen Uebung empfohlen werden. Um sie aber allgemein gebrauchen zu können, sind sie nach der einfachsten Form verfaßt, auf Pappendeckel aufgezogen und lackirt. Preis: 12 Blättchen deutscher Currentschrift auf Pappendeckel und lackirt 12 kr., nicht aufgezogen 6 kr., steif gebunden 9 kr. R. W. Bei Abnahme von 12 Heftchen wird eines gratis zugegeben.

Joh. Rainer, Lehrer in Innsbruck. ≪  Intelligenz-Blatt, Nr. 85, S. 776.

22. OKTOBER  ≫ | ## Bekanntmachung.

Ergebenster macht einem verehrten Publikum zur dienlichen Bequemlichkeit bekannt, daß solcher seinen Verschleiß von Chokolade in der Neustadt im Glas- und Geschirrgewölbe im Ferstl'schen Hause Nr. 192 habe. Die Preise hievon sind bekannt. Er empfiehlt sich zur gütigen Abnahme.

Innsbruck, den 13. Okt. 1846. Jos. Lechner, Chokolade-Fabrikant. ≪

Intelligenz-Blatt, Nr. 85, S. 776.

Trink-Schokolade war ein überaus beliebtes Getränk, waren doch die Kakao-Bohnen der Inbegriff des Exotischen.

5. NOVEMBER  >> | ## Oesterreichische Monarchie.
Die letzte ostindische Ueberlandpost landete am 26. Okt. um 2 Uhr Morgens in Triest; der erste Kurier derselben traf am 27. um 4¾ Uhr, der zweite um 6¾ Uhr Früh in Innsbruck ein; da die Zeit des Abganges beider Kuriere von Triest nicht genau ermittelt ist, so läßt sich auch die Zahl der Stunden, welche sie auf dem Wege hierher zubrachten, nicht mit voller Verläßlichkeit angeben; jedenfalls dürfte angenommen werden, daß die Reise um beiläufig drei Stunden länger dauerte, als das vorige Mal. Oeffentliche Blätter haben die Schuld dieser Verlängerung dem Umstand zugeschrieben, daß der Kurier in Tirol hohes Gebirgswasser und bereits drei Schuh hohen Schnee zu passiren hatte. [...] << Bothe von Tirol, Nr. 89, S. 353.

30. NOVEMBER  >> | ## Oesterreichische Monarchie.
Heute Früh um 7¼ Uhr kam die ostindische Ueberlandspost hier an, welche in Triest am 28. um 5¼ Uhr früh eingetroffen war; sie hat folglich den Weg bis hieher innerhalb 26 Stunden zurückgelegt. << Bothe von Tirol, Nr. 96, S. 381.

14. DEZEMBER  >> | ## Tirol. Am demselben Tage entriß uns der Tod
zwei ausgezeichnete Mitglieder des tirolischen Adels. [...] Um wenige Stunden nur ging ihm in die Ewigkeit voran: Der k. k. pensionirte Major in der Armee, Eduard Freiherr von Sternbach, der sich auf dem Schlachtfelde von Leipzig den Maria Theresienorden verdient hatte, und dessen Patriotismus das Land den Besitz der Gebeine Hofers verdankt. << Bothe von Tirol, Nr. 100, S. 397.

# 1847

4. MÄRZ »  | Oesterreichische Monarchie.

Heute Mittag 12 Uhr traf das englisch-ostindische Postfelleisen mittelst Kurier von Triest hier ein. Auf dieser sechsten und letzten Probefahrt wurde die Strecke von Triest bis Innsbruck innerhalb 24 Stunden zurückgelegt. «

Bothe von Tirol, Nr. 18, S. 69.

Diese idealisierte Darstellung aus London zeigt die Vorbereitungen zu einer Stellwagenfahrt. Ganz so sauber und geordnet wird es wohl nicht immer zugegangen sein.

# 1847

18. MÄRZ 〉〉 Theater-Nachricht.

Das gesammte Chorpersonale des hiesigen k. k. Theaters gibt sich die Ehre einem verehrungswürdigen Publikum die gehorsamste Anzeige zu machen, daß ihnen die Direktion eine Einnahme bewilligt habe. Diese wird Sonntags den 21. März 1847 statt finden, und es wird an diesem Abend die beliebte Oper: Alessandro Stradella von Friedrich, Musik von Friedrich Flattow, zum dritten und Letztenmale zur Aufführung gebracht werden. – Hr. Direktor Korn wird zur größern Ausschmückung dieser Oper noch im zweiten Akte gütigst ein kleines Ballet arrangiren, welches für das verehrungswürdige Publikum wieder einen neuen Reiz biethen dürfte. Das gesammte Personal rechnet auf die bekannte große Güte und Menschenfreundlichkeit der hiesigen Bewohner um so viel mehr, da durch die Zeitumstände viele derselben wieder verdienstlos werden, und glauben auf gütigen, zahlreichen Besuch hoffen zu dürfen. Mit tiefster Hochachtung empfiehlt sich sämmtliches Chorpersonale. 〈〈 Intelligenz-Blatt, Nr. 22, S. 185.

22. APRIL 〉〉 Das allerhöchste Geburtsfest

both den Bewohner der Provinzial-Hauptstadt Innsbruck auch in dem gegenwärtigen Jahre den ersehnten Anlaß die Gefühle ihrer Treue und Anhänglichkeit für Seine Majestät unsern allergnädigsten Kaiser ehrerbiethig an den Tag zu legen. Schon am Vorabende des festlichen Tages wurde in dem schönen neuen Theater bei reicher Beleuchtung des äußern Schauplatzes eine Opernvorstellung gegeben, und vor dem Beginne derselben die Volks-Hymne gesungen. […] 〈〈

Bothe von Tirol, Nr. 32, S. 125.

Offensichtlich konnte man bereits im 19. Jahrhundert Theater-Abenteuer in Innsbruck erleben.

Unverheiratete
Töchter aus adeligem
Hause wurden
oft in adeligen
Damenstiften
„untergebracht",
was vor allem der
Versorgung und
dem Seelenheil
diente. Hier
abgebildet sehen
wir Erzherzogin
Elisabeth, die erste
„Äbtissin" des neuen
Damenstiftes.

31. MAI »| Heute fand die feierliche Installation
der von Ihrer Majestät der Kaiserin a. g. zur wirklichen Stiftsdame in dem Innsbrucker k. k. hochadeligen Damenstifte ernannten Mathilde Gräfin Stadel-Kernberg Statt. Dieser Introduktionsakt wurde von Seiner Excellenz dem
Herrn Landesgouverneur Klemens Grafen und Herrn zu Brandis als k. k. ersten
Stiftskommissär und von Seiner Excellenz dem Herrn Landmarschallamts-Verwalter
Leopold Grafen von Künigl als zweiten Stiftskommissär um 10 Uhr Vormittags in der
hiesigen Burg- und Damenstifts-Kapelle in Beiseyn des hohen Adels und der ersten
Authoritäten vorgenommen, wobei zuerst die a. h. Entschließung über die Ernennung der Gräfin von Stadel zur Stiftsdame abgelesen, hierauf ihr das Statutenbuch
von dem ersten Herrn Stifts-Kommissär mit einer angemessenen Anrede übergeben, sodann von Ihrer Excellenz der Frau Oberdechantin Freiin von Schneeburg ihr
das Stiftsordenszeichen angeheftet, und von den beiden jüngsten Stiftsdamen der
Stiftsmantel umgegeben wurde. Den Schluß dieser Feierlichkeit machte das heilige
Meßopfer, welches von dem hochwürdigen Herrn Prälaten des Chorherrenstiftes
zu Wilten zelebrirt wurde. Zu Mittag gaben Seine Excellenz der Herr Gouverneur
als erster Stiftskommissär eine Tafel, wozu die bei dieser Feierlichkeit Anwesenden
geladen worden waren. «  Bothe von Tirol, Nr. 43, S. 169.

16. SEPTEMBER ≫ **Heute Nachmittags 2 ¼ Uhr sind Se. Majestät**
der König von Preußen, unter dem Namen eines Grafen von
Zollern, mit Suite aus Italien kommend hier eingetroffen, nahmen Höchstdero
Absteigquartier im Gasthofe zum österreichischen Hofe, und setzten nach einge-
nommenem Mittagsmahle die Reise nach Baiern fort. ≪ Bothe von Tirol, Nr. 74, S. 293.

21. OKTOBER ≫ **Oesterreichische Monarchie.**
Gerüchte, ja selbst öffentliche Blätter hatten bereits seit einiger
Zeit die Möglichkeit des Aufstellens einer größeren Truppenzahl längs der Gränze
der Schweiz erwähnt, und die dort immer steigende so bedauernswürdige innere
Aufregung schien diese Maßregel täglich mehr zu rechtfertigen. Obschon die in Tirol
aufgestellten Truppen-Abtheilungen in beständiger Marschfertigkeit waren, so wurden wir doch heute Morgens nicht wenig überrascht, als plötzlich Alarm geschlagen,
und auch sogleich das hier befindliche dritte Bataillon des Jäger-Regimentes und
eine starke Abtheilung von E. h. Ferdinand d'Este-Infanterie auf der Straße gegen
Vorarlberg abrückten. Eine große Menge Volks gab dieser unter militärischer Musik
freudig abziehenden Truppe, das Geleite. Man sagt, daß größere Truppen-Abtheilungen, ja selbst Kavallerie den Abgang hier ersetzen werden. ≪ Bothe von Tirol, Nr. 84, S. 333.

2. DEZEMBER ≫ **Bad-Ankündigung.**
Nachdem der Unterzeichnete das rühmlich bekannte Bad zur
Kaiser-Krone nächst der Innbrücke dahier käuflich an sich gebracht hat, macht er
hiemit die ergebenste Anzeige, daß den ganzen Winter hindurch täglich zu belie-
biger Stunde Bäder in geheizten Zimmern gehalten werden können, und zwar zu
24 kr. R. W. für ein Bad nebst Wäsche und Heizung. Nur muß gebethen werden, eine
halbe Stunde früher das Bad zu bestellen.
Es empfiehlt sich achtungsvollst
Innsbruck, den 27. Nov. 1847. Der Badinhaber Joh. Matias. ≪ Intelligenz-Blatt, Nr. 96, S. 950.

# 1848

## Das Revolutionsjahr 1848

*Ausgehend von einer bürgerlichen Revolutionsbewegung in Frankreich griffen die Unruhen auf weite Teile Mitteleuropas über. Getragen wurde diese Bewegung vor allem vom Bürgertum aber auch von Arbeitern. Im Kaisertum Österreich war Wien das Zentrum der Unruhen, gleichzeitig aber kam es in weiten Gebieten des Reiches zu Aufständen gegen die Vorherrschaft Österreichs. Zur gleichen Zeit kam es in den italienischen Besitzungen (z.B. Lombardei, Toskana, Venetien) zu Aufständen im Rahmen der italienischen Einigung, dem sog. Resorgimento, die aber von den österreichischen Truppen noch niedergeschlagen werden konnten.*

*Kaiser Ferdinand I. erließ im März 1848 eine erste Verfassung, die zu weiteren Aufständen führte, worauf der Kaiser Wien fluchtartig verließ und in Innsbruck Zuflucht suchte. Im Herbst 1848 kam es zu bürgerkriegsähnlichen Zuständen in Wien, bei denen reguläre Truppen gegen die Aufständischen mit Waffengewalt vorgingen. Es gab mehrere tausend Tote.*

*Ende des Jahres 1848 dankte der überforderte Kaiser Ferdinand I (im Volksmund: „Gütinant der Fertige") zugunsten seines Neffen, dem zukünftigen Kaiser Franz Joseph I., ab. Unter der neuen Regentschaft wurden die errungenen Fortschritte von einer Phase des Neoabsolutismus abgelöst, was einen gesellschaftlichen Rückschritt bedeutete.*

Ein Blick in den Hofgarten mit dem Verwalterhaus.

**Berichtigung.**

Der gefertigte Gymnasial-Präfekt erklärt hiemit alle Gerüchte als grundlos, durch welche so vielfältig ausgestreut wurde, daß entweder er oder Einer aus den Gymnasial-Professoren am letztverflossenen Sonnabend im Gymnasial-Gebäude durch Worte oder durch Handlungen von einigen Herren Akademikern der löblichen hiesigen k. k. Universität persönlich insultirt worden sey.

Innsbruck, den 20. März 1848.

Anton Schwitzer S. J.,
Gymnasial-Präfekt.

**24. FEBRUAR** » | ## Bei einem zu Ehren des Herrn Bürgermeisters

Dr. Hieronimus von Klebelsberg vom Magistrate und dem großen Bürgerausschusse veranstalteten Festmahle widmeten die Theilnehmer die Summe von 150 fl. R. W. zur Bekleidung armer Pfleglinge der drei Kleinkinderwart-Anstalten dieser Stadt. Nachdem mit dieser großmüthigen Gabe dreißig Kinder mit vollständiger Kleidung versehen werden konnten, rechnet es sich der Frauenverein zu seiner angenehmsten Pflicht, den edlen Wohlthätern im Namen der beschenkten Kinder den herzlichsten Dank hiemit öffentlich auszudrücken. Mögen dieselben der reichlichsten Vergeltung des göttlichen Kinderfreundes gewiß seyn, der sprach: „Lasset die Kleinen zu mir kommen." « Bothe von Tirol, Nr. 16, S. 61.

**23. MÄRZ** » | ## Gestern hatten sich Gerüchte

von einer Demonstration gegen die Väter der Gesellschaft Jesu verbreitet. Zur Widerlegung derselben las man daher in den Nachmittagsstunden folgenden Maueranschlag: Der gefertigte Gymnasial-Präfekt erklärt hiemit alle Gerüchte als grundlos, durch welche so vielfältig ausgestreut wurde, daß entweder er oder Einer aus den Gymnasial-Professoren am letztverflossenen Sonnabend im Gymnasial-Gebäude durch Worte oder Handlungen von einigen Herren Akademikern der löblichen hiesigen k. k. Universität persönlich insultirt worden sey. Innsbruck, den 20. März 1848. Anton Schwitzer, S. J. Gymnasial-Präfekt. « Bothe von Tirol, Nr. 24, S. 113.

〉〉 | ## Die auf vorgestern Abends festgesetzte Beleuchtung der Stadt

zur Feier der in der kaiserl. Proklamation vom 15. März enthaltenen Zugeständnisse mußte wegen des an jenem Abende herrschenden Windes auf den gestrigen Abend verschoben werden. [...] 〈〈 *Bothe von Tirol, Nr. 24, S. 113.*

〉〉 | ## Oesterreichische Monarchie.

Heute wurde in der hiesigen Pfarrkirche ein feierliches Hochamt mit Te Deum laudamus zur Danksagung für die von Sr. Majestät verkündete Konstitution, Preßfreiheit und Volksbewaffnung abgehalten. Vor dem Beginne des Gottesdienstes wurde von der Kanzel herab der schöne, eben so zeitgemäße als erbauliche Hirtenbrief des hochwürdigsten Herrn Fürstbischofs Bernard verlesen. Dem Gottesdienste wohnten sämmtliche Civil- und Militärbehörden in großer Gala bei. Die Kirche war so voll Menschen, wie wir sie nur bei seltenen Anlässen so gedrückvoll sahen; heiße Gebethe stiegen zum Himmel empor für unsern guten Kaiser, für segensreiche Entwicklung der neuen Institutionen und für Erhaltung des Friedens! 〈〈 *Bothe von Tirol, Nr. 25, S. 121.*

In Ermangelung anderer Medien wurden politische Dispute oftmals mittels offener Briefe geführt. Manchmal wurden ganze Korrespondenzen abgedruckt.

### Abschiedswort
#### der Reichstags-Deputation an Tirol.

Edle Bewohner Innsbrucks und Du, gesammtes herrliches Tiroler Volk! von dessen Landesgränzen an der Empfang der Reichstags-Deputirten ein eben so herzlicher, als den Reichstag hoch ehrender war, — nicht können wir von Euch scheiden, ohne nochmals unseren tiefgefühlten Dank Euch Allen darzubringen, daß Ihr das Bruderband, das uns von jeher umschlang, noch enger geknüpft habt, denn so schön und sinnig auch die Form jeder von Euch zu Ehren der Reichsversammlung uns bereiteten Festlichkeit war, so erhielt sie ihren bleibenden, unserm Herzen wohlthuenden Werth erst durch den Geist, der sie beseelte. Nicht wundert es uns, daß unser gütiger Kaiser so gern bei Euch weilte; möchten doch selbst wir, wenn die Pflicht nicht uns riefe, gern noch in Euerer Mitte weilen. Doch werden Euere Vertreter am Reichstage mit uns Andern Allen den gemeinsamen großen Neubau der konstitutionellen Freiheit aufführen und das neue Völkerbündniß schließen helfen, das dem Kaiserstaate eine festere Grundlage gewähren soll, als er jemals besaß. So werdet Ihr denn, wenigstens im Geiste, bei uns seyn und Eure Gesinnungstüchtigkeit in der Betheiligung an den Reichstagsarbeiten zum Wohle Tirols und zum Heile des Gesammtvaterlandes bethätigen! Lebet wohl, Ihr markigen Söhne des Heldenlandes, dem die Hofer und Speckbacher niemals fehlen werden, wenn ein übermüthiger Feind das Gesammtvaterland zu bedrohen sich erfrecht, da, wo ihr die unbesiegbaren Gränzwächter seyd! Lebet wohl! Der Himmel segne Euer schönes Land und unser gemeinsames Wirken, das für uns Alle, die mehr oder minder frei Gewesenen, nun die volle, Völker verbrüdernde Volksfreiheit bringen soll!

Innsbruck, den 6. August 1848.

## 1848

11. APRIL

**»** **In Bezug auf die in ganz Deutschland stattzuhabenden hochwichtigen Wahlen**
der Volksdeputirten in das am 1. Mai 1848 zu eröffnende deutsche Parlament (man sehe unsern Artikel aus Frankfurt) in welches auch Tirol von je 50,000 Seelen einen Vertreter zu senden hat, sind wir ermächtiget zu erklären, daß von Seite unserer hohen Landesregierung heute noch die Anfrage an das Ministerium des Innern abgeht, auf welche Weise diese Wahlen in Tirol vorzunehmen seyen. – Möge das tirolische Volk gleich jetzt schon seine Augen auf gesinnungstüchtige freisinnige Männer werfen, welche das allgemeine Vertrauen genießen, unsere Interessen kennen, und dieselben würdig vertreten werden. Nach den in Frankfurt gefaßten Beschlüssen, welche zweifelsohne auch von Wien aus anerkannt werden, ist jeder ehrliche Mann ohne Unterschied des Standes wahlfähig. **«**

Bothe von Tirol, Nr. 32, S. 163.

## Wir Ferdinand der Erste,
### von Gottes Gnaden Kaiser von Oesterreich;

König von Hungarn und Böhmen, dieses Namens der Fünfte, König der Lombardei und Venedigs, von Dalmatien, Croatien, Slavonien, Galizien, Lodomerien und Illirien; Erzherzog von Oesterreich; Herzog von Lothringen, Salzburg, Steiermark, Kärnthen, Krain, Ober- und Nieder-Schlesien; Großfürst von Siebenbürgen; Markgraf von Mähren; gefürsteter Graf von Habsburg und Tirol ꝛc. ꝛc.

haben nunmehr solche Verfügungen getroffen, die Wir als zur Erfüllung der Wünsche Unserer treuen Völker erforderlich erkannten.

Die Preßfreiheit ist durch Unsere Erklärung der Aufhebung der Censur in derselben Weise gewährt, wie in allen Staaten, wo sie besteht.

Eine Nationalgarde, errichtet auf den Grundlagen des Besitzes und der Intelligenz, leistet bereits die erfprießlichsten Dienste.

Wegen Einberufung von Abgeordneten aller Provinzial-Stände und der Central-Congregationen des lombardisch-venetianischen Königreiches **in der möglichst kürzesten Frist** mit verstärkter Vertretung des Bürgerstandes und unter Berücksichtigung der bestehenden Provinzial-Verfassungen zum Behufe der von Uns beschlossenen **Constitution des Vaterlandes** ist das Nöthige verfügt.

Sonach erwarten Wir mit Zuversicht, daß die Gemüther sich beruhigen, die Studien wieder ihren geregelten Fortgang nehmen, die Gewerbe und der friedliche Verkehr sich wieder beleben werden.

Dieser Hoffnung vertrauen Wir um so mehr, als Wir Uns heute in Euerer Mitte mit Rührung überzeugt haben, daß die Treue und Anhänglichkeit, die Ihr seit Jahrhunderten Unseren Vorfahren ununterbrochen, und auch Uns bei jeder Gelegenheit bewiesen habet, Euch noch jetzt wie von jeher beseelet.

Mit dieser Verordnung vom 15. März 1848 wurden die meisten der zentralen Forderungen der Aufständischen angesprochen. Doch dann schlug die Reaktion zurück.

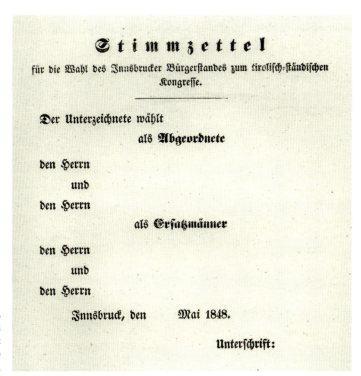

Ein Wahlzettel, der unterschrieben werden musste. Nicht gerade ein heute übliches System.

13. APRIL

## » Von der k. k. Polizei-Direktion.

Gestern war die Ruhe unserer sonst so friedlichen Stadt, in der Folge der Mißhandlung, die sich ein, aus Wälschtirol gebürtiger Handlungs- diener gegen einen deutschen Handwerksgesellen erlaubte, in bedaulicher Weise gestört. Nachdem Ersterer in polizeiliche Haft gebracht wurde, wo er der gesetzli- chen Strafe nicht entgehen wird, und diese Versicherung den, ihn bis zum Polizei- Direktions-Gebäude Begleitenden, von dem gefertigten Polizei-Direktor ertheilt worden war, hatte man erwarten können, daß die Ordnung nicht weiter gestört werde würde. Nichts desto weniger zogen mehrere Haufen junger Leute schreiend und lärmend nach verschiedenen Theilen der Stadt, und bedrohten die Läden von Gewerbsleuten italienischer Nationalität, so daß mehrere gezwungen waren, diesel- ben zu schließen. Ohne dem kräftigen Mitwirken mehrerer achtbaren Bürger hätten wir vielleicht die gröbsten Exzesse zu beklagen. [...] Innsbruck, den 11. April 1848. E. Noe Edler von Nordberg. k. k. wirklicher Regierungsrath und Polizei-Direktor. «

Bothe von Tirol, Nr. 33, S. 167.

Im Zuge der Unruhen und des Krieges in Italien wurde in Innsbruck
eine Nationalgarde gebildet.

4. MAI

## Innsbruck. Seit längerer Zeit sehen wir

die hier unmittelbar nach dem Bekanntwerden des allerhöch-
sten Patentes vom 15. März rasch gebildete Nationalgarde die verschiedenen Wachen
der Stadt beziehen. Es ist dieß das erste öffentliche Auftreten der Nationalgarde,
und läßt den Eifer wahrnehmen, mit welchem Mitglieder aller Stände dem Dienste
obliegen. Der Beschauer dürfte daraus den Schluß auf die innere Güte der Organi-
sirung des Instituts ziehen, während dem aufmerksamen Beobachter die bis jetzt
bestehenden Mängel nicht entgehen können. [...] « Bothe von Tirol, Nr. 45, S. 221.

18. MAI

## Bekanntmachung.

Es ist eine chirurgische Gerechtsame in einem der bevölkerten
Stadttheile in Innsbruck und im besten Betriebe allsogleich zu verkaufen oder zu
verpachten. Darauf Reflektirende wollen sich hierüber persönlich oder schriftlich
portofrei unter der Adresse J.G.L. Nr. 431 um das Nähere erkundigen. «

Intelligenz-Blatt, Nr. 40, S. 468.

23. MAI

## Oesterreichische Monarchie.
## Amtlicher Theil.

Manifest an Meine Völker! Die Vorgänge in Wien am 15. Mai
drängen Mir die traurige Ueberzeugung auf, daß eine anarchische Fraktion, sich
stützend auf die meist durch Fremde irregeführte akademische Legion und einzelne
Abtheilungen von der gewohnten Treue gewichenen Bürger- und Nationalgarden,

Mich der Freiheit zu handeln berauben wollte, um so die, über jene vereinzelte Anmaßung gewiß allgemein empörten Provinzen und die gutgesinnten Bewohner Meiner Residenz zu knechten. Es blieb nur die Wahl, mit der getreuen Garnison nöthigenfalls mit Gewalt den Ausweg zu erzwingen, oder für den Augenblick in der Stille in irgend einer der, Gottlob insgesammt Mir treu gebliebenen Provinzen sich zurückzuziehen. Die Wahl konnte nicht zweifelhaft seyn, Ich entschied mich für die friedliche, unblutige Alternative und wandte Mich in das, zu jeder Zeit gleich bewährt gefundene Gebirgsland, wo Ich Mich auch zugleich den Nachrichten von der Armee näherte, welche so tapfer für das Vaterland ficht. [...] Innsbruck, den 20. Mai 1848. Ferdinand. 《 Bothe von Tirol, Nr. 56, S. 271.

Der ehemalige Schießstand in Mariahilf mit festlicher Beflaggung anlässlich des Kaiserschießens von 1855 – in Anwesenheit des beliebten Erzherzogs Johann.

5. JUNI    》│ Innsbruck. Die Zahl der hier anwesenden
Gesandten wurde durch den Brasilianischen vermehrt. 《
Bothe von Tirol, Nr. 63, S. 306.


6. JUNI    》│ Heute Nachts kamen Hofwägen,
was auf einen längern Aufenthalt des allerhöchsten Hofes hier
schließen läßt. Um Mittag bezogen Schützen aus der Gemeinde Götzens die Burgwache mit eigener guter Musikbande, schöne Leute in hübscher Haltung und Tracht.
Abwechselnd wurde die Burgwache bisher von der Nationalgarde und Schützen aus
den Nachbargemeinden, als Wilten, Amras und Bradl, Höttingen, Arzl und Thaur,
Sellrain, dann die Salinenarbeiter und Bergknappen von Hall, beinahe sämmtlich
mit eigenen Musikbanden, bezogen. [...] 《 Bothe von Tirol, Nr. 64, S. 310.

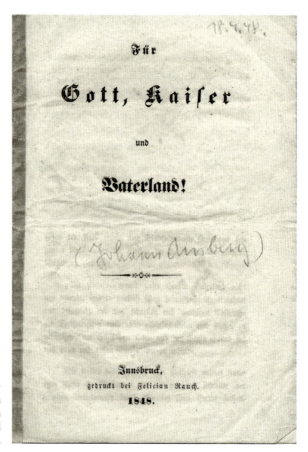

Für

**Gott, Kaiſer**

und

**Vaterland!**

*( Johann Amberg )*

Innsbruck,
gedruckt bei Felician Rauch.
**1848.**

Vertreter aller poli-
tischer Richtungen
publizierten
Denkschriften und
Stellungnahmen.

**22. JUNI**    ›› | ## Morgen wird das Fronleichnamsfest

mit einem Glanze hier begangen werden, wie es wohl seit lange
nicht der Fall gewesen ist. Zwar sind Ihre Majestäten der Kaiser und die Kaiserin
durch Unpäßlichkeit gehindert an der Prozession selbst Theil zu nehmen, doch
werden Höchstdieselben dem letzten in der Hofburg abzuhaltenden Evangelium
beiwohnen. [...] « Bothe von Tirol, Nr. 73, S. 348.

**6. JULI**    ›› | ## Der bereits in unserm gestrigen Blatte
angekündigte Fackelzug

zur Feier der Ernennung des allgeliebten Erzherzogs Johann
zum deutschen Reichsverweser hat gestern Abends vom schönsten Wetter begünstigt, stattgefunden. Nationalgarde, Standschützen, Studenten und die eben auf dem
Durchmarsche hier befindlichen Scharfschützen der Zötl'schen Kompagnie durch-
zogen in langer Reihe, fünf Mann hoch mit Fackeln die Straßen der Stadt. Auch die
Liedertafel mit ihrer Fahne schloß sich dem Zuge an. [...] « Bothe von Tirol, Nr. 81, S. 380.

24. JULI

## Eine Probe uneigennützigen Gemeingeistes.

Die Schießstätte von Innsbruck reiht sich unmittelbar an die Vorstadt Mariahilf längs dem Inn, und es wurden seit undenklichen Zeiten die größten Schießen abgehalten, wozu Hunderte und Tausende der Schützen aus der ganzen Provinz und auch von Weiters herbeiströmten. Doch fanden Viele die Schießstätte der Provinzialhauptstadt zu wenig geräumig, und man ging schon seit längerer Zeit mit dem Gedanken um, die Schießstätte auf einen geräumigeren Platz zu versetzen, welcher etwas entfernter von der Stadt seyn und vielleicht auch selbst nach dem Verkaufe der Grundstücke und Gebäulichkeiten der bisherigen Schießstätte einige Mehrkosten verursachen würde. [...] « Bothe von Tirol, Nr. 91, S. 421.

1. AUGUST

## Heute wird eine Deputation von 12 Mitgliedern des Reichstages

von Wien hier eintreffen, um Se. Majestät den Kaiser um die Rückkehr nach Wien zu bitten. « Bothe von Tirol, Nr. 96, S. 445.

Kriegsminister Theodor Graf Baillet von Latour wurde während der Unruhen in Wien von Aufständischen gelyncht. Als Folge davon verließ der kaiserliche Hof die Residenzstadt.

**8. AUGUST** »

## An Meine lieben getreuen Tiroler und Vorarlberger!

Ihr habt Mir während der ganzen, in Eurer Mitte verlebten Zeit vielfach neue Beweise Eurer, unter allen Verhältnissen rühmlich bewährten Treue und Anhänglichkeit gegeben. Ich fühle Mich in dem Augenblicke, wo Mich das Wohl der Monarchie zur Ausübung Meiner Regentenpflicht in die Residenz abruft, gedrungen, Euch innigst zu danken, Euch ein herzliches Lebewohl zu sagen. Ich knüpfe daran die Versicherung, daß Ich auch in der Ferne Euer stets liebevoll gedenke, und Euch mit besonderer landesväterlicher Huld gewogen bleibe. Innsbruck, am 8. August 1848. Ferdinand. « Bothe von Tirol, Nr 100, S. 465.

**12. AUGUST** »

## Morgen marschirt die II. Sonnenburger Schützen-Kompagnie,

größtentheils mit Stutzen bewaffnet, unter Herrn Hauptmann Mayr von hier ab, um an die italienische Tiroler-Gränze zu ziehen. «

Bothe von Tirol, Nr. 102, S. 474.

Ein neuer Kaiser, und schon wird die Hymne angepasst. Wo immer Seine Majestät erscheint, wird die Volkshymne intoniert.

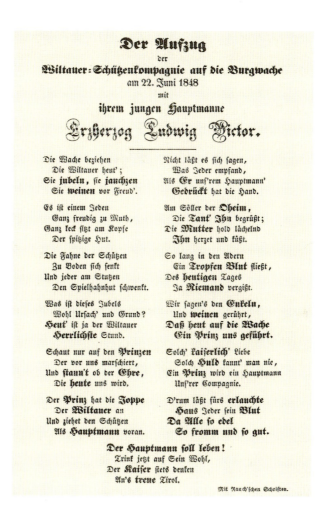

Der Aufzug

der

Wiltauer-Schützenkompagnie auf die Burgwache

am 22. Juni 1848

mit

ihrem jungen Hauptmanne

Erzherzog Ludwig Victor.

Die Wache beziehen
Die Wiltauer heut';
Sie jubeln, sie jauchzen
Sie weinen vor Freud'.

Es ist einem Jeden
Ganz freudig zu Muth,
Ganz keck sitzt am Kopfe
Der spitzige Hut.

Die Fahne der Schützen
Zu Boden sich senkt
Und jeder am Stutzen
Den Spielhahnhut schwenkt.

Was ist dieses Jubels
Wohl Ursach' und Grund?
Heut' ist ja der Wiltauer
Herrlichste Stund.

Schaut nur auf den Prinzen
Der vor uns marschiert,
Und staunt ob der Ehre,
Die heute uns wird.

Der Prinz hat die Joppe
Der Wiltauer an
Und ziehet den Schützen
Als Hauptmann voran.

Nicht läßt es sich sagen,
Was Jeder empfand,
Als Er unsrem Hauptmann'
Gedrückt hat die Hand.

Am Söller der Oheim,
Die Tant' Ihn begrüßt;
Die Mutter hold lächelnd
Ihn herzet und küßt.

So lang in den Adern
Ein Tropfen Blut fließt,
Des heutigen Tages
Ja Niemand vergißt.

Wir sagen's den Enkeln,
Und weinen gerührt,
Daß heut auf die Wache
Ein Prinz uns geführt.

Solch' kaiserlich' Liebe
Solch Huld kannt' man nie,
Ein Prinz wird ein Hauptmann
Unsrer Compagnie.

D'rum läßt fürs erlauchte
Haus Jeder sein Blut
Da Alle so edel
So fromm und so gut.

Der Hauptmann soll leben!
Trink jetzt auf Sein Wohl,
Der Kaiser stets denken
An's treue Tirol.

Mit Rauch'schen Schriften.

26. SEPTEMBER >> ## Gestern fand hier die Zusammenkunft

der von verschiedenen Gegenden Tirols und Vorarlbergs zur Berathung einer Handwerks- und Gewerbe-Ordnung für unsere Provinz (auf Grundlage des von dem deutschen Handwerker- und Gewerbe-Kongreß zu Frankfurt beschlossenen Entwurfes) abgesandten Gewerbsleute statt, und begannen bereits in Verbindung mit dem Ausschusse des hiesigen Gewerbevereines die Berathungen. « Bothe von Tirol, Nr. 128, S. 601.

9. OKTOBER >> ## Um Uebertreibungen oder Entstellungen vorzubeugen,

finden wir uns veranlaßt, über einen am 6. dies M. hier Statt gefundenen Straßenauflauf Folgendes zu berichten. Ein hiesiger Modewaarenhändler hatte in seiner Auslage verschiedene Artikel zum Verkaufe ausgestellt, die er nach

Ansicht anderer Gewerbsleute nicht zu führen berechtigt war. Diese Letzteren sich in ihrem Gewerbsinteresse hiedurch geschädigt glaubend, rotteten sich zusammen, zogen vor den Verkaufsladen des gedachten Modewaarenhändlers und schlugen ihm einige Fenster ein. Einem andern hiesigen Handelsmann, dem Gleiches zuge-dacht war, gelang es, die aufgeregten Gemüther der sich vor seinem Laden gesam-melten Unruhestifter durch gütliches Zureden zu besänftigen, und die zerstreu-ten sich sofort, ohne daß ein weiterer Exzeß erfolgte. Der Magistrat und der große Bürgerausschuß trafen die geeigneten Maßregeln, um der Wiederkehr ähnlicher Ruhestörungen vorzubeugen und die Schuldigen werden im gesetzlichen Wege zur Verantwortung gezogen werden. « Bothe von Tirol, Nr. 135, S. 634.

19. OKTOBER  »  | Heute wurden die den Herrn Ministerialrathe
Dr. Fischer
bei seiner Anwesenheit von Seite des hiesigen Magistrates und Bürger-Ausschusses mündlich vorgetragenen Wünsche auch schriftlich übersandt. Die von Hrn. Bürgermeister Amts-Verwalter, Advokaten Dr. Clemann verfaßte Peti-tion spricht sich 1) entschieden gegen die administrative und repräsentative Tren-nung Nord-Tirols von Südtirol aus. 2) Wird eine Hochschule mit allen Fakultäten und eine Realschule für unsere Provinz in Innsbruck angesprochen. 3) Anschluß an Deutschland und den deutschen Zollverein. [...] 11) Schiffbarmachung des Inns bis in das Weichbild unserer Stadt. 12) Schließt sich die Stadt Innsbruck dem allge-mein ausgesprochenen Wunsche des Landes an, und protestirt gegen Aufhebung der noch bestehenden Klöster und geistlichen Korporationen, so wie gegen Einzie-hung oder eine solche Belastung des Kirchenvermögens, durch welche das Einhal-ten der Stiftungsverbindlichkeiten unmöglich würde, und gegen die Trennung der Schule von der Kirche. « Bothe von Tirol, Nr. 141, S. 664.

13. NOVEMBER  »  | Unterzeichneter ladet zu recht
zahlreichem Besuche
seines ganz neu dekorirten Gewächshauses im k. k. Hofgarten als Winter Garten-Restauration Jedermann freundlichst ein, in der festen Ueber-zeugung, Alles aufgebothen zu haben, was billiger Weise angesprochen werden kann. Ein stets wechselnder Blumenflor, belletristische und politische Zeitschrif-ten, worunter die Wiener und Allgemeine Zeitung, – dabei eine gute Küche und wohleingerichteter Keller, ein vorzüglicher Rahmkaffee, das beste Quellwasser, eine reine gesunde Luft und angenehme Temperatur selbst zur kältesten Jahreszeit dürfte einem längst gefühlten Bedürfnisse entsprechen. Für die gute Einhaltung der Wege und deren Beleuchtung wird Sorge getragen. Geöffnet bleibt die Restauration so lange als alle andern Gasthäuser. Innsbruck, den 5. Nov. 1848. Benedikt Eschen-lohr. « Intelligenz-Blatt, Nr. 130, S. 937.

>> Wir Ferdinand der Erste,
von Gottes Gnaden Kaiser von Oesterreich
etc. etc.

Erklären hiemit und thun kund, daß wichtige Gründe nach reiflicher Ueberlegung Uns zu dem unwiderruflichen Entschlusse bestimmt, die Kaiserkrone niederzulegen. [...] << Bothe von Tirol, Nr. 170, S. 801.

Ein Reisepass aus der zweiten Hälfte des 19. Jahrhunderts: ein zweisprachiges Dokument von beachtlicher Größe.

# 1849

Der Domplatz in Trient, der sich bis heute nicht wesentlich verändert hat.
Nur die Tiroler Trachten sind weniger geworden.

27. JÄNNER   » | Der Bürgerausschuß unserer Stadt hat,
dem Beispiele anderer Städte folgend, nun auch beschlossen, die
Oeffentlichkeit bei seinen Sitzungen in der Art einzuführen, daß die Gegenstände
der Berathung sowohl als die gefaßten Beschlüsse durch den Druck bekannt gegeben, und jedem selbstständigen Innsbrucker der Zutritt zu den Sitzungen gestattet
werde, in so weit es der beschränkte Raum des Sitzungssaales erlaubt. [...] «

Bothe für Tirol, Nr. 23, S. 94.

7. FEBRUAR

## Aus Anlaß der hieher gelangten Kunde,

daß der Verfassungsausschuß des Reichstags sich für die provinzielle Trennung der beiden Kreise Trient und Roveredo von Deutschtirol entschieden habe, hat gestern hier eine Versammlung der Wähler des daigen ersten Wahlbezirkes Statt gefunden, in welcher beschlossen wurde, eine Denkschrift an die deutschtirol. Deputirten in Kremsier von Seite sämmtlicher deutschtirolischen Wahlbezirke zu veranlassen, in welcher denselben als Gesinnungsausdruck der gesammten Bevölkerung Deutschtirols der Wunsch ausgedrückt werden soll, bei seinerzeitiger Berathung des fraglichen Antrages im Reichstage gegen selben nachdrücklich Proteste einzulegen, u. dessen Erhebung zum Reichstagsbeschlusse durch alle ihnen zu Gebote stehenden Mittel entgegenzuwirken; falls er aber im Reichstage dennoch durchgehen sollte, sich nicht weiter an den Berathungen des Letzteren zu betheiligen. « Bothe für Tirol, Nr. 31, S. 131.

22. FEBRUAR

## Den diesjährigen Fasching schloß hier ein Ballfest,

dessen wir erwähnen zu müssen glauben, da es den erfreulichen Beweis liefert, daß der in unserer Stadt oft genügte, und gesellige Unterhaltung hemmende Kastengeist der Macht der Neuzeit gewichen scheint. Die vierte Kompagnie der Nationalgarde gab gestern einen Ball, wozu nicht nur viele Garden der übrigen Kompagnien von hier und Umgegend, sondern auch die Herren Offiziere der hiesigen Garnison und zahlreiche Gäste aus allen Ständen geladen waren. In den geschmackvoll dekorirten, geräumigen Redouten-Lokalitäten bewegte sich diese glänzende Menge von Gästen bunt und heiter durcheinander, und das Fest kann man wohl zu den schönsten dieser Art zählen, die in unserer Stadt gegeben wurden. Unser Herr Landeschef Graf Bissingen und FML. V. Eliatschek beehrten den Ball mit ihrer Gegenwart – Männer, deren Erscheinen bei öffentlichen Gelegenheiten immer mit herzlicher Freude vom Publikum begrüßt wird. «

Bothe für Tirol, Nr. 44, S. 186.

In den ersten Jahrzehnten nach seiner Errichtung befand sich vor dem Landestheater noch die Reiterfigur, die jetzt den Leopoldbrunnen ziert.

5. MÄRZ  »» | ## Die Herren Studirenden der Universität

brachten gestern im hiesigen Nationaltheater zum Besten der Armen den ersten Theil von Göthes Faust zur Aufführung. Den jungen Freunden der Wissenschaft gereicht es zur Ehre, daß sie nicht effekthaschend nach irgend einem polternden und glitzernden, aber gehaltlosen Spektakelstücke griffen, sondern die stolzeste Wunderblüthe deutscher Poesie erkoren, und jenes Drama, das ein so würdiger Gegenstand ihres tiefsten Denkens bleibt, durch den eigenen Versuch einer allseitigen Objektivirung sich näher zu rücken und klarer zu machen, muthig unternahmen. Eine Huldigung und ein Studium erblickten wir in dieser Wahl, und am allerwenigsten ein egoistisches Streben, die eigenen schönen Gaben und Fertigkeiten im vortheilhaftesten Lichte zur Schau zu stellen. ««

Bothe für Tirol, Nr. 53, S. 222.

10. JULI  »» | ## Bitte an die Botaniker Tirols!

Die Universität Tirol, dieses natürlichen botanischen Gartens, besitzt kein Herbarium. Die Anlegung eines solchen wird eine meiner dringendsten Aufgaben sein. Doch wenig vermag hiebei die Kraft des Einzelnen; schnell gedeiht das Werk, wo viele Hände wirken. Darum rufe ich die Hilfe meiner Kunstgenossen an, der vielen Freunde der Botanik im Lande, und bitte um Beiträge an getrockneten Pflanzen. Wenn jeder von den Vielen nur Etwas gibt, so hoffe ich bald ein Herbarium zusammenstellen zu können, das die meisten einheimischen Pflanzen enthält. Gerne wird gewiß Jeder die wissenschaftlichen Hilfsmittel einer Anstalt vermehren helfen, an der er selbst zuerst das Heiligtum der Wissenschaft betrat. Innsbruck am 30. Juni 1849. Dr. Adalbert Fuchs, k. k. Professor der Naturgeschichte und Landwirthschaft. «« Bothe für Tirol, Nr. 156, S. 709.

≫ | ## Wegen ungünstiger Witterung

findet die auf heute angekündigte Vorstellung der Kunstreiter-Gesellschaft zum Vortheil des Invalidenfondes nicht statt. Diese wird später bei günstiger Witterung im Circus gegeben werden. ≪ Bothe für Tirol, Nr. 190, S. 865.

≫ | ## Oesterreichische Monarchie.

Schon vor längerer Zeit hatte der durch sein gemeinnütziges Wirken bekannte Banquier v. Maffei in München der dortigen Regierung einen Plan zur Begründung eines Privatvereins vorgelegt, welcher sich die Erbauung einer Eisenbahn von München über Rosenheim nach Salzburg durch Privatmittel zur Aufgabe stellte. [...] Kann, darf Tirol bei dieser Lage der Dinge die Hände in den Schoß legen? – Die Errichtung einer Eisenbahn von München über Rosenheim nach Salzburg muß, wenn wir es versäumen, die dadurch zur Erweiterung unseres Transitohandels bei Anwendung der geeigneten Maßnahmen sich darbietende

Fest - Gedicht
zum
glorreichen Geburtsfeste Seiner Majestät unsers Allergnädigsten
Kaisers

### Franz Josef des Ersten

am 18. August 1849.

O Alpenland! schau doppelt schön hernieder
Mit frischem Grün, mit reinem Himmelsblau;
Ihr Lerchen, trillert eure frohsten Lieder;
Im reichsten Schmucke prang', du blum'ge Au!

Es gilt ein Fest, ein herrlich Fest gilt's heute:
Den Edelsten der Fürsten anzuschau'n,
„Der Einzig steht in ganz Europa's Weite,
An Tugend reich, die Völker zu erbau'n."

Doch in dem neu verjüngten Schöpfungsleben
Naht zaghaft, schüchtern sich die arme Kunst;
Was kann wohl sie zu diesem Feste geben,
Würdig zu ringen um des Kaisers Gunst?

Verscheucht vom wilden Klang der Kriegstrompete
Die holden Friedensgenien entfloh'n,
Und auf der öden Musentempel Stätte
Verstummte bang der Alpenlieder Ton.

Doch nicht verzagt! — Mit edlem Selbstgefühle
Tritt auch die arme Kunst zum Festaltar;
Eins frommt ja nur, ein einig treuer Wille,
Und sieh! die Kunst ist einig, treu und wahr.

Dem Frieden hold, schlingt sie nur zarte Bande
Der Eintracht und verschmelzt der Zungen Klang,
Versöhnt harmonisch Völker aller Lande,
Und lenket sanft der Menschheit Bildungsgang.

Drum fei'rt sie auch die Weihe dieser Stunden:
„Freudig verklären jeden Kummerblick,
Balsam zu träufeln in des Herzens Wunden,"
Ist ihr bescheid'ner Wunsch und stilles Glück.

Und sieht sie da ihr gutes Werk gelingen,
Wird ihr die Huld, des hohen Kaisers Gnade,
Dann krönt der höchste Lohn ihr redlich Ringen,
Und stählt mit frisch'rem Muth des Künstlers Pfade.

Gelegenheit schnell und energisch zu benützen, nothwendig zum gänzlichen Ruin dieser für unser Land so wichtigen Erwerbsquelle ausschlagen, was so viel sagen will, als: Tirol muß sich mit der neuentstehenden München-Salzburgerbahn durch eine Zweigbahn von Innsbruck nach Kufstein in Verbindung zu setzen und zwar muß diese Verbindung schnell geschehen, wo möglich gleichzeitig mit dem Zustandekommen der Hauptbahn, damit nicht der Waarenzug mittlerweile sich an eine andere Richtung gewöhne. 〈〈 Bothe für Tirol, Nr. 201, S. 914.

6. OKTOBER    〉〉 **Gasthofs-Eröffnung.**
Die Unterzeichneten beehren sich, hiemit anzuzeigen, daß sie ihr ganz neu erbautes und schön eingerichtetes, im Mittelpunkte der Neustadt gelegenes Gasthaus am 18. August bezogen haben, und wie ihr früheres unter dem Namen Oesterreichischer Hof fortführen werden. Durch die große Anzahl von Zimmern in den Stand gesetzt, jedem verehrten Gast entsprechen zu können, laden die Besitzer desselben höflichst zu recht zahlreichem Besuche ein, unter der Zusicherung einer sehr billigen, freundlichen und reellen Bedienung. Table d'hôte billiges Abonnement. Frühstück-, Mittag- und Abend-Essen à la carte. G. C. Stotz & C. F. Maulick. Zu gleicher Zeit erlauben sich Gezeichnete anzuzeigen, daß in ihrem früheren Hause Nr. 211 der erste Stock, bestehend aus 8 Zimmern, Salon, Küche, gutem Keller etc. sammt Wagen-Remise und Stallungen von Stunde an zu vermiethen ist. Ebenso auf Galli der Garten. 〈〈 Intelligenz-Blatt, Nr. 205, S. 1054.

Ähnlich wie bei einem Staatsbesuch der Gegenwart wurde eine Liste mit Reihenfolge und Besetzung der einzelnen Wagen ausgearbeitet. Nur dass anstelle der motorisierten Luxuskarossen Pferdegespanne unterwegs waren.

# 1850

Eine Fahne soll die Zusammengehörigkeit einer Gruppe dokumentieren. Sie gilt auch als „Herz" einer militärischen Einheit.

**2. JÄNNER**  » | **Heute fand in der Nachbargemeinde Hötting**
die Weihe einer neuen Fahne statt, wozu I. kais. Hoheit die Frau Erzherzogin Sophie der dortigen Schützen-Kompagnie ein schönes Fahnenband zum Geschenke gemacht hatte. Die Generalität, viele Herren des Offizierskorps und der hiesigen Nationalgarde wohnten der Feier bei. « Bothe für Tirol, Nr. 1, S. 1.

**17. MAI**  » | **In letzter Zeit ist unter den epidemisch herrschenden Krankheiten**
die Blattern-Epidemie die anhaltendste und ausgebreitetste. Kaum in einem andern Kronlande wird die Impfung so fleißig vollzogen, als in Tirol; die Regierung ertheilt seit Jahren nicht unansehnliche Geldbelohnungen als Anerkennung an ausgezeichnete Impfärzte; [...] « Bothe für Tirol, Nr. 112, S. 554.

**29. MAI** >> ## Der Verkauf der Briefmarken

hat auch bei uns bereits seinen Anfang genommen. Die Marken sind länglich, viereckig, einen Zoll hoch und einen halben Zoll breit; [...] Jede Marke ist mit vielen geheimen, dem uneingeweihten Auge nicht erkennbaren Zeichen versehen, so zwar, daß jede Fälschung von dem betreffenden Beamten augenblicklich wahrgenommen werden kann. Der Verkauf einzelner Marken wird am 1. Juni beginnen. << Bothe für Tirol, Nr. 121, S. 599.

**5. JULI** >> ## Das sicherste Präventiv-Mittel gegen Zahnschmerzen

ist das k. k. ausschl. privil., von der Wiener medizin. Fakultät als der Gesundheit unschädlich befundene Zahn-Reinigungs-Mittel unter dem Namen: Zahnpasta oder Zahnpulver in fester Form vom Zahn- und Augenarzt P. Pfeffermann. Preis per Dose 1 fl. 12 kr. C. M. Zu haben in Innsbruck bei Jos. Primavesi. << Intelligenz-Blatt, Nr. 152, S. 748.

**31. AUGUST** >> ## Gestern Abends um 7 Uhr traf Se. Majestät König Otto von Griechenland

von Salzburg kommend mit Gefolge hier ein, und stieg in der Hofburg ab. Gleich nach Seiner Ankunft begab Sich Derselbe in die Appartements Sr. Maj. des Kaisers Ferdinand, wo er das Soupé einnahm, und noch um 11 Uhr

Die Telegrafie erlaubte es erstmals, in kurzer Zeit über große Entfernungen hinweg miteinander zu kommunizieren.

Nachts Seine Reise nach Hohenschwangau fortsetzte. Während der Anwesenheit des hohen Gastes war eine Ehren-Kompagnie auf dem Rennplatze aufgestellt, und spielten abwechselnd die hiesigen Militärmusikbanden unter den Fenstern der Hofburg. Die Nachricht von der bevorstehenden Ankunft der griechischen Majestät war schon Vormittags und zwar mittelst Telegraphen von Salzburg hierher gelangt. Dieser ersten telegraphischen Depesche folgten im Laufe des Tages noch mehrere. Auch für den Privatverkehr ist der Telegraph seit gestern eröffnet, und es ist auch diese Nacht bereits eine Privatdepesche hieher gelangt. ≪ Bothe für Tirol, Nr. 199, S. 671.

Ein festlicher Akt ohne das Mitwirken von in Tracht gekleideten „Musikbanden" war zu dieser Zeit nicht vorstellbar.

7. OKTOBER ≫ | ## Seit vorgestern ein Uhr Mittags haben wir das Glück

Se. Majestät unsern allgeliebten Kaiser Franz Joseph in unserer Mitte verehren zu können. […] Se. Majestät legten die Reise von St. Johann bis Innsbruck in der unglaublich kurzen Zeit von kaum 6 Stunden zurück, und darin lag leider der Grund, daß der geliebte Kaiser von den Bewohnern der Stadt und Nachbargemeinden nicht mit allen jenen Feierlichkeiten empfangen werden konnte, welche sie mit schwachen Kräften aber bestem Willen bereitet hatten. Auf der Mühlauer Höhe, an dem mit Blumen geschmückten Thore des Baron Sternbachischen Gartens war eine schöne Ehrenpforte aus Fichtenzweigen „von den Gemeinden und Schützen zum Willkomm des Kaisers" wie die Inschrift besagte, aufgestellt; eine gleiche war auf der Gränze des Stadtgebietes jenseits der Kettenbrücke am Eingang der Kaiser Ferdinands Allee von der Bürgerschaft Innsbrucks errichtet. Zwischen beiden Pforten stand auf der Landstraße in Mühlau die Wiltauer Schützenkompagnie unter ihrem Hauptmanne Ritter v. Mörl in ihrer schmucken Tracht, und an der Gränze des Stadtgebietes waren der Bürgermeister und Mitglieder des Gemeindeausschusses zum Empfange Sr. Majestät bereit. Als der Kanonendonner der auf dem Saggen aufgestellten Batterie die Ankunft Sr. Majestät verkündete, waren die Schützenkompagnien Rum, Arzl, Mühlau, Pradl, Mutters und Natters noch im Anmarsche begriffen. [...] ❮❮ *Bothe für Tirol, Nr. 230, S. 2023.*

14. OKTOBER ❯❯ ## Ein lang gehegter Wunsch unserer Stadt

soll bald erfüllt, einem Bedürfnisse abgeholfen werden. Das Ministerium des Unterrichts hat die Errichtung einer Realschule in jedem Kronlande beantragt, und wir dürfen also nächstens die lang ersehnte Realschule in Innsbruck ins Leben treten sehen. [...] ❮❮ *Bothe für Tirol, Nr. 236, S. 2051.*

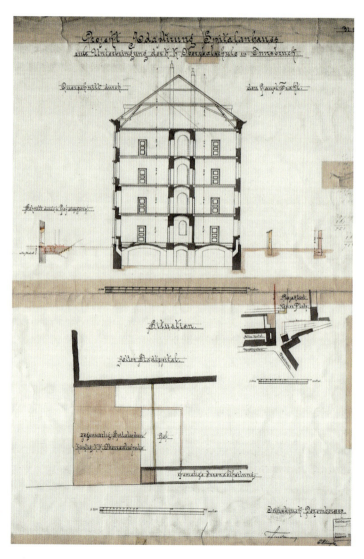

Plan des Gebäudes
der Oberrealschule
in Innsbruck.

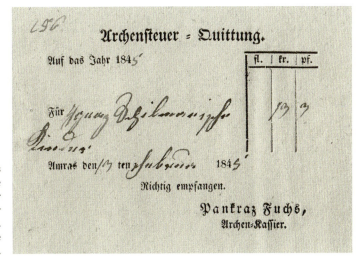

Pankraz Fuchs hatte in Amras die Aufgabe, die Steuer zur Verbauung der Flüsse einzutreiben. Dafür gab es eine solche Quittung.

**19. OKTOBER** ≫ | ## Vor drei Tagen hat sich auf einem Hofe

unweit des heil. Wassers ein Bettler eingefunden, während die Hausfrau abwesend und nur ein Knabe von etwa dreizehn Jahren als Aufseher über seine zwei Geschwister, einen Knaben von acht und ein Mädchen von sechs Jahren, zu Hause war. Jener Knabe ging, nachdem er dem Bettler ein Stück Brot gegeben, einen Augenblick fort, um auf dem Felde etwas zu besorgen. Als er zurückkam, traf er seine 2 kleinen Geschwister nicht mehr an; sie waren mit dem Bettler verschwunden, und sind nicht mehr wiedergekehrt. Die jammernde Mutter durchstreift seitdem die ganze Gegend, um ihre Kinder zu suchen. Ein Fischer will sie mit dem Bettler in der Nähe von Hall gesehen haben. Steckbriefe sind nach allen Richtungen erlassen, aber bisher ohne Erfolg. (Tir. Ztg.) ≪ Bothe für Tirol, Nr. 241, S. 2074.

**21. NOVEMBER** ≫ | ## Heute fand die gestern angekündete Sitzung

des großen Bürger-Ausschusses statt. [...] Folgende außerordentliche Bauten wurden für 1851 beantragt und genehmigt: der Kanalbau über den Franziskanergraben und durch das Damenstift; der Kanalbau jenseits der Innbrücke von der Höttingergasse bis zum Strafarbeitshause; Archenversicherung am linken Inn-Ufer gleich unter der Innbrücke; Pflasterung des Franziskanergrabens bis zur Hauptwache; theilweise Herstellung von Asphaltböden unter den Lauben, und Regulirung des Stadtplatzes; die Bauten auf dem Höttinger Berge zur Bachversicherung, und endlich die nothwendige Versicherung des Holztriftkanals beim Einflusse in den Inn durch Steinversenken. [...] ≪ Bothe für Tirol, Nr. 268, S. 1999.

# 1851

Als die Maria-Theresien-Straße noch Vorstadt hieß und die Straße noch nicht gepflastert war, da war auch das Rathaus noch das Hotel d'Autriche.

6. MÄRZ　　》》 | **Seit einiger Zeit wird Tirol von herumziehenden Musikgesellschaften,** größtentheils aus Böhmen, unverhältnismäßig stark besucht, so daß es aus mehrfachen Gründen wünschenswert erscheint, die Ertheilung von Produktionsbewilligungen zu beschränken. [...] 《 Bothe für Tirol, Nr. 54, S. 273.

10. MÄRZ　　》》 | **In einer gestern gehaltenen Versammlung der Vorstehung und des Ausschusses** der hiesigen Sparkasse legte der Hr. Obervorsteher Dr. v. Klebelsberg den Rechenschaftsbericht über die Gebarung der Sparkasse im verflossenen Jahre vor. Das Resultat war in Anbetracht der für dieses Institut in jeder Beziehung ungünstigen Zeitverhältnisse ein erfreuliches zu nennen. [...] 《

Bothe für Tirol, Nr. 57, S. 285.

3. APRIL » | Sicherem Vernehmen nach

soll der Bau der Innsbrucker-Rosenheimer Eisenbahn im Juli an mehreren Stellen zugleich in Angriff genommen werden. (Tir. Schützztg.) «

Bothe für Tirol, Nr. 76, S. 388.

29. APRIL » | An der hiesigen Universität stellte sich

im Winter-Semester 1850–51 die Zahl der Zuhörer (ohne das medizinisch-chirurg. Studium) wie folgt: In der jurid. Fakultät 195 ordentliche, 2 außerordentl., zusammen 197 Studirende. In der philos. Fakultät 15 ordentliche, 18 außerordentl., zusammen 33 Zuhörer. Gesammtzahl 230. Im Vergleiche zur Zahl der Studirenden an andern Universitäten des Kaiserstaates erscheint obige Zahl immerhin von Bedeutung. « Bothe für Tirol, Nr. 97, S. 493.

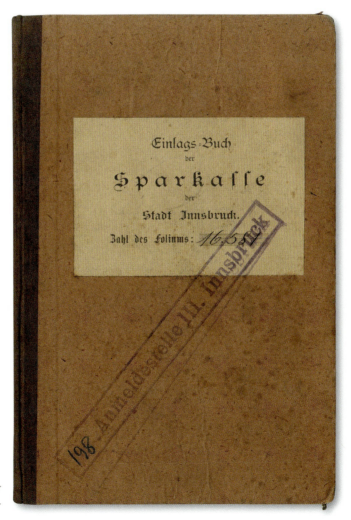

Leider nur
Altpapier …

# 1851

6. MAI »» | Heute Nachmittags um 4 Uhr
ist der Hr. Statthalter Graf Bissingen
wieder hier angekommen. Die Veranlassung dieser verfrühten Rückkehr des verehrten Landeschefs war ein in der gräflichen Familie sich ergebender Unglücksfall, der dem Hrn. Statthalter sofort nach Cavalese telegraphirt wurde. Gestern um 2 Uhr geschah es nämlich, daß der jüngere Sohn des Hrn. Statthalters, ein liebenswürdiger 10jähriger Knabe, als er von einem Spazierritte heimkehrte, mit dem mit ihm durchgegangenen Pferde in der Nähe der hiesigen Hauptwache häuptlings auf das Steinpflaster stürzte und sich derart beschädigte, daß er längere Zeit besinnungslos blieb. Später kam er zwar zu sich, doch gibt sein Zustand noch immer zu den ernstesten Besorgnissen Anlaß. Wir können den Schmerz, der das Vaterherz bei dieser Heimkehr durchschnitt, ermessen, und flehen zum Himmel, daß er das Aergste abwenden und das theure Kind dem Leben und seinen verehrten Eltern erhalten möge.

– 6. Mai Morgens. Eben vernehmen wir, daß sich der Zustand des jungen Grafen Bissingen im Verlaufe der Nacht gebessert hat, und gegründete Hoffnung ihn zu retten vorhanden ist. «« Bothe für Tirol, Nr. 103, S. 523.

31. JULI »» | Anzeige.
Unser Bildhauer Michael Stolz hat eine Statue: Die Schmerzensmutter Maria mit dem Heilande auf dem Schooße in Lebensgröße verfertiget. Sie ist am 1. August und die folgenden 8 Tage, und zwar von 9 bis 12 Uhr Vor- und von 2 bis 6 Uhr Nachmittags im großen Redoutensaale zu sehen. Ohne die wohlthätige Freigiebigkeit beschränken zu wollen, ersucht man jeden Eintretenden zum Besten des vaterländischen Invalidenfonds 5 kr. C. Mze. zu entrichten. Innsbruck, den 29. Juli 1851. «« Intelligenz-Blatt, Nr. 174, S. 880.

Der Wagenbauer Josef Engl senior aus Wilten legte ein kleines Verzeichnis mit handgezeichneten Wägen an.

Der Höttinger Bach –
ein bösartiger
Wildbach?
Das ist wirklich
schon „ewig" her.

4. AUGUST  >> Heute morgens endlich,
nachdem der Innstrom am Samstag Abends bis zur Höhe von
fast 13 Schuh gestiegen war, ist der Wasserstand wieder unter 10 Schuh herabge-
sunken und die überschwemmten Stadttheile sind zwar verschlammt aber von Wasser frei. Nur der Höttinger Bach – ein bösartiger Wildbach – überströmt noch die
Straße vom Kirschenthale und dringt durch die untern Häuser, während er das
höher gelegene Badhaus und mehrere Häuser ober demselben bis über die Haus-
thüren mit seinem Gerölle überschüttet hat. Der Schaden, den dieser Bach diesmal
anrichtete, ist von Bedeutung; einige Häuser standen in großer Gefahr vom Wild-
wasser unterspült und eingestürzt zu werden. Am heftigsten tobte der Bach in der
Nacht vom 2. auf den 3. herab. Die Sturmglocke von Hötting tönte durch die Nacht,
und alle Kräfte vereinten sich, um die drohende Gefahr abzuhalten. [...] <<

Bothe für Tirol, Nr. 177, S. 893.

## 1851

29. AUGUST  »  ### Majestät der König von Preußen

ist unter dem Titel als Graf von Zollern gestern erst gegen Mitternacht von Hohenschwangau eingetroffen, hat das Nachtquartier im österreichischen Hofe genommen, und ist heute Vormittag 10½ Uhr wieder über St. Johann nach Ischl abgereist. « Bothe für Tirol, Nr. 198, S. 995.

20. DEZEMBER  »  ### Der im heurigen Jahre ungewöhnlich frühzeitig eingetretene strenge Winter,

welcher demungeachtet höchst wahrscheinlich an seiner kalendermäßigen Dauer sich keine Verkürzung gefallen lassen wird, lastet mit seinem rauhen eisigen Drucke doppelt schwer auf der Klasse der Armen, die sich bei dem ohnehin kargen Verdienste und dem gesteigerten Preise aller Lebensbedürfnisse kaum das zum Kochen nöthige Holz anzuschaffen vermögen u. häufig die bei schlechter Kleidung und geringer Nahrung besonders hoch anzuschlagende Wohlthat einer geheizten Stube entbehren müssen. Vielfältig ereignet es sich, daß arme Leute den ganzen Tag sich nicht erwärmen können, und wer sich Mühe nimmt, einen Blick in die Wohnungen der Armen zu werfen, oder hie und da ihre Gespräche anzuhören, darf sich nicht wundern, wenn er erfährt, daß Jammer und Klagen über Kälte noch häufiger vorkommen, als jene über Hunger und andere Entbehrungen. Diese bekannten Verhältnisse sollen nun dem Vernehmen nach einige menschenfreundlich gesinnte Männer auf den Gedanken gebracht haben, unter dem bescheidenen Namen einer musikalisch-deklamatorischen Akademie eine Abendunterhaltung zu veranstalten, deren Ertrag ausschließend zum Ankauf von Brennholz für arme Familien und wo möglich zur Beischaffung von Fußbekleidung für schulpflichtige Kinder derselben verwendet werden soll. [...] « Bothe für Tirol, Nr. 292, S. 1471.

# 1852

16. FEBRUAR **»** **Der hiesige Bürgerausschuß hat über Antrag des Magistrates beschlossen,**

dem vormaligen Obersten und Kommandanten des Kaiserjäger-Regiments, nunmehrigen Generalmajor Hrn. Ritter v. Burlo in Anerkennung seiner ausgezeichneten Verdienste um das vaterländische Regiment und seines langjährigen freundlichen Zusammenwirkens mit der hiesigen Stadtbehörde das Ehren-Bürgerrecht der Stadt Innsbruck zu verleihen, worüber demselben das Diplom am verflossenen Sonnabend durch eine Deputation des hiesigen Magistrates unter Vortritt des Hrn. Bürgermeisters Dr. Clemann feierlich überreicht wurde, während die Musikbande des hiesigen Schützenkorps vor der Wohnung des Hrn. Generals sich mit gewählten, mit bekannter Präzision ausgeführten Stücken produzirte. **«**

Bothe für Tirol, Nr. 37, S. 182.

Anton Ritter von Burlo-Ehrwall galt als führende Persönlichkeit im Tirol dieser Zeit. 1852 wurde er zum Ehrenbürger von Innsbruck ernannt.

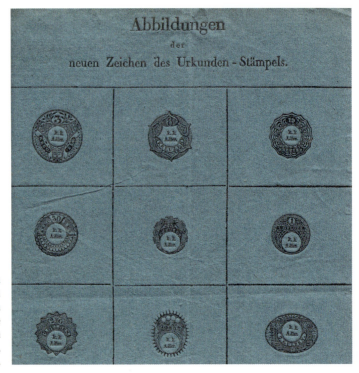

Abbildungen
der
neuen Zeichen des Urkunden - Stämpels.

Bei den Urkunden und amtlichen Schriftstücken wurden früher die Gebühren, ähnlich den Stempelmarken, aufgestempelt.

25. FEBRUAR    »» | **Innsbruck. Gemäß einer Ministerial-Verordnung**
vom 17. d. M. sind Leichensektionen, welche zum Behufe der Erkenntniß bei einer Epidemie vorgenommen werden müssen, dem Epidemiearzte als ein Ergänzungsakt seiner Aufgabe unentgeldlich vorzunehmen; in andern Fällen aber wird dem Wundarzte, wenn er nicht dazu verpflichtet sein sollte, die Sektion vorzunehmen, seine Mühewaltung nach dem Tarife des Justizministeriums vom 23. Dezember 1850 mit 1 fl. 30 kr. CM. für jede Sektion zu vergüten gestattet. ««

Bothe für Tirol, Nr. 45, S. 219.

23. APRIL    »» | **Es bestand in manchen Städten von Alters her**
bis jetzt die Uebung, ein ausgebrochenes Feuer und dessen Richtung durch Kanonenschüsse zu signalisiren. Laut amtlicher Mittheilung haben nun Seine Maj. der Kaiser zu befehlen geruht, daß diese Uebung künftig allgemein abzustellen, und im ganzen Umfange der Monarchie gleichmäßig die Feuersignale mittelst Anschlagen der Glocken u. Ausstecken von Fahnen und Laternen einzuführen seien, worüber die weitere Weisung folgen werde. Das k. k. Militärkommando allda hat bereits die bisher beim Zeughause hier aufgestellte Kanone zur Signalisirung eines entstandenen Feuers einziehen lassen. «« Bothe für Tirol, Nr. 92, S. 470.

9. JUNI »│ Bekanntmachung.

Der Gefertigte beehrt sich hiemit, dem verehrten Publikum anzuzeigen, daß sein Stellwagen vom Gasthause zum weißen Kreuz in Innsbruck täglich um ½ 5 Uhr früh nach Kufstein fährt, von wo aus nach halbstündigem Aufenthalte ein zweiter Wagen noch am selben Tage nach Rosenheim geht. Durch diese Verbindung ist für die Titl. Herren Reisenden die Gelegenheit gebothen, in einem Tage von Innsbruck nach Rosenheim, und den darauf folgenden Tag frühzeitig nach München zu gelangen. Auch muß ich bemerken, daß ausschließlich nur mein Wagen allein von Innsbruck nach Kufstein und retour fährt. Ebenso fährt täglich vom obigen Gasthause ein Stellwagen um 3 Uhr Nachmittag nach Schwaz. Zu recht zahlreichem Zuspruche empfiehlt sich ergebenst – Schwaz im Juni 1852. Joh. Rather, Schwarz-Adlerwirth. 《 Intelligenz-Blatt, Nr. 130, S. 666.

2. AUGUST »│ Vorgestern Abends sind Se. Majestät
der König von Sachsen

unter dem Titel eines Grafen von Hohenburg von der südtirolischen Reise hier eingetroffen, haben das Absteigquartier im österreichischen Hof genommen und machten gestern einen Ausflug nach dem heiligen Wasser und auf den Patscher Kofel nächst Innsbruck und werden morgen die Reise über das Gebirge fortsetzen. 《 Bothe für Tirol, Nr. 174, S. 897.

21. SEPTEMBER »│ Zur Durchführung der Preßordnung
ist festgesetzt worden,

daß die Durchsicht der Druckschriften, welche den Polizeibehörden zur Pflicht gemacht ist, von Bücher-Revisionskommissionen vorzunehmen sein wird. [...] Bei Reisenden, welche Bücher unter ihren Effecten führen, ist davon Umgang zu nehmen, es sei denn, es lasse sich auf irgend eine Absicht der Verbreitung schließen. 《 Bothe für Tirol, Nr. 216, S. 1121.

Ein zeitgenössischer Blick über Innsbruck, das bereits deutlich gewachsen ist. Das gesamte Erscheinungsbild ist wesentlich „städtischer".

4. OKTOBER  »| **Die Vorarbeiten zur Innsbruck-Kufsteiner-Bahn,**
welche man längere Zeit hindurch für gänzlich unterbrochen
hielt, schreiten rüstig vorwärts. Die Ingenieure, deren Aufgabe nunmehr die Ausarbeitung von Detailplänen für die einstweilen schon bestimmte Linie ist, sind eben im Begriffe, ihr Standquartier von Brixlegg nach Kufstein zu verlegen, um dort späterhin zum Behufe einverständlichen Wirkens mit königl. bayer. Ingenieuren in Verbindung zu treten, und auf solche Weise die Lösung ihrer Aufgabe zu beschleunigen. (Tr. Z.) « Bothe für Tirol, Nr. 227, S. 1183.

8. OKTOBER  »| **Heute 12¾ Uhr Nachts**
verschied die Tochter unseres Herrn Statthalters, Maria Theresia Anna Gräfin v. Bissingen in der Blüthe des Alters, – im 17. Lebensjahre, – in Folge einer plötzlichen Unterleibs-Entzündung nach empfangenem heil. Sterbesakrament. Die Theilnahme über diesen für die hochgeehrten Aeltern so schweren Unglücksfall ist eine tiefe und allgemeine. « Bothe für Tirol, Nr. 231, S. 1205.

Kufstein ist der erste Ort der Eisenbahnstrecke auf Tiroler Boden.
Mit der Eisenbahn erreichen Innsbruck auch alle modernen Strömungen
wesentlich schneller.

Kufstein mit Pendling

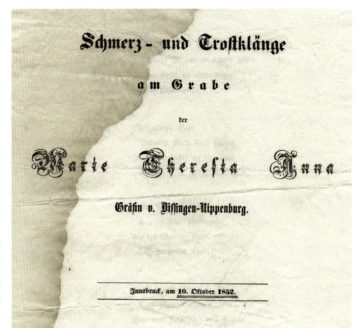

**Schmerz- und Trostklänge**

**am Grabe**

der

**Marie Theresia Anna**

Gräfin v. Bissingen-Nippenburg.

Innsbruck, am 10. Oktober 1852.

Die Tochter des Statthalters starb im 17. Lebensjahre. Diese kleine Schrift zu ihrem Begräbnis erinnert uns bis heute an sie.

10. DEZEMBER   »

## Der gestrige Abend brachte der Provinzialhauptstadt

die drohende Gefahr einer großen Feuersbrunst. Beiläufig um 5 Uhr Abends brach in der untern Innbrückenstraße in einem Hintergebäude (Stöckl) bei einem Tischler durch Unvorsichtigkeit Feuer aus, das sehr schnell um sich griff, so daß trotz der schnell herbeigeeilten Hilfe vier dieser Hintergebäude nebst einigen Zubauten ganz abbrannten. Nur der thätigen Anstrengung gelang es, des Feuers Meister zu werden, so daß kein Vorderhaus vom Brand ergriffen, und seinen weiteren Fortschritt, der die Richtung gegen Osten nahm und daher namentlich auch dem Provinzial-Strafhause Gefahr drohte, zu hemmen. Die Städtischen, die Aerarial- und Fortifikationsspritzen waren sogleich auf dem Platze und mit unermüdeter Anstrengung arbeitete die brave Löschmannschaft unter der eben so umsichtigen als energischen Leitung der Feuerkommission. – Der Herr Statthalter weilte überwachend, anordnend und thätigst mitwirkend während der ganzen Zeit des Brandes und auch noch später bis gegen 9 Uhr auf der Stätte der Gefahr; [...] «

Bothe für Tirol, Nr. 283, S. 1497.

# 1853

Kinderkrippen, Einrichtungen ähnlich unseren heutigen Kindergärten, ermöglichten es den Müttern, berufstätig zu sein.

**12. JÄNNER** ≫ | **Nach dem Beispiele Frankreichs und Belgiens**
sind auch in Wien unter dem Namen „Krippen" Anstalten gegründet worden, deren Zweck es ist, Kinder der ärmeren Klasse, welche noch zu klein sind, um in Kleinkinderbewahranstalten zugelassen zu werden, des Tages über aufzunehmen. Diese Anstalten haben den Erwartungen ihrer Gründer vollkommen entsprochen und die günstigsten Resultate aufzuweisen, sowohl für die Gesundheit der Kinder, welche in diesen Anstalten besorgt werden, als durch die Ermöglichung, welche dieselben den Müttern gewähren, ihrem täglichen Gewerbe nachzugehen. Es ist auch schon in einigen Kronlandeshauptstädten damit begonnen worden, ähnliche Anstalten nach dem Muster jener in Wien in's Leben zu rufen. [...] ≪

Bothe für Tirol, Nr. 8, S. 36.

**10. FEBRUAR** ≫ | **Das Ferdinandeum hat jüngst**
**von seinem Mitgliede,**
Hrn. Professor Dr. Mitterrutzner in Brixen ein dankenswerthes Geschenk erhalten, nämlich: „das Vater unser in hundert Sprachen und Dialekten" mit philologischen Bemerkungen von demselben, Alles ist Manuscript und zwar in dem jeder Sprache zukommenden Original-Alphabete. [...] ≪ Bothe für Tirol, Nr. 32, S. 162.

❯❯ | ## Gestern um 10 Uhr wurde
zum schuldigen Danke

für die glückliche Rettung Sr. k. k. Majestät von dem gegen Allerhöchst Ihre Person gerichtete Attentate ein feierliches Hochamt mit Te-Deum in der hiesigen St. Jakobs-Pfarrkirche celebrirt. [...] ❮❮ Bothe für Tirol, Nr. 41, S. 209.

## Telegraphische Depesche

vom General-Adjutanten Graf Grünne an den Herrn
Stadthalter in Innsbruck

(eingetroffen den 19. Februar 1853 um 12 Uhr Mittags.)

Nachdem das Befinden Sr. Majestät, dem Himmel sei Dank, sich in so weit gebessert hat, daß es nun zu keiner Beunruhigung mehr Anlaß geben dürfte, so wird künftig nur täglich einmal in der Früh hierüber Nachricht gegeben werden. Sollte jedoch, was Gott verhüte, eine Verschlimmerung eintreten, so erscheint unverzüglich ein Extra-Bülletin.

Druck der Wagner'schen Buchdruckerei.

❯❯ | ## Innsbruck. Wiederholt wurde
in öffentlichen Blättern

eine ungeheure Erbschaft erwähnt, welche die hierländigen Verwandten einer Appollonia Auer, die vor etwa 130 Jahren mit einem spanischen Grafen sich verehelichte, erlangen könnten. Da es eine Menge Familien Auer in Tirol in allen Landesgegenden gibt, so ist ein allgemeines Bestreben derselben erwacht, die Verwandtschaft zu jener Appollonia Auer auszumitteln – und dann die angebliche Erbschaft zu erlangen. Es werden geistliche und weltliche Behörden mit Gesuchen bestürmt, um aus Taufbüchern und durch anderweitige Korrespondenzen den Beweis herzustellen, daß Appollonia Auer dieser oder jener Familie angehört habe. [...] Da indeß vermöge der ämtlichen Erhebungen von einer solchen [Erbschaft] gar nicht die Rede war, und selbst den Privatnachrichten gemäß der spanische Graf, um dessen Erbschaft es sich handeln würde, noch am Leben sich befindet, mithin mit seinem Vermögen noch thun kann was er will, so ergibt schon von selbst, daß alle Nachrichten von einer solchen zu erhebenden Erbschaft, die von Appollonia von Auer herrühren soll, jeder Verläßlichkeit entbehren. Die in Tirol befindlichen Familien Auer dürften daher wohl thun, wenn sie in dieser Angelegenheit nicht länger zweifelsohne vergeblichen Mühe- und Kostenaufwand machen. «

Bothe für Tirol, Nr. 106, S. 582.

18. JUNI »| **Das schon seit längerer Zeit mehr oder weniger anhaltende Regenwetter,** hat sich seit gestern Abend fast wolkenbruchartig gestaltet, wodurch die meisten Wildbäche so angeschwellt wurden, daß sie in Begleitung ihres unheimlichen Gerölles den Thalbewohnern große Besorgnisse verursacht haben. So schwoll in unserer Nähe der aus der Höttinger-Alpe herabkommende Mariahilf-bach seit gestern dergestalt an, daß in der Nacht in Mariahilf wegen der drohenden Gefahr Sturm geläutet wurde, und es nur den großen Anstrengungen von Arbeits-kräften, die von Mitternacht an thätig sind, gelungen ist, einer Ueberschwemmung vorzubeugen. Wie man vernimmt, soll auch der Zirler Bach ausgetreten sein, jedoch ist von einem Unglück bis jetzt nichts bekannt. « Bothe für Tirol, Nr. 136, S. 744.

6. SEPTEMBER »| **Keine Erfindung seit langer Zeit** dürfte von größerer Wichtigkeit sein, als die jetzt angekün-digte Verwandlung von Wasser in nicht explodirendes leuchtendes Gas mittelst eines einfachen „electro-magnetischen Zersetzungsprozesses"; man ist der Mei-nung, daß es das Kohlengas behufs der Veleuchtung verdrängen, und zum Heizen, Kochen u.s.w. ein treffliches Mittel abgeben werde. Es hat sich bereits in London, wie die „W. Z." meldet, eine Gesellschaft zur Benutzung desselben im Großen gebil-det, in deren Prospect es unter anderm heißt: „Durch diese neue Entdeckung kann Wasser mit sehr geringen Kosten für ungefähr 5 Rgr. 1000 Kubikfuß in Leucht-gas verwandelt werden; eine genaue Berechnung der Größe des Gewinnes ist vor-derhand unmöglich. Es bedarf zu seiner Verbreitung keiner besondern Gebäude oder umfangreichen Anstalten. Der Prozeß kann durch eine magneto-electrische Maschine von verhältnismäßig geringer Größe bewirkt werden, und jedes Haus in der Stadt oder auf dem Lande, jeder Kaufladen, jede Dampf-Maschine, jeder Koch-apparat, jedes Dampfschiff, jede Locomotive kann ihren eigenen tragbaren Gasometer haben." [...] « Bothe für Tirol, Nr. 202, S. 1111.

〉〉 | ## Mit dem Baue unserer Eisenbahn

wird es nun Ernst. Bereits ist der Bahnhof ausgesteckt. Er kommt in der Richtung vom ehemaligen Konviktgebäude gegen das Kloster der Karmelitterinnen auf dem sogenannten Neuraut zu liegen. Die Größe desselben ist eine sehr ansehnliche; er enthält an 28 Jauch Grundes, und zwar in einer Länge von circa 250 und in einer Breite von 80 Klafter. Die Eisenbahnbau-Unternehmung hat bereits die Aufnahme von Steinmetzen angekündigt, und die Grundabschätzungen werden nächstens beginnen. 〈〈 Bothe für Tirol, Nr. 207, S. 1135.

〉〉 | ## Anzeige.

Nachdem ich bei dem hiesigen Stadtmagistrate meine Entlassung genommen, zeige ich hiemit an, daß ich von nun an wieder alle technischen Geschäfte sowohl im Architektur- als Ingenieurfache übernehme und auch geneigt bin, mich bei größeren Bauunternehmungen zu betheiligen. Alle geehrten Aufträge werden präcis effectuirt. Innsbruck, untere Sillgasse Nr. 285. C. Müller, Civil-Ing. u. Architekt. 〈〈 Intelligenz-Blatt, Nr. 256, S. 1406.

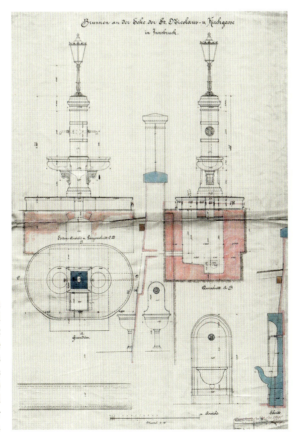

Wie in dem Zeitungsartikel bereits vermutet wird, sollte die Einführung des Stadtgases das (nächtliche) Erscheinungsbild der Städte auf immer verändern.

121

# 1854

25. JÄNNER  »| ## Die Gasbeleuchtung

dürfte noch im Verlaufe des gegenwärtigen Jahres eingeführt werden, da bereits die Vorbereitungen zu einem Probe-Experimente eingeleitet sind, und die aus Ulm hierher gereisten beiden Leuchtgas-Fabrikanten in dieser Beziehung vom löbl. Stadtmagistrate aller Vorschub geleistet wird. Es soll der Unkosten dieser Gasbeleuchtung jenen der Beleuchtung mit Oellampen nicht nur nicht übersteigen, sondern bei größerer Theilnahme im Publikum – (Gasbeleuchtung für Fabriken, Kaffeehäuser, Handlungsgewölbe etc. etc.) – der Preis des Leuchtgases niedriger als bei der Oelbeleuchtung sich herausstellen. « IN, Nr. 1, S. 3f.

27. MÄRZ  »| ## Die Hauptthätigkeit beim hiesigen Eisenbahnbau

konzentrirt sich dermal bei den Arbeiten des Brückenbaues bei Mühlau, wo nebst der feststehenden Nothbrücke – und zwar oberhalb derselben noch eine leichte Schiffbrücke jüngst hergestellt wurde, um über dieselbe vom nördlichen Innufer den auf der südlichen Seite benöthigten Schodder dorthin auf kürzestem Wege führen zu können. « IN, Nr. 51, S. 320.

Die Eisenbahn musste mehrfach den Inn queren, was den Bau mächtiger Brücken erforderlich machte. Die Innsbrucker Eisenbahnbrücke hat im Wesentlichen bis heute Bestand.

Der Höttinger
Steinbruch
dominierte nicht
nur den Anblick der
Nordkette, er lieferte
auch das Baumaterial
für die rasch
wachsende Stadt.

4. APRIL  »» | ## Briefkasten der Innsbrucker Nachrichten
1) Gewisse junge Herren in einem großen Hause vis à vis einer hiesigen Kirche werden ersucht, sich künftig nicht wieder gar so laut über solche lustig zu machen, welche vor der geöffneten Kirchthüre vorübergehend – den Hut abziehen. Der, dem's just passiret. […] «« IN, Nr. 58, S. 367.

13. MAI  »» | ## Mit dem wiederkehrenden Frühlinge
flieht man die enge Stubenluft und die Gärten treten in ihre Rechte. So wird morgen der seit dem Brande ganz neu hergerichtete und verschönerte große Garten beim goldenen Kreuz zum Erstenmale dem Gastbesuche eröffnet, welcher um so zahlreicher ausfallen dürfte, als (mit Ausnahme des etwas unbequemen Zuganges) dieser Garten, sowie die Bedienung aus Keller und Küche dort stets sehr vortheilhaft sich auszeichnen. Auch der neuerbaute schöne Gartensalon mit den hübschen Freskomalereien dürfte hier seines Gleichen kaum finden. In diesem großen Salon hält jetzt jeden Montag und Mittwoch eine Sektion der Liedertafel ihre Gesangsübungen. «« IN, Nr. 91, S. 577.

22. JUNI  »» | ## Gestern Nachmittag stürzte ein Arbeiter
über den Steinbruchfelsen oberhalb Weyerburg, und verletzte sich derart, daß an seinem Aufkommen gezweifelt wird. Der Unglückliche ist ein junger Mann und im Höttingerried zu Hause. «« IN, Nr. 122, S. 770.

3. JULI     》 | ## Hr. v. Kraler hat leider

die für theatralische Vorstellungen ungünstigste Woche des ganzen Jahres – für die Produktionen seiner vier höchst talentvollen Kinder gewählt, weshalb auch gestern das Theater schauderhaft leer blieb, da die ganze Woche hindurch von vorgestern angefangen die Sekularfeier allabendlich um ½ 8 in der St. Jakobspfarrkirche abgehalten wird. Möge daher der gespendete Beifall und öftere Hervorruf der jugendlichen Künstler dieselben für die schlechte Einnahme entschädigen. 《   IN, Nr. 130, S. 824.

Die Dreiheiligen-Kirche nach einer Federzeichnung aus der Zeit um 1750. Diese Zeichnung befand sich in der Sammlung des berühmten Chronisten Konrad Fischnaler.

17. JULI     》 | ## Heute 8 Uhr zog die große Prozession

von der St. Jakobspfarrkirche hinaus nach Dreiheiligen, um am Altare des heil. Alexius, dem Patron gegen Erdbeben, ihr Gebet zu verrichten. 《   IN, Nr. 142, S. 894.

26. September    》 | ## Von heute an bis nächsten Sonntag ist im Museumsgebäude

hier ein für den westlichen Seitenaltar der schon restaurirten Kuratiekirche zu Mühlau bestimmtes neues Altarbild ausgestellt. Unser genialer Künstler Jehle hat mit diesem wunderlieblichen Altarbilde, die unbefleckte Jungfrau Maria darstellend, zu deren Füßen drei Engel, die Insignien der Rosenkranzgeheimnisse tragend, abgebildet sind, die Zahl der von ihm schon gelieferten werthvollen Altarblätter um ein neues ebenso kunstreich ausgeführtes Meisterwerk vermehrt, zu dessen Erwerbung die Rosenkranzbruderschaft Mühlau sich jedenfalls nur gratuliren kann. 《   IN, Nr. 201, S. 1254.

2. OKTOBER »| Der gestern von Herrn P. Meyer aus Nassau
hier unternommene Luftschifffahrts-Versuch hätte bald ein
tragisches Ende genommen, da Herr Meyer sammt seinem (mit durch Strohfeuer
erwärmter Luft gefüllten), kurz nach dem Aufsteigen schon wieder sinkenden Ballon nächst dem Strafhause in den Innfluß gerieth, jedoch selbst glücklich an's dor-
tige Ufer gelangte, wogegen der Ballon durch hilfreiche Grießhaken für lange Zeit –
unschädlich gemacht – im erbärmlichsten Zustande aus den Wellen des Inn's nächst
dem Guggenbichlergute herausgefischt wurde. Tausende von Zuschauern konnten
sich gestern die Moral zu Herzen nehmen, daß hochstrebende Ideen nicht immer
ausführbar sind. « IN, Nr. 206, S. 1288.

28. NOVEMBER »| Mit dem gestern Abends
beim Gasthause zum w. Kreuz angelangten Stellwagen kam ein
Sägenfeiler aus hiesiger Umgegend an, und wurde, kaum aus dem Wagen gestiegen, vom Schlagflusse berührt, in Folge dessen derselbe plötzlich auf der Straße
verschied. « IN, Nr. 254, S. 1573.

Die Eroberung der
Lüfte begann mit
einer Handvoll
Wagemutiger, die
ihr Leben sehr
fragilen Fahrzeugen
anvertrauten.

# 1855

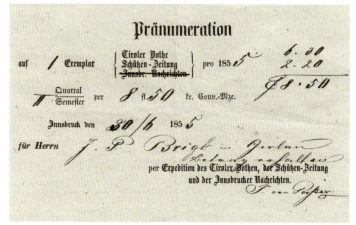

4. JÄNNER   »| Seit gestern Vormittag sind in der Kohlstadt,
den beiden Sillgassen und in der Universitätsstraße sämmtliche Brunnen ohne Wasser, da die Leitung auf dem Berge ober Mühlau durch einen
Lawine zerstört wurde. An der Herstellung dieser Wasserleitung wird rastlos gear-
beitet. Auch der Mühlbach ist verschüttet, und die Mühlauer Mühlen und Fabriken
mußten einstweilen ihre Arbeit einstellen. « IN, Nr. 3, S. 14.

23. JÄNNER   »| Alle heiratslustigen Herren unserer Stadt
machen wir, da eben Fasching ist, auf eine Parthie aufmerk-
sam, die jeden Freier vermöge ihrer vielseitigen Vorzüge beglücken müßte. Ein
Mädchen in San Francisco, das sich zu verheiraten wünscht, kündigt sich in einem
hydropathischen Blatte so an: „Ich bin 20 Jahre alt, will mich aber erst nach 2 Jahren verheiraten. Ich verstehe jene Arbeiten, die meinem Alter zukommen, kann
Brod und Kuchen backen und Hemden waschen. Ich kann sticken, aber auch Bein-
kleider nähen. Ich kann Schlittschuh laufen, reiten, tanzen, Klavier spielen, kurz
Alles, was man von einer Person meines Geschlechts verlangen kann. Das Reiten
verstehe ich so, daß ich folgende Wette eingehen kann: Der Nächstbeste hat zwei
Pferde vorzuführen, von denen ich eines auswähle; ich beanspruche 10 Fuß Vor-
sprung; wenn er mich mit dem andern Pferde auf einer Meile Weges einholt, gehöre
ich ihm an; im andern Falle wird das Pferd mein Eigenthum. Ich bin Hydropathin,
nehme nicht Thee und Kaffee und trage kein Schnürleibchen; mein Mann mag es
in diesen Stücken nach Willkür halten. Ich glaube an die Rechte der Frauen, finde
es aber nicht nötig, daß sie sich mit Politik abgeben. Ich bin weder groß noch klein,

weder zu voll noch zu mager; ich bin, wie ich eben gewachsen bin. Ich trage weder rothe noch weiße Schminke auf. Ich verlange, daß mein Mann nicht Branntwein trinke und Tabak rauche. Er mag jung oder alt, reich oder arm, er darf aber keines von diesen in zu hohem Maße sein. Er muß gut erzogen, thätig sein und mich frei gewähren lassen." « IN, Nr. 18, S. 108.

5. FEBRUAR   »» | Vorgestern Abend gegen 7 Uhr

wurde ein in der Klosterkaserne entstandenes Kaminfeuer signa-lisirt. Die allsogleich getroffenen Vorkehrungen machten dasselbe in Bälde erstik-ken, und jede weitere Gefahr war beseitigt. Unter den Ersten, die sich, mit Rath und That nützend, am Orte der Gefahr eingefunden, war wieder, wie stets bei ähnlichen Anlässen, unserer wackerer Mitbürger, Hr. Tischlermeister J. Geyer. Bei dieser Ver-anlassung glauben wir, die Vorschrift der Brandwehrordnung in Erinnerung brin-gen zu sollen, laut welcher bei einem Abends oder nächtlicher Weise entstehenden Feuerlärm sämmtliche Hausbesitzer und Einwohner verpflichtet sind, ihre Fenster auf den Gassenseiten augenblicklich zu beleuchten. « IN, Nr. 28. S. 180f.

9. FEBRUAR   »» | Wie bekannt, werden gleich
nach dem Eintreffen
der telegraphischen Nachricht

von der erfolgten Entbindung Ihrer Majestät der Kaiserin mit einem Prinzen 101, mit einer Prinzessin hingegen 21 Kanonenschüsse gelöst werden. Sollte die Nachricht zur Nachtzeit einlangen, so erfolgt die Lösung der Geschütze um 8 Uhr früh des folgenden Tages. « IN, Nr. 32, S. 203.

20. FEBRUAR   »» | Heute Morgens wurde eine Milchverkäuferin

vom Lande auf der That ertappt, als sie eben ihren Milch-Vor-rath mit Brunnenwasser multiplizirte. Dieselbe wurde nun von ihren eigenen Kol-leginnen dem Marktaufseher angegeben und zur wohlverdienten Strafe gezogen. «
IN, Nr. 41, S. 263.

10. APRIL   »» | Gestern wurde im benachbarten Wilten

die Leiche des wegen seiner Einsicht und Rechtlichkeit allge-mein geschätzten Herrn Gemeindeausschusses und Oekonoms Josef Alt (Hausname Platzer) unter sehr zahlreicher Begleitung zu Grabe getragen. Der Verewigte hatte noch vor seinem Ende mehrere namhafte wohlthätige Bestimmungen zu Gunsten der Hausarmen und der Schuljugend getroffen, wofür ihm deren Dank ins Jenseits nachfolgt. « IN, Nr. 81, S. 527.

**11. JUNI** »| Ungeachtet des hohen Wasserstandes,

in Folge dessen die Straße vom Strafhause bis herauf zum Marmorbrunnen in der Hälfte der Allee überschwemmt war, wurde in der Vorstadt-Pfarre St. Nikolaus gestern die Prozession doch in aller Feierlichkeit abgehalten, da durch zweckmäßige Anordnungen mit Treppenlegung und Veränderung zweier Altarplätze jede Störung vermieden werden konnte. Von den städt. uniform. Standschützen war gestern nur die glänzend equipirte Musikbanda zur Prozession ausgerückt. Dagegen ist im benachbarten Pfarrdorfe Hötting die Prozession gleichzeitig und mit voller Festlichkeit abgehalten worden, wozu die complette Schützenkompagnie und Musik dieser Gemeinde, die Feier verschönernd, ausmarschirt war, und erstere bei den heil. Evangelien die üblichen Salven mit Präcision gegeben hat. [...] «

IN, Nr. 131, S. 855f.

**12. JUNI** »| Eine herkulische Grödnerin

hat gestern Nachmittag mit den Müllern in Mühlau gewettet, sie wolle in Zeit von drei Viertelstunden einen mit fünf Staar Roggen gefüllten Sack vom Korethwirthshause in Mühlau bis zur Franziskanerkirche hier auf der Achsel tragen. Die Müller, eine solche Achselträgerei nicht für möglich haltend, bestimmten den Roggen (192 Pfund im Gewicht) als Preis der Wette und – verloren, denn die Grödnerin hielt Wort und gewann die Wette, nachdem sie unterwegs zwar einigemale rastete, aber doch vor Ablauf der bestimmten Zeit mit dem fünfstarigen Sacke bei der Franziskanerkirche anlangte. « IN, Nr. 132, S. 862.

Kurz vor dem Ziel: Die letzten Meter für die starke Grödnerin.

Der ehemalige Schießstand in Mariahilf. Heute befindet sich dort eine große Wohnanlage.

6. SEPTEMBER >> | ## Gestern Nachmittags 1 Uhr entstand

(der seit 24 Stunden dritte) Feuerlärm, da eine Feuersgefahr in einem Hause in der Au nächst der Schießstätte entstanden war, aber glücklich schnell unterdrückt wurde, und weitere sogleich herbeigeeilte Spritzenhilfe unnöthig machte. << IN, Nr. 204, S. 1313.

13. OKTOBER >> | ## Die Herren Mitglieder der Liedertafel

werden ersucht, behufs der Begleitung der Leiche des Herrn Professor Schöpfer sich vor 3 Uhr vor dem goldenen Dachlgebäude zu versammeln. << IN, Nr. 235, S. 1510.

12. NOVEMBER >> | ## Die Straße, welche die Fortsetzung der Museumsstraße

von der kl. Sill bis zur Spinnfabrik bildet, wird dermal bedeutend abgegraben, um Raum für die Durchfahrt des dort diese Straße übersetzenden dreifachen Eisenbahn-Viadukt-Bogens zu gewinnen. << IN, Nr. 259, S. 1668.

26. NOVEMBER >> | ## Von Seite der wohllöbl. k. k. Post-Direktion

wird dieser Tage einem hier längst gehegten allgemeinen Wunsche durch Aufstellung von Brief-Sammlungskästen, vorerst an vier verschiedenen Punkten Innsbrucks, entsprochen, deren einer außer der Brücke nächst dem Malfatti-Hause, der zweite nächst dem goldenen Dachel am Stadtplatz, der dritte am Wisiol'schen Hause in der Museums-(Bürger-)Straße und der vierte nächst der großen Kaserne am Ecke der obern Sillgasse angebracht wird. [...] << IN, Nr. 271, S. 1747.

Der Stadtplatz hat in den Jahrhunderten seines unveränderten Bestehens Vieles gesehen. Aber vor allem die vorweihnachtlichen Veranstaltungen scheinen immer schon sehr konsumorientiert gewesen zu sein.

3. DEZEMBER » **Gestern fiel unterhalb der Kohlstadt ein Knabe,**
welcher mit anderen Kindern über die große Sill auf einem Balken der dortigen Holztriftrechen gehen wollte, in die Sill, wurde aber glücklich dem Wellentode entrissen. « IN, Nr. 277, S. 1794.

5. DEZEMBER » **Dermal bietet unser Stadtplatz**
ein belebtes interessantes Schauspiel – es wird für große und kleine Kinder feilgeboten, was nur immer wünschenswert, und St. Nikolaus hat vollauf zu thun, um alle Bitten zu befriedigen, wornach die Sehnsucht der großen und kleinen Kinder trachtet. Am interessantesten aber ist dieser Nikolausmarkt bei Nacht. Hier wogt dann die schon Welt auf und nieder; zärtliche Eltern wandern von Stand zu Stand und prüfen und wählen, und markten und handeln, als ob das Schicksal Europa's davon abhinge, ob Pfefferrösel die Schiftln nach der Zahl oder dem Gewichte verkauft. Bei der Beleuchtung der Nacht glänzen die vergoldeten Aepfel und Nüsse am lockendsten und Dank der Bescheidenheit eben dieser Beleuchtung wird man die dahinter im Schatten verborgene Ruthe erst gewahr, wenn der Handel bereits abgeschlossen, und es zum Zahlen kommt. […] « IN, Nr. 279, S. 1807f.

# 1856

8. JÄNNER　　》| Unsere Stadtthurm-Uhr

scheint heute wieder hereinbringen zu wollen, was sie im vorigen Monate, wo selbe oft um 20 Minuten zurückblieb, versäumte; denn seit gestern geht dieselbe wieder um eine Viertelstunde zu früh. 《　IN, Nr. 6, S. 36.

1. MÄRZ　　》| Der Stadtgemeinde Innsbruck

wurde mit hohem k. k. Statthalterei-Erlasse vom 18. Dez. 1855 die Herstellung eines neuen Friedhofes sammt Leichenhaus, Todtenkapelle und Wärterwohnung, dann Arkaden nebst Portale bewilliget, und der Bauplatz hiezu auf den Wiltauer Feldern hinter den oberen ärarischen Holzgarten ausgemittelt. Nach Beschluß des Bürger-Ausschusses soll die Ausfertigung eines tauglichen Planes im Konkurrenzwege erzielt werden. Zu diesem Behufe wird für jenen Plan, welcher als ganz entsprechend und zur Ausführung geeignet von der aufgestellten, aus Sach- und Bauverständigen bestehenden Kommission angenommen wird, eine Prämie von 200 Fl. CM, für jenen Plan aber, welcher dem angenommenen als zunächst stehend erklärt wird, eine Prämie von 100 Fl. CM. festgesetzt, welche Prämien einen Monat nach Ablauf des zur Ueberreichung dieser Pläne festgesetzten Termines vom hiesigen Stadtkammeramte ausbezahlt werden. [...] Das Programm und der Situationsplan sind bei dem hiesigen Stadtmagistrate, sowie bei der Expedition dieses Blattes einzusehen, und werden auch jenen Herrn Konkurrenten, welche sich beim Magistrate oder bei der Expedition melden, unentgeltlich zugesendet werden. 《　IN, Nr. 51, S. 313.

## »| Heute um 8 Uhr Morgens

wurden die 3 Mohrenmädchen, welche der hochw. Herr Oli-
vieri den hiesigen Frauen Ursulinerinnen im vorigen Jahre zur Erziehung und Pflege
überlassen hatte, in der St. Jakobspfarrkirche mit großer Feierlichkeit durch die
heil. Taufe in die Gemeinschaft der hl. Katholischen Kirche aufgenommen. Die
heil. Taufhandlung vollzog der hochw. Herr Dekan und Stadtpfarrer B. Kometer,
als Taufpathinnen fungierten Frau A. v. Riccabona, Frau J. Bader und Fräulein
v. Scheuchenstuel. « IN, Nr. 107, S. 714.

## »| Annonce

Ich mache bekannt, daß ich außer den Fächern der Heilkunde
auch die zahnärztliche Technik und Kosmetik ausübe. 1. Setze, ziehe, plombire, putze
und leucosire ich Zähne etc. etc., und gebe das Verfahren an, wodurch angestochene
– vom Beinfraß ergriffene Zähne erhalten werden können. 2. Verobligire ich mich,
unregelmäßig gestellte Zähne, besonders bei Kindern nach dem Zahnwechsel, in ein
gefälliges Gebiß zu reguliren. 3. Bezüglich Kosmetik befasse ich mich mit Hebung
gröberer Verunstaltungen etc. des Gesichtes etc., wenn der gewünschte Zweck durch
die zahlreich empfohlenen Mittel und Arcana nicht erreicht wird. Für bezeichnete
dentistische und kosmetische Operationen werden die freien Nachmittagsstunden
bestimmt. Innsbruck, Innrain 167 I. Stock, den 3. Mai 1856. Fr. Lindenthaler, Doktor
der Medizin und Magister der gesammten Heilkunde. « IN, Nr. 123, Beilage S. 837.

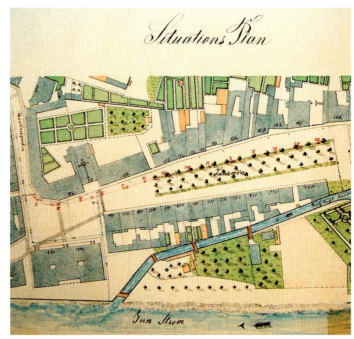

Ein Blick aus der
Vogelschau auf den
Innrain, der damals
noch an wesentlich
mehr Grünflächen
angrenzte.

Am „unteren" Ende des Eisenbahn-Viaduktes befand sich eine Rennbahn,
auf der – in späterer Zeit – Rad- und Pferderennen ausgetragen wurden.

1. JULI　　　　》 | In gegenwärtiger Woche werden
　　　　　　　　　| die letzten 6 Viaduct-Bögen
des hiesigen Eisenbahnbaues vollendet, und bis auf die Herstellung des Geländers auf dem Viaduct und der Innbrücke ist sodann die Bahn von hier
bis Hall zur Schienenlegung fertig. Wenn aber selbe bis unter Kufstein noch zum
1. Oktober 1858, wie es der Regierungs-Vertrag mit Bayern erheischt, zur Betriebs-
setzung vollkommen fertig sein muß, so wird die Bau-Unternehmung allerdings
mit bedeutend größerer Energie als bisher an dem Fortbaue arbeiten lassen müssen. 《　IN, Nr. 149, S. 1012.

19. AUGUST　　》 | Auf seiner Durchreise
　　　　　　　　　| von Mailand nach Salzburg ist hier heute des unsterblichen
Mozart – Sohn, Herr Mozart, k. k. Beamter, angekommen. Die Vorstehung der Innsbrucker Liedertafel hat heute Mittag denselben begrüßt und Hrn. Mozart das Diplom
als Ehrenmitglied der hiesigen Liedertafel überreicht. 《　IN, Nr. 190, S. 1294.

**Hausordnung**

für das

**Stadt-Theater in Innsbruck.**

**Allgemeine Bestimmungen.**

§. 1.

Um bei Vorstellungen die Ordnung zu erhalten und Feuersgefahr, sowie bei entstehendem Feuerlärm Verwirrungen und Schaden zu verhüten, wird nachstehende Hausordnung für das Stadt-Theater und im Anhange eine Instruction für die Handhabung des Feuerwehrdienstes, für die Bedienung der Gasbeleuchtungs-Einrichtung und der eisernen Courtine erlassen.

§. 2.

Sämmtliche Theaterbesucher, das Bühnen-Personale, (Schauspieler, Orchester-Mitglieder, sowie sämmtliche Theater-bediensteten) haben sich nach diesen Normen zu benehmen und den Aufforderungen der Polizeiorgane, dem betreffenden städti-schen Baubeamten und der Feuerwache unbedingt Folge zu leisten.

Im Falle eines Brandes hat sich Jedermann den An-ordnungen der städtischen Polizei-Beamten unterzuordnen.

Das heutige Landestheater ist nicht nur ein Musentempel, sondern auch ein großes Wirtschaftsunternehmen. Entsprechend muss auch eine Unzahl von Vorschriften eingehalten werden.

**29. DEZEMBER** »

## Bekanntlich gehört die Stellung eines Theater-Souffleurs

nicht unter die beneidenswerthen Loose. Um wie viel trauriger ist derselbe daran, wenn er, wie heuer Herr J. Saller, schwer krank darniederliegt, und dies zu einer Zeit, in welcher ihm die Huld aller Theaterfreunde durch Honorierung des von ihm verfaßten Theater-Almanachs lächeln sollte. Herr Saller ist genöthigt, sein Töchterlein die mühsame Wanderung in die Häuser und Wohnungen seiner P. T. Gönner anstatt seiner antreten zu lassen, und die Großmuth der edlen Bewohner des theaterfreundlichen Innsbrucks wird sich diesem, seit 4 Jahren hier als Souffleur des k. k. Nationaltheaters thätigen, dermal erkrankten Familienvaters gewiß umso erfreulicher beweisen, als auch dessen niedliches Töchterlein schon so oft als angehendes talentvolles Bühnen-Mitglied zum Vergnügen des Publikums beitrug, und nun für ihren erkrankten Vater und ihre übrigen Angehörigen in Erfüllung der Kindespflicht in den Wohnungen der P. T. Theatergönner ihre Theater-Büchelchen offerirt. « IN, Nr. 198, S. 2083.

# 1857

3. JÄNNER

## ›› Schlittschuhlauf-Freunde

möchten wir heute aufmerksam machen, daß auf dem Amraser See für schönes Spiegel-Eis von den dortigen Seebauers-Leuten neuerlich gesorgt wurde; für die Beständigkeit der gehörigen Kälte wird keine Garantie übernommen. ›› IN, Nr. 2, S. 12.

12. JÄNNER

## ›› Unglücksfälle

Am 6. d. Mts. wurde der 11jährige Knabe des A. Reinisch von Goetzens beim Schlittenfahren (s. g. „Rodeln") vom Amraser Schlosse herab durch Anprellen an einen Wehrstein beim Kreuz, lebensgefährlich verwundet, indem er am Kopfe mehrere Wunden erhielt, sich die Kinnlade zersprengte und die Zunge durchbiß; was Vielen zur Warnung dienen möge. ›› IN, Nr. 8, S. 59.

1. MAI

## ›› Fröhliche Märsche spielend

zogen heute Morgens 5½ Uhr 2 Musikbanden (bürgerl. Standschützen und Eh. Albrecht Infanterie) vor die k. k. Hofburg und dann durch die Hauptplätze und Straßen Innsbrucks, den naßkalten ersten Mai-Morgen zu begrüßen. Doch muß man der dermaligen kalten Witterung wenigstens das Verdienst zuerkennen, daß durch dieselbe die Milliarden von Maikäfern am Schwärmen verhindert werden und wegen Mangel an Blüthen-Nahrung auch verhungern müssen.

Auf dünnem Eise und dünnen Kufen unterwegs zu sein, ist nicht nur ein Risiko für diesen Knaben – der sich auch nicht ganz sicher zu fühlen scheint.

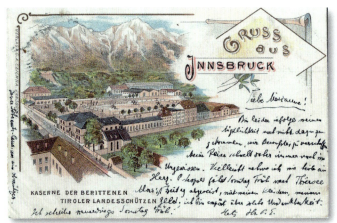

Früher hatte Innsbruck wesentlich mehr Kasernen als heute. Vor allem waren diese durch ihre Lage auch Teil des Stadtgebietes und die Soldaten Teil des Straßenbildes.

KASERNE DER BERITTENEN TIROLER LANDESSCHÜTZEN

Bezüglich des Feuerwerkes am Berg Isel können wir aus verläßlichster Quelle berichten, daß heute kein solches dort abgebrannt wird. – Uebrigens hat Herr Eschenlohr die Anfertigung von Feuerwerkskörpern im Auftrage des löbl. Kaiserjäger-Regiments-Kommando übernommen und werden am Berg Isel Feuerwerke nur bei Festlichkeiten von außerordentlichem Anlasse abgebrannt werden. »

IN, Nr. 98, S. 750.

28. MAI » | ## Die hierländigen Bau-Arbeiter

werden im laufenden Jahre und darüber hinaus nicht Ursache haben, auf Verdienst ins Ausland zu ziehen, da gutem Vernehmen nach die Bahnhof-Bauten auf allen Stationen der Innsbruck-Kufsteiner Eisenbahn an hierlands ansäßige Bau-Unternehmer bereits vergeben sein sollen und in Kürze mit diesen Bauten selbst überall begonnen werden dürfte. Fernere Bauten sind am Schloß Amras in nächster Aussicht, und die Herren Bau-Unternehmer Gebrüder Huter beschäftigen bereits seit vorigem Jahre eine größere Zahl Arbeiter an den hiesigen Friedhof-Bauten. Dagegen ist die Baulust der Privaten zumal durch die hohen Arbeitslöhne und stets theurer werdenden Bau-Materialien bereits seit den letzten Jahren ganz verschwunden. « IN, Nr. 120, S. 940.

12. JUNI » | ## Pferde-Hufschmiere

Diese Schmiere befördert nicht nur das Wachstum des Hornschuhes in hohem Grade, sondern verhindert und hebt auch die Sprödigkeit und Trockenheit desselben, erhält solchen geschmeidig, dehnbar-elastisch, wodurch der Huf eine schönere Form bekommt, verhütet das Eindringen des Schnee-, Regen- und Mistwassers in die Substanz des Hornschuhes, widersteht dessen Faulwerden und verhütet daher viele Hufkrankheiten, besonders Zwanghüfe.

Die Schmiere ist besonders angezeigt bei Pferden mit schlechten verdorbenen Hüfen, bei Pferden, die immer auf nasser, kothiger oder zu trockener Straße gehen, oder bei solchen, die größtentheils auf steinernen oder hölzernen Böden stehen müssen.

Zu haben in Töpfen à 42 Pfund à 55 kr. Conv.-Mze. bei Carl Niggl, Museumsgasse Nr. 589 in Innsbruck. « IN, Nr. 131, S. 1035.

24. JUNI    »| ## Heute wird der Bahnhofbau

in Innsbruck, welchen Herr Zimmer- und Baumeister Maier übernommen hat, in Angriff genommen. Die Bauten am neuen Friedhof werden schon seit längerer Zeit wieder fortgesetzt. « IN, Nr. 141, S. 1119.

13. JULI    »| ## Der heutige Tirolerbothe

enthält folgende wichtige Aufforderung: „Da sich an mehreren Punkten des Stadtbezirkes die natürlichen Blattern zeigen, und bereits schon einige Kinder denselben zum Opfer wurden, so werden die Eltern und Vormünder an ihre Pflicht erinnert, ihren Kindern und Pflegbefohlenen die Wohlthat der Schutzpocken-Impfung zukommen zu lassen. Sie haben sich diesfalls beim Unterzeichneten zu melden, welcher allwochentlich an einem bestimmten Tage die Schutzpocken-Impfung vornimmt. Innsbruck, den 12. Juli 1857. Dr. v. Wocher, Stadtphysikus." «

IN, Nr. 156, S. 1234.

Die Pocken waren eine Infektionskrankheit, die durch die massenhafte Impfung Ende des 20. Jahrhunderts ausgerottet werden konnte. Die ersten systematischen Impfungen wurden bereits 1807 in Bayern durchgeführt.

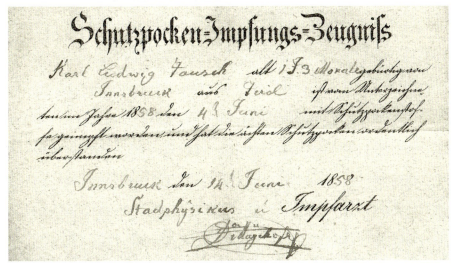

13. OKTOBER  » | **Seit gestern Früh haben die praktischen Uebungen der Rettungsabtheilung**
der hiesigen Feuerwehr unter der Leitung der Herrn k. k. Universitäts-Turnlehrers Thurner am Gebäude der s. g. Konvict-Kaserne begonnen. Interessant ist es anzusehen, wie die rüstigen und gewandten Herren Mitglieder dieser neugebildeten Rettungsabtheilung mittelst ihrer nur ein Stockwerk hohen Leitern bis zum dritten Stock emporklimmen, idem selbe von einem Fenster der untern in jenes der obern Etage ihre mit eisernen Hacken oben versehenen Leitern einhängen, und endlich oben angekommen, den Menschenrettungs-Schlauch dort befestigen und einen Mann nach dem andern durch selben aus dritter Etage schnell und gefahrlos zur Erde niederlassen, welche Rutschpartieen manchmal große Heiterkeit erregen. « IN, Nr. 233, S. 1829.

4. DEZEMBER  » | **Das Projekt, Innsbrucks Straßen und Plätze mit Gas zu beleuchten,**
ist dermal wieder in den Vordergrund wichtiger Lokalangelegenheiten getreten, und eine aus Mitgliedern des löbl. Stadtmagistrats und Bürgerausschusses zusammengesetzte Kommission hat hierüber die nöthigen Erhebungen zu pflegen und Anträge zu stellen. « IN, Nr. 278, S. 2180.

Uebersicht

des zur

Feuerlösch- und Rettungsanstalt

in der

k. k. Provinzial-Hauptstadt Innsbruck

bestimmten Personales.

# 1858

Ein Blick etwa vom Mentlberg auf den Talboden des Inntales.
Im Hintergrund ist die Martinswand deutlich zu erkennen.

27. JÄNNER  »  **In der Hofkirche**
wurde heute Vormittags 9 Uhr für den verstorbenen Landesver-
theidigungs-Führer Hochw. Joachim Haspinger durch den Hochw. Herrn Prälaten
von Wilten der vom höchsten Präsidium angeordnete Trauergottesdienst abgehalten. Die höchsten Autoritäten dieser Landes-Hauptstadt, die hochw. Geistlichkeit,
die HH. Offiziere der bürgerl. Standschützen-Kompagnie, von deren Mitgliedern
am Katafalk und in der Kirche die Ehrenwachen gegeben wurden, die Veteranen
und Andächtige dieser Stadt wohnten dieser Trauerfeierlichkeit bei.  «  IN, Nr. 19, S. 156.

9. FEBRUAR  »  **Diejenigen Herren,**
**welche am großen Maskenzug:**
„Kaiser Barbarossa's Einzug in Mailand" noch Theil zu neh-
men wünschen, werden freundlichst ersucht, sich im Verlaufe dieser Tage zwischen 1–2 Uhr im Costüm-Lokale (Museumsstraße Dialer'schen Hause) anzumel-
den.  «  IN, Nr. 29, S. 240.

Tirol mit Vorarlberg.

Gültig für ein Jahr.

Legitimations - Karte

für

Vor- und Zuname

Charakter, Beschäftigung

Wohnort

Alter

K. K. Bezirksamt

Ausweispflicht im
19. Jahrhundert:
Ein Tagelöhner aus
Imst beantragte diese
Legitimations-Karte
im Jahr 1858.

24. APRIL     »» | ### Schon vor mehreren Jahren sind im „Tiroler-Bothen"

umfangreiche Aufsätze erschienen, welche den Zweck hatten, zum Wiederanbau von Weinreben an den Höttinger Hügeln aufzumuntern. Die Sache unterblieb damals; jetzt aber ist man wirklich an der Anpflanzung von jungen Reben an jenen Hügeln beschäftigt. Ein früher von einem der dortigen größten Grundbesitzer gemachter Versuch mit der Anpflanzung von 4000 Rebstöcken mißlang damals; die jungen Pflanzen wurden nämlich, sei es aus Bosheit oder Diebsgelüsten, nach und nach alle ausgezogen, so daß die Aufstellung einer eigenen Wache zum Schutze der jungen Anlage nöthig gewesen wäre. «« IN, Nr. 90, S. 717f.

24. APRIL     »» | ### An unsern Bahnhof-Bauten

wird rastlos fortgearbeitet. Ein Flügel des Hauptgebäudes erhebt sich bereits bis zum 1. Stockwerk, die östl. Hauptmauer der Personenhalle ist fast bis zur Dachhöhe fertig. Bereits unter Dach gebracht sind: das Waarenhaus, das Lokomotiven-Heitzhaus und der Mitteltrakt der Werkstätte. Die Bestandtheile der Eisenbrücke, welche die von der Museum-Straße gegen das Spinnfabriksgebäude führende Straße überbrücken wird, sind schon eingetroffen und dürften in den ersten Tagen kommenden Monats ihre Verwendung erhalten. Jedenfalls könnten die hiesigen Bahnhof-Bauten selbst vor dem gesetzten Termine vollendet sein. Zwischen Schwaz und Pill wurden schon die Schienen gelegt. «« IN, Nr. 90, S. 718.

7. JUNI »| **Bei der am Samstag Abends erfolgten Uebertragung**

des neuen für die Kirche in Hötting bestimmten Schutzengels, der im Ferdinandeum zur Schau ausgestellt war, entzündete sich beim Pöllerschie-ßen der Pulvervorrath und schlug einen nahe stehenden Mann zu Boden. Derselbe wäre sicherlich verloren gewesen, wenn man ihm nicht augenblicklich die brennen-den Kleider vom Leibe gerissen hätte. Ein neuer Beitrag, daß man mit Aufbewah-rung des Pulvers nie genug vorsichtig sein kann. « IN, Nr 124, S. 995.

26. JULI »| **Gestern 4 Uhr in der Frühe**

wurde unsere Einwohnerschaft durch Feuerlärm aus dem Mor-genschlummer aufgeschreckt. Der städtische Stadel in der Nähe des alten Friedhofes, worin sich viel Holz und städt. Werkzeuge befanden, war das Opfer des wüthenden Elementes, das eine furchtbare Hitze ringsum verbreitete und erst wahrgenommen wurde, als bereits die Flammen emporloderten. Dank der herrschenden Windstille, wurde man derselben bald Meister. Die Rettungsabtheilung und Sämmtliche, die sich auf der Brandstätte einfanden, waren gleich eifrig und thätig im Löschen. Die Entstehungsursache ist unbekannt. Der Rettungsabtheilung und einem Soldaten des k. k. I.-R. Erzh. Albrecht zollt man für ihre Thätigkeit allgemeine Anerkennung. «

IN, Nr 165, S. 1313.

Die Innsbrucker Altstadt in der Zeit um 1900. Noch wird das Straßenbild von Leiterwagen dominiert, die von Pferden oder Ochsen gezogen werden. Das Schicksal dieser Tiere ist oft bedauernswert.

# 1858

12. AUGUST  ➤

## Seine Majestät der Kaiser

hat zu genehmigen geruht, daß zur Erbauung eines entsprechenden Landeshauptschießstandes in Innsbruck der außerhalb des gegenwärtigen Schießplatzes gegen den Inn gelegene ärarische Grund unentgeltlich, und der ärarische Platz vor dem Schießstande als Festplatz zur ausschließenden Benützung dem Landeshauptschießstande überlassen, endlich daß zur theilweisen Bedeckung der Baukosten ein Betrag von 20,000 fl. angewiesen werde. ‹‹ IN, Nr. 180, S. 1433.

19. OKTOBER  ➤

## Gestern Nachmittag fuhr der von Sterzing kommende Stellwagen

an die Ecke des Katzung'schen Kaffeehauses und brach sich die Deichsel. Der Kutscher ist weit über die Rosse hinausgeschleudert worden. Von einem weitern Unfalle vernimmt man nichts. ‹‹ IN, Nr. 237, S. 1875.

11. NOVEMBER  ➤

## Gestern ¾ auf 8 Uhr Abends liefen die ersten Lokomotiven

„Inn" und „Innsbruck" von Kufstein kommend, im hiesigen Bahnhofe ein. Mehrstündiger unvorhergesehener Aufenthalt in Fritzens führte dieselben in so später Abendstunde herbei. Zahlreiche Pöllerschüsse und die freudige Theilnahme der trotz einer grimmigen Kälte von allen Stadtteilen auf den Bahnhof hinausgeströmten Bevölkerung beurkundeten, daß die Einwohnerschaft der Landeshauptstadt die hohe Wichtigkeit dieses Aktes zu würdigen wisse. Auch an den andern Stationen wurde der Dampfwagen von einer zahlreichen Menschenmenge aus den umliegenden Ortschaften empfangen, die den aus fünf Wägen bestehenden Zug mit Freudenzurufen begrüßten. Hiemit ist auch die Hoffnung gesichert, die Bahn in kürzester Frist dem allgemeinen Verkehre übergeben zu sehen, was – wie verlautet – kommende Woche geschieht. ‹‹ IN, Nr. 256, S. 2023.

Eisenbahn zum Himmel.

Bereits den Zeitgenossen war klar, dass der Anschluss Tirols an das internationale Eisenbahnnetz unumkehrbare Folgen für das Land haben würde.

Früher wurde auch in Tirol Tabak für den Eigengebrauch und den lokalen Handel angebaut. Die Konsumenten begannen offenbar in jungen Jahren mit dem Laster.

17. NOVEMBER   »│ **In den Häusern wie auf den Straßen**
taucht ein schon jüngst erwähntes Möbel, ein Handgeräthe von Tag zu Tag mehr auf, das seit langer Zeit wenig sichtbar war: die Tabakspfeife. Selbst Leute, die den wohlhabenderen Klassen angehören, kann man mit mächtigen Tabaksköpfen lustwandeln sehen. « IN, Nr 261, S. 2061.

24. NOVEMBER   »│ **Heute um 7 Uhr Morgens erfolgte die Abfahrt der Theilnehmer**
an der Eröffnung der Nordtiroler Staatseisenbahn, wozu die Vorstände derselben, die Spitzen der Behörden, die Liedertafel und eine große Anzahl Geladener gehörten. Der Festzug erreicht Kufstein um halb 11 Uhr und kehrt gegen halb 4 Uhr nach Innsbruck zurück, worauf die kirchliche Einsegnung der Bahn und eines bereit stehenden Dampfwagens vorgenommen wird. Das Wetter erweist sich als günstig und ist der seit Wochen über das Innthal gebreitete Nebel verschwunden. Bei der Abfahrt stimmte die Liedertafel freudigen Gesang an, der alle Gemüther ergriff. Der Dampfwagen „Tirol" war mit Blumenkränzen umwunden und mit Fähnlein der tiroler, österreichischen und bayerischen Farben geziert. « IN, Nr. 267, S. 3007.

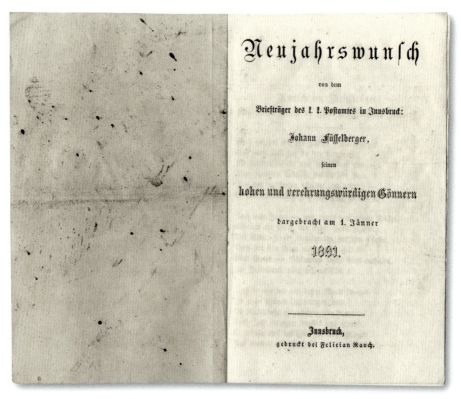

Eine längst ausgestorbene Kulturform: Briefträger und Rauchfangkehrer
ließen sich kleine Broschüren drucken, um diese in ihrem Rayon
gegen eine Spende zu verteilen. Offenbar war Neujahr ein wirtschaftlich
sehr wichtiger Termin.

29. DEZEMBER  » | ### Die Neujahrs-Entschuldigungskarte
der Stadt Innsbruck

für 1859 verdient wirklich eine wiederholt rühmende Erwäh-
nung; erstens was den zeitgemäßen Gegenstand, und zweitens was die höchst gelungene Ausführung (aus der lith. Anstalt des Hrn. C. Redlich in Innsbruck) betrifft.
Die Neujahrskarte stellt die Eisenbahnstrecke zwischen Innsbruck und München
dar, umgeben mit den Ansichten von München und Innsbruck und den interessantesten auf der ganzen Strecke. Das Blatt dient neben der Nützlichkeit auch noch als
eine schöne Zimmerzierde. « IN, Nr. 295, S. 2329.

# 1859

22. JÄNNER ⟫ | ## Morgen Sonntag Vormittags 10 Uhr

beginnt der unentgeldliche Unterricht im Turnen für Hand-
werker. Aufnahme hiezu im Turn-Lokale (Theresianums-Gebäude zu ebener
Erde). ⟪ IN, Nr. 17, S. 140.

7. MÄRZ ⟫ | ## Am Samstag Abends nach 7 Uhr

hat in dem sogenannten Brunnthale, oberhalb Mühlau ein furcht-
barer Lawinensturz stattgefunden, dessen riesenmäßige Schnee- und Erdmassen
mit Bäumen etc. bis tief hinunter zur Pfarrkirche und dem Koreth-Wirtshaus her-
abgerollt sind. Die ältesten Leute erinnern sich, daß vor 80 Jahren eine ähnliche
verheerende Lawine dort herabgekommen ist. Glücklicherweise sind in der Nähe
gelegene Häuser nicht beschädigt worden. ⟪ IN, Nr. 53, S. 455.

Pfarrkirche und
Dorfplatz von
Mühlau, als dieses
noch lange eine
eigenständige
Gemeinde war.
Heute zählt
der Stadtteil zu
den teuersten
Wohnadressen
Innsbrucks.

8. MÄRZ ⟫ | ## Der gestrige Umzug der
## wandernden Musikanten,

die nebstbei Kurpfuscherei trieben, Zähne ausrissen und Arz-
neien verkauften, war eine ächte Faschings-Posse, die namentlich zu ihrem Zwecke
(Sammlung für die Stadt-Armen) von schlagender Wirkung war und lautesten Beifall
hervorrief: Der Herold hoch zu Rosse trug einen goldverbrämten Atlasmantel (mit
der neuen Weltkarte, worauf wir unter Anderm auch die Landschaft „Neu-Tirol"
in Peru eingetragen fanden) und verbreitete somit in den weitesten Kreisen geo-
graphische Kenntnisse. Die groteske Gestalt eines Ritters nach Don Quixote's Art

erfreute sich sammt seiner Lastthiere besonders der Liebkosungen der Kinderwelt. Der Erfolg war eine volle Kiste mit Kreuzer- und Sechserstücken, welche die aus dem Herrn Tischlermeister Geyr und anderen Bürgern bestehende Gesellschaft zu Gunsten der Armen heimführte. Die Veranstalter verdienen sowohl rücksichtlich des wohlthätigen Zweckes ihrer Mummereien als auch der heitersten Stimmung wegen, worein sie die gesammte Einwohnerschaft versetzten, den schmeichelhaftesten Dank. 《 IN, Nr. 54, S. 463.

23. APRIL 》| ## In der verflossenen Nacht fiel,

wie wir hören, nach 12 Uhr ein Mann oberhalb der Hofmühle in die Sill. Glücklicher Weise gelang es ihm sich an einen Balken zu halten, ohne jedoch seine Rettung selbst vollziehen zu können. Auf die weithin gehörten kläglichen Hilferufe des Verunglückten eilte die Nachbarschaft herbei und zog ihn unverletzt aus dem Wasser. 《 IN, Nr. 92, S. 791f.

Das Mariahilfbild von Lukas Cranach ist in Notzeiten von den Bürgerinnen und Bürgern der Stadt immer mit Bittgängen um Rettung angefleht worden. Bisher meist erfolgreich.

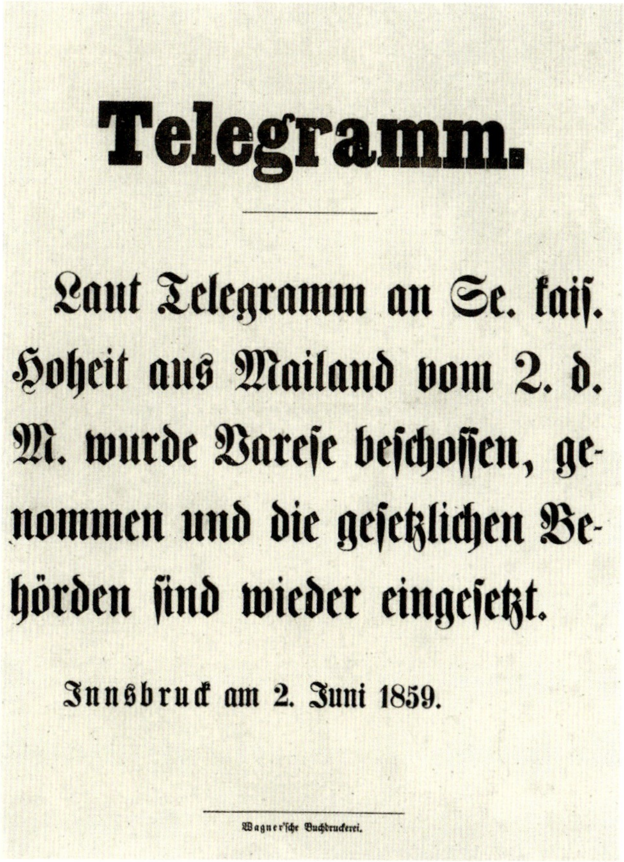

## Telegramm.

Laut Telegramm an Se. kais. Hoheit aus Mailand vom 2. d. M. wurde Varese beschossen, genommen und die gesetzlichen Behörden sind wieder eingesetzt.

Innsbruck am 2. Juni 1859.

Wagner'sche Buchdruckerei.

2. MAI

>> **Gestern Nachmittag wurden die Räume des Tschurtschenthaler Kellers**

dem biertrinkenden Publikum erschlossen. Leider war das Wetter nicht günstig und konnte der erste Mai nach so vielen schlechten Frühlingstagen, in denen gleich gestern Wind und Regen um die Herrschaft stritten, seine wundervolle Zugkraft nicht vollends ausüben. << IN, Nr. 98, S. 848.

23. MAI

>> **Bei dem gestrigen Bittgange,**

der von der Jesuitenkirche ausging und zum Mariahilfbilde in der Stadtpfarrkirche zog, um den göttlichen Beistand für die österreichischen Waffen zu erflehen, sah man außer den geistl. Orden und religiösen Vereinen alle Stände in sehr großer Anzahl vertreten, einmüthig im Gebete um den Sieg des Rechtes gegen die Gewaltthat. Vom Lande hatten sich auch viele Andächtige eingefunden, und konnte leider der Raum der St. Jakobs-Pfarrkirche nicht Alle fassen, welche gern die Predigt mit angehört hätten. << IN, Nr. 116, S. 1066f.

Die Ausrüstung der Soldaten war um diese Zeit enorm sperrig und vor allem schwer. Da es zur Zeit des Krieges 1859 in Italien noch keine Eisenbahn gab, mussten weite Strecken zu Fuß zurückgelegt werden.

28. MAI  »  | ## Von den Bürgern Innsbrucks

wurden bis jetzt 980 fl. Östr. W. dem Magistrate übergeben, um die durchmarschirende Mannschaft mit Bier zu erfrischen. « IN, Nr. 121, S. 1047.

14. JUNI  »  | ## Sämmtliche Hausbesitzer und Miethpartheien,

welche vom 1. Juli d. Js. an möblirte Zimmer verfügbar haben, werden höflichst ersucht, dieselben mit Angabe des Miethpreises beim hiesigen Magistrate anzuzeigen, um kranke und verwundete Offiziere unserer tapferen Armee unterzubringen. « IN, Nr. 133, S. 1155.

30. JUNI  »  | ## Den Bewohnern der Landeshauptstadt

zeigen wir hiemit an, daß edle Frauen in den Kaffeehäusern und mehreren Handelsgewölben dahier zu Gunsten der verwundeten österreichischen Krieger, die zu Innsbruck in ärztlicher Behandlung sind, seit mehreren Tagen Opferbüchsen aufgestellt haben. Die erste Erhebung der Almosen hatte ein Ergebniß von 50 fl. Wir empfehlen dieses so schöne Institut von ganzem Herzen, da für die bestmögliche Verwendung dieser Liebesgaben der rührende Eifer jener Frauen bürgt, welche sich in Werken der erbarmenden Nächstenliebe schon so oft erprobt haben. « IN, Nr. 145, S. 1268f.

1. JULI

## Das hiesige Servitenkloster

ist mit nahezu 300 Spitalbetten für die Kranken und Verwundeten der k. k. Armee in Italien besetzt. Ein Flügel des Stiftes Wilten ist zu dem nämlichen Zwecke eingerichtet. Ebenso werden im Servitenkloster in Volders, in den Stiften Stams und Fiecht Filial-Spitäler errichtet. Das Stift Neustift bei Brixen soll dem Vernehmen nach bereits eine Anzahl Verwundeter in seine Mauern aufgenommen haben. Auch das geräumige Seminar-Gebäude in Brixen wird sich vielleicht einer ähnlichen Bestimmung nicht entziehen können. « IN, Nr. 146, S. 1276f.

1. AUGUST

## In der Neustadt

wurde heute mit Legung der Gas-Röhren begonnen. «
IN, Nr. 172, S. 1506.

Mit dem Gas zieht auch ein Hauch von weiter, mondäner Welt in Innsbruck ein. Gaskandelaber waren nicht nur wesentlich heller als ihre Vorgänger, sie waren auch als Lampen prächtiger.

18. AUGUST  »  ## Sonntag den 14. Juli feierte die Gemeinde Pradl

die Uebergabe der dreifachen Ehren-Geschenke an ihren hoch-verehrten Vorsteher Herrn Josef Kapferer, der sich um das Wohl der Gemeinde viele Verdienste erworben, auf eine würdige Weise. Derselbe empfing diese Ehren-geschenke, welche in einem silbernen Pokal, einer silbernen Tabatière und einem gol-denen Ringe bestanden, auf deren jedem die Worte: „Die Gemeinde Pradl ihrem Vor-stande aus Dankbarkeit" eingeprägt waren, aus den Händen des dortigen Gemeinde-Ausschusses. Während der Uebergabe dieser Ehrengeschenke erfolgte von Seite der Pradler Schützenkompagnie unter dem Kommando ihres allgeliebten Hauptmanns eine Ehren-Salve, worauf sodann diese Feierlichkeit von Seite der dortigen treff-lichen Musikbande durch Produzirung einiger gewählter Musik-Stücke noch mehr erhöht wurde. Nachmittags war beim Brückenwirth in Pradl zu Ehren des Herrn Vorstehers eine festliche Tafel veranstaltet, an welcher der Gemeinde-Ausschuß, die Herrn Offiziere der Schützen-Kompagnie und mehrere Güterbesitzer freudi-gen Antheil nahmen, und somit dieser feierliche Akt mit Begeisterung geschlossen wurde. « IN, Nr. 186, S. 1626.

20. AUGUST  »  ## Wenn ehedem das Scheiden der schönen Sommerzeit

uns mit einem Gefühle der Wehmuth erfüllte, sehen wir heuer mit froherer Empfindung die Sonne ihrer Herbstbahn sich zuwenden, denn „wir haben genossen des Sommers Glück, haben geschwitzt und gestöhnet." Das erste Anzeichen des nahenden Herbstes, der sogenannte alte Weibersommer – das Gespinnst einer Feld- und Ufer-Spinne – wurde dieser Tage bereits beobachtet. « IN, Nr. 188, S. 1642.

Regenschirme waren früher nicht nur ein Schutz gegen das nasse Element, sie waren auch ein unverzichtbares Accessoire für die Frau und den Mann von Welt ...

In Zeiten des Krieges wurde das Servitenkloster nahe der Triumphpforte zu einem Not-Lazarett umgewandelt.

17. NOVEMBER »  | ## Es ist ein Regenschirm gefunden worden.

Der Eigenthümer kann denselben gegen Erlag der Inserationsgebühr in Empfang nehmen. Wo? sagt die Expedition. « IN, Nr. 262, S. 2292.

19. NOVEMBER »  | ## Also morgen Sonntag werden Innsbrucks Straßen und Plätze,

wo die Leitungen vollendet sind, zum Erstenmale mit dem längst erwünschten Gaslicht beleuchtet. Bisher wurden an verschiedenen Abenden in einzelnen Straßen und auch in verschiedenen Kaffeehäusern Proben angestellt, welche befriedigend ausgefallen sind, und wir sind überzeugt, daß das Gaslicht des Herrn Riedinger sich nicht nur bewähren, sondern auch noch vervollkommnen wird. – Höchst komisch sehen die alten Oel-Laternen mit ihrem Todtenlicht gegen die neuen Gas-Laternen aus! Wer noch über die Zweckmäßigkeit des Oel- oder Gas-Lichtes im Zweifel ist, kann sich durch den Augenschein selbst Belehrung verschaffen. « IN, Nr. 264, S. 2304.

21. NOVEMBER »  | ## Anzeige

In den neuesten Conversationstänzen ertheilt Privat-Tanzunterricht und bittet um günstigen Zuspruch Maria Seifert, Tochter des k. k. akademischen Tanzlehrers Seifert. Wohnt im Gasthaus zur Kaiserkrone im 2. Stocke Thür Nr. 29. « IN, Nr. 265, S. 2320.

# 1860

Ein früher Blick
vom Bergisel
auf die Stadt
Innsbruck mit der
Stiftskirche Wilten
und der benach-
barten Basilika.

28. FEBRUAR » | Ihre Majestät die Kaiserin Karolina Augusta
geruhten an die Vorstehung des hiesigen Frauen-Vereins zur
Beförderung der Kleinkinderbewahr-Anstalten und Industrie-Schulen ein Geschenk
von 100 fl. östr. W. allergnädigst gelangen zu lassen. « IN, Nr. 48, S. 412.

19. APRIL » | Das hiesige Strafhausgebäude
wird demnächst zur Versteigerung kommen. Dem Vernehmen
nach soll die Stadt dasselbe zu erwerben trachten, um es zu gemeinnützigen Zwek-
ken zu verwenden. « IN, Nr. 90, S. 800.

30. APRIL » | Kundmachung
Das unterzeichnete Handelshaus erstattet hiemit die Anzeige,
daß es den bevorstehenden sowie alle künftigen Märkte in Hall nicht mehr
besucht, dagegen hier ein gut assortirtes Lager unterhält und selbes zur geneigten
Berücksichtigung bestens empfiehlt. Franz Jos. Habtmann in Innsbruck, Neustadt
Nr. 236. « IN, Nr. 99, S. 883.

21. MAI » | In der Pfarrkirche zu Hötting
wurde am verflossenen Freitag Vormittag durch den dortigen
hochw. Herrn Kooperator ein illegaler Liebhaber von Peterspfennigen eben in dem
Augenblick entdeckt, als er mit einer Leimruthe aus dem Opferstock seine Beute
herausfischen wollte. Sofort ward die Kirche abgesperrt und der Thäter in polizei-
licher Begleitung in die betreffenden Stadt-Lokalitäten abgeführt. « IN, Nr. 116, S. 1028.

» | Unter den hiesigen öffentlichen
Vergnügungs-Lokalen

ist seit lange das Café Alt als eines der gemüthlichsten aner-
kannt. Dessen Besitzer sorgt aber auch alljährlich ohne je ein Geldopfer zu scheuen,
für den Comfort seiner zahlreichen Gäste und für die zweckmäßigste und elegante
Ausstattung seiner Lokalitäten. So wurde heuer wieder der Billardsaal einer durch-
greifenden Restauration unterzogen, marmorartig tapezirt, die Möbel erneuert und
zwei ganz neue, sehr geschmackvolle Wiener Billards laden seit heute alle Billard-
Liebhaber zu neuen Wettkämpfen ein. [...] In Wilten wurde in dem nun im Besitze
von F. J. Habtmanns Erben befindlichen Adambräuhaus-Garten die Gasbeleuchtung
eingeführt, und an die Stelle des bisherigen ordinären Hüttenwerks und Kegelplatzes
ein hoher geschmackvoller Pavillon von leichter Holz-Konstruktion erbaut, welcher
einen sehr gefälligen Anblick gewährt und wodurch überdies an gedecktem Raum
für Gäste gewonnen wurde. [...] « IN, Nr. 147, S. 1296f.


» | Gestern Nachmittags ereignete sich

an einer der hiesigen Neubauten der Unglücksfall, daß ein
Arbeiterjunge vom Gerüste stürzte und halbtodt in dessen elterliche Wohnung nach
Hötting übertragen werden mußte. « IN, Nr. 176, S. 1546.


Mit der beginnenden „Gründerzeit" stieg auch das Bauaufkommen
rasant an. Der Arbeitsschutz hingegen nicht. Schwere Unfälle waren
an der Tagesordnung.

# 1860

7. AUGUST 〉〉 | ## Es scheint total unglaublich –

soll aber dennoch wahr sein, daß man in Innsbruck in einem Modewaarengeschäft den Kunden eine Art Stoffe unter der Benennung „Solferino-Stoffe" zu biethen wagt. Es mag schwer sein zu entscheiden, ob man in diesem Fall dem Geschäftsmann, der in Solferino-Stoffen in Innsbruck Geschäft machen will – nur eine unbegränzte Gedankenlosigkeit oder etwas noch Aergeres zur Last legen soll? – noch greller aber wäre die deutsche Michelhaftigkeit und Blamage, wenn es hier wirklich Kundschaften gäbe, die einen Stoff auch dann noch kaufen, wenn ein, offenbar von französischem Uebermuthe ihm geschöpfter Name demselben bei Allen denen empfehlen soll, die sich mit – Vergnügen (!) an den Tag von Solferino – erinnern. 《 IN, Nr. 180, S. 1584.

8. OKTOBER 〉〉 | ## Heute wurde hier der sog. Brigitta-Markt,

vom Wetter begünstigt, abgehalten, und war sehr lebhaft. Unter dem zu Markt gebrachten Borstenvieh machten die englischen Race-Schweine aus Herrn Lepuschitz Maierei in Kematen allgemeines Aufsehen. 《 IN, Nr. 231, S. 2031.

26. OKTOBER 〉〉 | ## Die Landeshauptstadt von Tirol

manifestirte gestern Abends durch eine freiwillige und allgemeine Beleuchtung der Stadt und der Vorstädte ihre hohe Freude über die allerhöchst kaiserlichen Entschließungen, welche in der Geschichte Oesterreichs als Wendepunkt zum Bessern die frohe Aussicht auf eine glücklichere Zukunft eröffnen. Se. kais. Hoheit der durchl. Herr Erzherzog-Statthalter Carl Ludwig war auf die Nachricht von dieser Freudenäußerung vom Schlosse Amras in die k. k. Hofburg hereingefahren, vor welcher die Liedertafel unter Begleitung der städt. Musik die Volkshymne sang, welcher ein dreimaliges Lebehoch folgte. [...] 《 IN, Nr. 147, S. 2171.

Hötting war lange Zeit bäuerlich strukturiert. Erst im Laufe der letzten Jahre verschwindet diese Qualität zunehmend.

Schloss Mentlberg oberhalb der Gallwiese im Westen von Innsbruck. Diese zarte Darstellung stammt von Johann Georg Schädler.

**7. NOVEMBER** ›› | Das bekannte große Anwesen,
die Gallwiese, ist unlängst durch Kauf in den Besitz einer Frau Gräfin v. Spaur aus Rom übergegangen, und wird die daselbst bestandene, einst sehr beliebte Gastwirthschaft nun nicht mehr ausgeübt. ‹‹ IN, Nr. 256, S. 2251.

**22. DEZEMBER** ›› | Gestern gab der Escamoteur Herr August Broëta
im kleinen Redouten-Saale seine erste Vorstellung, welche ziemlich gut besucht war. Herr Broëta versteht die Kunst des Bauchredens in hohem Grade; er wußte die anwesende Gesellschaft sowohl durch sein ventriloquistisches Lustspiel, als durch die sehr gelungenen und schönen Taschenspielerkünste und Verwechslungen zu unterhalten. Fast sämmtliche Piecen wurden lebhaft applaudirt. – Herr Broëta beabsichtigt noch eine – vielleicht noch mehrere Vorstellungen zu geben, wenn anderweitige Hindernisse ihm nicht hemmend sein werden. Freunde solcher Unterhaltungen, und die sich gerne das Zwerchfell erschüttern lassen, werden sich sehr gut amüsiren. ‹‹ IN, Nr. 294, S. 2678.

**31. DEZEMBER** ›› | Heute Nachts haben in hiesiger
Gegend Schneeverwehungen,
Straßen und Eisenbahn theilweise beinahe unwegsam gemacht. Die Liedertafel begeht heute Abends ihre Sylvesterfeier in der Sängerhalle, daß es dabei stets animirt zugeht, ist aus früheren Jahresabschlüssen männiglich bekannt, die Sylvesternacht in der neuen Sängerhalle wird ihren Vorgängerinnen nicht nachstehen. Da auf Damenbesuch kaum gerechnet werden dürfte, so wird man zwar in's neue Jahr nicht hinein tanzen – desto gemüthlicher hinein singen und toastiren können. ‹‹ IN, Nr. 299, S. 2657.

# 1861

Der aufmerksame Betrachter dieser Aufnahme wird die beiden Gaskandelaber erkennen können. Diese sollen auch die architektonische Wirkung des Theaters unterstreichen.

15. JÄNNER 〉〉 **Das Aeußere unseres k. k. National-Theatergebäudes**
hat dieser Tage eine neue Zierde durch die Aufstellung zweier großartiger Gas-Candelaber (zu je fünf Laternen) erhalten, welche nun zu beiden Seiten die Freitreppe an der Hauptfacade durch ihre ornamentalen Formen und Verhältnisse schmücken, und um ganz vollendet zu sein, nur noch der Broncirung bedürfen. 〈〈  IN, Nr. 12, S. 100.

20. FEBRUAR 〉〉 **Am 17. ds. hat in einem Theile des Wiltauer Klosterwaldgrundes**
ein kleiner Brand stattgefunden, der jedoch wenig Schaden anrichtete. Die umsichtige Hilfe des Waldhüters Fritz, seines Sohnes und Knechtes, dann des Bauern Alois Fritz aus Völs, machten dem Feuer bald ein Ende. 〈〈

IN, Nr. 42, S. 360.

26. FEBRUAR 》| Kundmachung

Bezüglich der Einhebung der Hundesteuer für das Verwaltungsjahr 1860/61 werden folgende Bestimmungen hiemit öffentlich bekannt gemacht:
1) Jedermann, der im Stadtbezirke wohnt, und hier einen oder mehrere Hunde
hält, ist verpflichtet, jährlich einen Betrag von 1 fl. 85 kr. öst. W. für jeden Hund als
Steuer zu den Gemeindebedürfnissen zu entrichten. [...] Stadtmagistrat Innsbruck am
15. Februar 1861. Der provisorische Bürgermeister: Neuner. 《 IN, Nr. 47, S. 407.

2. MÄRZ 》| Gestern Abends ¾ 6 Uhr erlitt,

von einem Besuche aus der Stadt in sein Stift zurückkehrend,
der hochw. Prämonstratenser Chorherr Clemens Gstrein in der Nähe des vormaligen Landgerichtsgebäudes einen Schlaganfall und starb bald nach seiner Ueber-
bringung in die Abtei, deren Sakristeidirektor er seit Jahren gewesen, nach Empfang der heil. Oelung im 77. Altersjahre. 《 IN, Nr. 51, S. 435.

9. MÄRZ 》| Seltene Gäste

Diese Tage werden durch Innsbruck sehr seltene und äußerst
interessante Gäste passiren, um sich auch hier wie anderwärts bereits geschehen,
ein wenig umzusehen. Es sind dies fünf lebende amerikanische Krokodille von
8 bis 10 und 12 Fuß Länge. Dieselben sind nach einem von dem berühmten Professor
Dr. Reichenbach in Dresden ausgestellte Zeugnisse die interessantesten und größten
lebenden Exemplare die je in Europa gezeigt wurden. Der Eigenthümer derselben,
Herr Advinent, beabsichtigt diese Amphibien an die größten zoologischen Gärten
abzutreten und hat bereits die zwei größten an die k. k. Menagerie nach Schönbrunn
verkauft. Der Aufenthalt dahier dürfte nur sehr kurze Zeit währen. 《 IN, Nr. 57, S. 489.

Stift Wilten ist
nicht nur eines der
geistig-spirituellen
Zentren der Stadt,
das Kloster ist auch
ein bedeutender
Grundbesitzer.
Aber zumindest
die Wiesen um die
beiden Kirchen
sind inzwischen
nicht mehr
landwirtschaftlich
genutzt.

4. APRIL »| **In neuester Zeit wurde Innsbruck wieder**
| **um zwei Zierden bereichert,**
| wir meinen die mit großer Eleganz, Reichhaltigkeit und
geschmackvoller Zusammenstellung geschehene Eröffnung der beiden Verkaufslo-
kalitäten und Schaufenster der Heller'schen Glaswaaren-Handlung in der Museumsstraße und jener des Hrn. A. A. Neuhauser in seinem neuen Hause am obern Stadtplatze, dessen Auslagefenster jeder Galanteriewaarenhandlung zur Ehre gereichen
würden, und für welche Hr. Vergolder Reden zu Wilten sehr hübsche Etageren und
Girandolen angefertigt hat. « IN, Nr. 76, S. 656.

Gegen Ende des 19. Jahrhunderts werden nicht nur die Geschäfte, sondern
auch die Rechnungsformulare der einzelnen Kaufleute immer opulenter.
Hier ist noch ein zurückhaltender Geschirrhändler mit seinem Briefkopf
vertreten.

12. APRIL »| Zu vermiethen
| Wegen Abreise ist in Hötting im neuen Hause 8 ½ ein Quartier
im zweiten Stocke auf Georgi zu vergeben. « IN, Nr. 83, S. 722.

22. APRIL »| Verwahrung
| Um den unrichtig, zum Theil böswillig, ausgestreuten Gerüchten
über den Ertrinkungstod des jungen M. ein Ende zu machen, sieht sich der Gefertigte veranlaßt, Folgendes der Oeffentlichkeit zu übergeben: Auf Nachsuchen der
Turnschüler des Gymnasiums, einen Spaziergang mit ihnen zu machen, unternahm
ich denselben Donnerstag den 18. d. Mts. Nachmittags halb 2 Uhr. Es wurde von der
Turnschule aus nach Vill und von dort nach dem Hanlhof gegangen, allwo das erste
Mal Rast gehalten wurde. Da ich während des Marsches bis hieher keinen Schüler

Die Serles vom Stadtzentrum aus. Markant sind die vielen Bäume zwischen den Gebäuden.

Wasser trinken ließ, so wurde hier eine gute Viertelstunde abgekühlt, und dann die Erlaubniß zum Wassertrinken gegeben. Obwohl Gefertigter die Gegend dort kennt, so verfügte er sich dennoch in das Bauernhaus und fragte genau um die Wege, ob wohl keine kleine Precipisse da seien, oder ob das kleine Wasser, welches von Ahrn herausströmt, wohl nirgends einen Sumpf oder Teich bilde. Auf die beruhigendsten Antworten der Bauersleute, daß hier nirgends etwas zu befürchten sei, ging ich zu den Schülern, theilte selbe in zwei Theile ab, und arrangirte ein Spiel, wornach die größere Hälfte Gränzwache vorstellen mußte und den Auftrag hatte, die andere Hälfte, welche Schmuggler vorstellen sollte, im Durchschleichen durch ihre Reihen und Ketten, was sie eben bilden wollten, zu hindern [...] Mein erstes war, ihm eine tüchtige Strafrede über sein unvorsichtiges und unvernünftiges Benehmen zu halten, doch er unterbrach mich und ersuchte mich zurück zu bleiben, worauf er mir zu meinem Entsetzen erzählte, daß sie, um bei dem Spiele den Feind zu überlisten, da die Sill ganz seicht war, auf den Gedanken verfielen, hinüber zu waten, daß sie alle gut hinüber gekommen, bis auf den letzten, der sei gefallen, habe sich dann wieder erhoben, sei aber wieder gefallen und wie er glaube, schwimmend fortgeronnen. Auf meine Fragen, warum sie nicht gleich Lärm gemacht oder zu mir gekommen seien, oder warum er mir erst jetzt diese Mittheilung mache, sagte er, sie seien den Verunglückten suchen gegangen, haben ihn aber nicht finden können. – Dies der wahrhafte Thatbestand sowohl zu meiner Rechtfertigung als Widerlegung der böswillig ausgestreuten Gerüchte, deren Urheber Gefertigter bereits kennt und betreffenden Ortes finden wird. Die Aussage der Schüler im Gärberbache, daß sie alle Fehlenden voraus gehen sahen, mag daher kommen, daß der verunglückte M. kein Gymnasialschüler war, somit von wenigen gekannt, auch nicht von denselben vermißt wurde.

Franz Thurner, akadem. Turnlehrer. 《 IN, Nr. 91, S. 794f.

# 1861

Bis heute ein sehr beliebtes Instrument der traditionellen Tiroler Musik:
die Zither.

23. MAI  》 | ## Dem Vernehmen nach wird die noch ganz jugendliche Zitherspielerin

und Lehrerin Maria Füßlberger, Montag den 27. d. im großen Redoutensaale ein Zither-Concert veranstalten. Wir wünschen der jungen Zithermeisterin ein recht volles Haus. 《 IN, Nr. 116, S. 1013.

25. MAI  》 | ## Die Badesaison rückt heran,

allenthalben liest man von Bad-Eröffnungen, nur Mühlau ist noch ausständig; aber die Ursache davon ist nur eine erfreuliche – das Badanwesen zu Mühlau ist dieser Tage durch Kauf in den Besitz des dermal in Salzburg lebenden rühmlichst bekannten praktischen Arztes und Professors Dr. Jos. Walcher (eines Bruders des bisherigen Badinhabers Johann Walcher) übergegangen, welcher sehr vermögliche Mann zur Verschönerung der Badhauslokalitäten und des großen Gastgartens, sowie in Bezug auf vorzügliche Weine etc. etc. keine Unkosten scheuet; so, daß für dieses Bad- und Gasthofgeschäft der erfreulichste Aufschwung in nächster Aussicht steht. Wegen der dermaligen Renovirungsarbeiten kann diese Badeanstalt erst Anfangs Juni eröffnet werden, worüber das Nähere bekannt gegeben werden wird. 《 IN, Nr. 118, S. 1029f.

160

15. JUNI

## Im k. k. Hofgarten

hier ist dermal eine reiche Partie von mitunter sehr seltsam geformten Exemplaren Kalksinter (Tropfsteine) zu sehen, deren Sammler und Eigenthümer Gg. Span, Steinhauermeister, solche von Buchberg bei Kufstein hieherbrachte und zu verkaufen gesonnen ist. Diese Steinformationen sind in passender Art an der in der südöstlichen Ecke des Hofgartens befindlichen Bergparthie als Gruppe placirt, und verdinen von Kennern wie von Liebhabern solcher Naturalien besehen zu werden. ⟨⟨ IN, Nr. 135, S. 1177.

6. AUGUST

## Kundmachung.

Die Verunreinigung der öffentlichen Straßen und Plätze dieser Stadt hat derart überhandgenommen, daß vielseitige Beschwerdeführungen hiedurch veranlaßt werden. Um nun diesem Uebelstande gründlich abzuhelfen, wird am 6. k. M. August angefangen wöchentlich dreimal und zwar Dienstag, Donnerstag und Samstag ein eigens eingerichteter Wagen durch die städtischen Straßen und

Die „grüne Lunge" der Stadt, und das bis heute: der Innsbrucker Hofgarten. Manche der Bäume, die heute noch stehen, waren bereits zu „Kaisers Zeiten" stattliche Exemplare.

Plätze befördert werden, in welchem aller trockene Unrath, welcher beim gewöhnlichen Wirthschaftsbetriebe abfällt, aufgenommen wird. Sämmtliche Einwohner
dieser Stadt werden daher im Interesse der öffentlichen Reinlichkeit auf diese Einrichtung aufmerksam gemacht und aufgefordert, den in ihren Wohnungen abfallenden Unrath auf eine geeignete Weise zu sammeln, um ihn sodann an dem hiezu
bestimmten Wagen, dessen Ankunft durch Glockenzeichen bemerkbar gemacht
wird, abzugeben. Uebrigens werden die diesämtlichen Verbote der Verunreinigung
der Ritschenkästen neuerlich in Erinnerung gebracht und bemerkt, daß die Ueber-
treter um so unnachsichtiger der Strafe unterzogen werden als durch die neue Einrichtung Jedermann Gelegenheit gebothen ist, den abfallenden Unrath ohne große
Unzukömmlichkeit zu beseitigen. Stadtmagistrat Innsbruck am 26. Juli 1861. Der
Bürgermeister: Carl Adam m. p. 〈〈 IN, Nr. 178, S. 1557.

8. AUGUST 〉〉 Die Vorstellungen im mechanischen Theater
an der Innbrücke erfreuen sich fortwährend zahlreichen Besuches. Morgen Freitag werden die Herren Lorgie und Bergheer eine Vorstellung zu
Gunsten des städt. Armenfondes geben. Hinter dem Mauthamtsgebäuden werden
dermal Vorbereitungen zur Herrichtung eines Schauplatzes getroffen, auf welchem
nächsten Samstag die hier eingetroffenen Akrobaten A. Steinrigler und J. Ruckstuhl
ihre Kunst- und Kraftproduktionen geben werden. 〈〈 IN, Nr. 180, S. 1569f.

# 1862

Auch wenn es noch kein Lichtbild gibt, so ist dieser „Personalausweis"
bereits unseren heutigen sehr ähnlich.

**16. JÄNNER** ❯❯ ## Carolina Kern,
empfiehlt sich mit einer großen Auswahl französischer Blumen,
Guirlanden nach neuester Art im Preise von 2 fl. 50 kr. bis 10 fl. öst. W. Ferner Coif-
fures, Netz etc. zu möglichst billigen Preisen. Neustadt Nr. 191 neben dem österr.
Hof. ❮❮ IN, Nr. 12, S. 107.

**27. FEBRUAR** ❯❯ ## Der gestern in dem wahrhaft prachtvoll
## dekorirten Redoutensaale
abgehaltene Constitutions-Fest-Ball war sehr zahlreich besucht
und wurde durch die Anwesenheit Sr. Durchlaucht des Herrn Statthalters Fürsten
Lobkowitz, des Herrn Landeshauptmanns Dr. v. Klebelsberg, des Herrn Regiments-
Inhabers General Graf Castiglione, sowie der ersten Notabilitäten des Civil- und
Militärstandes ausgezeichnet. Daß die edlen Damen zu Gunsten der Armen mit
ihren Glückstopflosen die schönsten Erfolge erzielten, versteht sich von selbst. ❮❮

IN, Nr. 48, S. 415.

FML Johann Graf Castiglione war von 1861 bis 1871 zweiter Inhaber des Kaiserjäger Regimentes. Erster Inhaber war von 1848 bis 1916 Kaiser Franz Josef I.

26. MÄRZ   »» | ## Stelle-Gesuch

Für einen jungen Mann von gefälligem Aeußern und freundlichen Benehmen, welcher seit mehreren Jahren in größern Hotels servirte und sehr günstige Zeugnisse besitzt, wird eine Stelle als Zimmer- oder Saal-Kellner in einem größern Gasthofe zu Innsbruck oder einer Stadt Südtirols gesucht und könnte der Eintritt schon bis 1. April erfolgen. Näheres durch das P. Dörfler'sche Commissions-Geschäfts und Placirungsbureau zu Kempten in Bayern. «« IN, Nr. 69, S. 603.

3. MAI   »» | ## Kundmachung

Am kommenden Sonntag, den 4. d. Mts. wird die Ausstellung von Zucht-Thieren aus dem Ober- und Unterinn- und Wippthale auf dem Brügel-baue stattfinden. Dieselbe beginnt um 11 Uhr Mittags und endet mit der Vertheilung der von Sr. Durchlaucht dem Herrn Statthalter Fürsten v. Lobkowitz gespendeten 15 Preise um 3 Uhr Nachmittags. Innsbruck, 2. Mai 1862. Vom landwirthschaft-lichen Central-Ausschusse. «« IN, Nr. 101, S. 883.

» | Briefkasten der Innsbrucker Nachrichten

Gerührt von der allgemeinen Theilnahme, die ganz unverdienter Maßen dem Unterzeichneten in den letzten drei Tagen erwiesen worden, weil ihn angeblich – erstens der Schlag getroffen haben sollte, er zweitens von den Bauern eines Nachbardorfes zu todt geprügelt worden wäre, und drittens er sich selbst erschossen hätte – gibt er zur Beruhigung Aller, die solches gehört, geglaubt und weiter erzählt haben, bekannt, daß nichts von alle dem wahr sei, er sich vielmehr wohler befindet, als manchen angenehm ist, die zu seiner vermeintlichen Todesnachricht noch salbungsvolle Nekrologe mündlich in Umlauf setzten. Jos. Fumagalli, Seidenfärberei-Besitzer. « IN, Nr. 134, S. 1171.

5. JULI  » | Gestern ist in der Nähe des gräfl. Sarnthein'schen,

nunmehr Tschoner'schen Hauses Feuer ausgebrochen, wurde aber sofort entdeckt, und ohne daß es erheblichen Schaden anrichtete, wiederum gelöscht. « IN, Nr. 152, S. 1325.

11. SEPTEMBER  » | Innsbruck war gestern Abends

gegen 6 Uhr von einem Brandunglück betroffen, welches bei dem geringsten Luftzuge – an den hier gewöhnlichen Wind gar nicht zu denken – leicht die halbe Altstadt hätte vernichten können. Wie allgemein erzählt wird, entstand das Feuer durch unglückliches Gebahren des Hausknechts der K. Adam'schen Spezereihandlung mit Licht bei einem Spiritusfasse im Magazine. Der Spiritus fing augenblicklich Feuer, und da der von demselben selbst ergriffene Hausknecht in's Freie stürzte und die Thüre offen blieb – so strömten die Flammen und der Rauchqualm sofort in die untern Räume des Hauses und gleichzeitig durch alle vier Stock-

Die Welt der Märkte und Stände – hier als Karikatur um 1900 – war schon immer eine ganz besonders bunte. Heute geht dies durch Supermärkte zunehmend verloren.

werke die hölzerne Stiege entlang in den Dachraum: Es währten keine 10 Minuten, so stand das ganze Haus an der Nordseite in hellen Flammen, und war derartig von Rauch gefüllt, daß die Rettungsmannschaften in Manchen Zimmern nur auf dem Boden kriechend dieselben untersuchen und sich selbst kaum vor dem Ersticken erretten konnten. Menschen und Effekten konnten nur noch aus den Fenstern gerettet werden, wobei sich einige Packträger und die Rettungsabtheilung ganz besonders hervorthaten, so daß kein Verlust eines Menschenlebens zu beklagen ist. Ferner war die hochw. Welt- und besonders die Klostergeistlichkeit, die Kaminfeger, Zimmerleute und Maurer, das löbl. k. k. Militär und hundert Andere mit Retten und Löschen mit höchst lobenswerther Ausdauer thätig, so daß bei dem Umstand der Windstille – und da das Haus von drei Seiten frei steht, und kein Wassermangel herrschte, der Brand auf das Haus des Herrn Bürgermeisters K. Adam allein beschränkt blieb, und nach mehrstündiger Arbeit gedämpft werden konnte, ohne die Nachbarshäuser zu ergreifen. Außer den hiesigen Spritzen waren auch in dankenswerther Eile jene aus Hall, Wilten, Völs, Amras, Pradl, Hötting, Mühlau und Arzl mit Bedienungsmannschaft zur Brandstätte geeilt, und daselbst erfolgreich thätig. Der unglückliche Urheber des Feuers liegt gefährlich verbrannt darnieder; die bei Hrn. Optikus Reiter bedienstete Köchin im dritten Stockwerke hatte sich unter den Küchenherd geflüchtet und konnte erst heute, am Gesicht und Händen arg beschädigt aber noch lebend aufgefunden werden. Deren Zustand befindet sich auf dem Wege der Besserung; auch hat Hr. A. Schrott, Comptoirist des Geschäftes, während er dem Hausknecht helfen wollte, arge Brandwunden erlitten, und der beim Retten thätig gewesene Nachbar, Herr Trödler Gatt, stürzte von einer Stellage, und liegt in Folge ebenfalls krank. Die Erfahrung lehrte gestern, daß die bereits mehrmals angeregte verbesserte neue Organisation des Löschwesens nicht lange mehr auf die lange Bank zu schieben sei, sondern bald in Angriff genommen werden dürfte, – die beim Beginne des Brandes herrschende Unordnung kann wohl von Niemanden geleugnet werden. Ebenso wäre eine Vermehrung der Zahl der Mitglieder der Rettungsabtheilung dringend zu wünschen, da ihre gegenwärtige Anzahl bei einem größeren Brande nicht hinreichend ist, um aller Orten gleichzeitig genügende Hilfe zu leisten, und das Dareinmengen Unberufener zu verhindern. 《 IN, Nr. 208, S. 1813f.

11. OKTOBER 》》 Große Städte haben ihre zoologischen Gärten – kleinere erhalten Ersatz dafür durch die zeitweilig dort anlangenden Menagerien. Eine solche und zwar die des Herrn P. Egenolf ist dermal hier an der Innbrücke zu sehen. Dieselbe ist so reichhaltig an seltenen Thieren fremder Zonen, daß wir uns nicht entsinnen können, eine größere derartige Sammlung hier je gesehen zu haben. Wegen des großen Raumes, den jene Menagerie am Ausstellungsplatze einnimmt, mußte ein zweites ambulantes Geschäft, ein elegantes Caroussel sich außer der Brücke zu Ende der Allee nächst dem Turnusvereinshause placiren. 《 IN, Nr. 234, S. 2039.

3. NOVEMBER » | ## Die königlichen Majestäten von Griechenland

sind von Bozen kommend vorgestern Abends 8½ Uhr hier mit hohem Gefolge und Dienerschaft eingetroffen, haben das Nachtquartier in Riedels Hotel „zum öster. Hof" genommen, und gestern 8 Uhr früh mittelst Extra-Bahnzuges die Reise nach München fortgesetzt. « IN, Nr. 252, S. 2210.

31. DEZEMBER » | ## An der gestern hier stattgefundenen zweiten Wahl des Landtags-Abgeordneten

für Innsbruck hatten sich 565 Wähler betheiligt. Herr Dr. Florian Blaas erhielt 289, Herr Dr. Rapp, k. k. Notar, 266 und Herr Professor Dr. Wildauer 10 Stimmen. Die absolute Stimmenmehrheit hatte somit der Candidat der liberalen Wählerschaft, Herr Dr. Florian Blaas, k. k. Landesgerichts-Adjunkt, Mitglied des Bürgerausschusses, Schützenrath etc. – Dieses Wahl-Resultat für die Parthei des Ministeriums Schmerling ist dadurch erzielt worden, daß ein Theil der sogenannten „Mittelparthei" aus Prinzip dem liberalen Candidaten seine Stimme gab, aber nicht etwa eingeschüchtert durch die unstatthaften Aeußerungen, wie solche in dem Artikel über die Wahl unter der Rubrik „Lokales" in Nr. 297 der „Inn-Zeitung" zu lesen waren, und deren unangenehmen Eindruck auch durch die versöhnlichen Worte die vorgestern im österr. Hofe gefallen sind, nicht gänzlich verwischt werden konnten. « IN, Nr. 299, S. 2639.

Um die Truppen unterzubringen, waren auch Private verpflichtet, Militär zu kantonieren. Zwecks Befreiung von dieser Pflicht wurde später das Turnusvereinshaus errichtet.

# 1863

Einer der schönsten Ansitze in der Umgebung von Innsbruck ist die Weiherburg, die in der zweiten Hälfte des 19. Jahrhunderts als Unterkunft für gehobene Sommerfrische-Gäste diente.

9. FEBRUAR  »  ## Vorgestern stießen die bei der Hügeluntermauerung

an der Straße unterhalb Weyerburg beschäftigten Arbeiter auf einen unterirdischen Gang, der wahrscheinlich von der Weyerburg bis herab zum Inn reicht. Die Gewölbe sind ordentlich in den Fels gehauen und ist der gegen Norden sanft ansteigende Gang auf etwa 300 Schritte lang passirbar, bis ein Haufe vermorschten Holzwerks- (wahrscheinlich die vormalige Stiege) und Schutthaufen das weitere Vordringen hemmt. Vorläufig wurden einige Todtengebeine und Tropfstein-Formationen zu Tage gefördert. « IN, Nr. 31, S. 285.

17. FEBRUAR  »  ## k. k. Nationaltheater in Innsbruck

Schluß des Carnevals. Großes Masken-Fest bei festlicher Beleuchtung des äußern Schauplatzes und der Bühne. Mit verstärktem Orchester und neuen Musikstücken. Um 11 Uhr Faschingskrapfen-Verkauf zum Besten der hiesigen Armen, wobei eine goldene Cylinder-Uhr gewonnen werden kann. Der Zettel hiezu als Beilage. « IN, Nr. 38, S. 350.

9. APRIL  »  ## Beim Löwenhaus

werden neuerlich Nachgrabungen gemacht auf die dort im Jahre 1809 von zwei bayerischen Soldaten vergrabenen Kirchenparamente. Es wurde jedoch bisher kein Resultat erzielt. Die Paramente, eine Monstranze, Kelche etc.

wurden von den beiden Soldaten in Schwaz geraubt und beim Löwenhaus am Tag vor der Schlacht am Berg-Isel vergraben. Der eine fiel in der Schlacht, der andere entkam glücklich und lebte später als Baumeister in F. in Baiern. Auf seinem Todbette machte er noch über jene Vergrabung eine Mittheilung, die zu den Nachgrabungen, welche jetzt wieder aufgenommen werden, die Veranlassung gab. Er hatte den betreffenden Ort als „20 Schritte vom Thor gegen den Inn" bezeichnet. Da aber die Löwenhausgebäude mehrere Thore haben, so ist jene Mittheilung eine sehr unbestimmte. ⟪ IN, Nr. 79, S. 731.

13. JUNI ⟫ | ## Wie verlautet, wird von den renommirtesten Hundebesitzern

dahier ebenfalls eine Hunde-Ausstellung ganz nach dem Muster der Londoner großen Hunde-Ausstellung in's Leben gerufen werden. Diese ebenso zeitgemäße als originelle Idee dürfte die Beachtung aller Hundeliebhaber verdienen. Die Putzl'n, Bürschl'n, Surrl'n und wie die lieben Thierlein alle heißen werden dann nicht verfehlen ihre Bewunderer zu finden. ⟪ IN, Nr. 132, S. 1224.

Das Löwenhaus mit der Brauerei steht hier um 1875 noch inmitten der weiten Wiesen des Saggens. Das wird sich in den folgenden Jahrzehnten radikal ändern.

# 1863

13. AUGUST    »  ## Der Lehrkurs des theoretischen und praktischen Hebammen-Unterrichtes

für das Studienjahr 1863/64 wird an der hierortigen medizi-nisch-chirurgischen Lehranstalt am 1. Oktober d. Js. beginnen und nach sechsmo-natiger Dauer, mit Ende März k. Js., geschlossen werden. Der Hebammen-Unter-richt wird nur im Wintersemester ertheilt, daher sich die Kandidatinnen – mit den erforderlichen Dokumenten versehen – bis 1. Oktober d. Js. an der Lehranstalt ein-zufinden haben. « IN, Nr. 183, S. 1743.

28. SEPTEMBER   »  ## Zu den Festlichkeiten der 500jährigen Vereinigungsfeier

Mit kaiserlichen Ehren, Geschützsalven und dem Glocken-geläute auf allen Kirchthürmen der tirolischen Landeshauptstadt wurde vorge-stern 10 Uhr Vormittag die Ankunft des Stellvertreters Seiner k. k. Apostolischen Majestät des Kaisers Franz Joseph des Ersten, des durchlauchtigsten allgeliebten Herrn Erzherzogs Carl Ludwig begrüßt, als der kaiserliche Hof-Extrazug mit reich geschmückter Lokomotive unter den tausendstimmigen jubelnden Zurufen der an dem Innsbrucker Bahnhof harrenden Bevölkerung heranbrauste. In der in öster-reichischen, tirolischen und deutschen Farben gezierten Bahnhofshalle harrten die ersten Autoritäten des Landes und dessen Hauptstadt in höchster Gala Seiner kai-serlichen Hoheit, Höchstwelcher unter den Klängen der gleichzeitig von der mit einer Fahnen-Ehrenkompagnie des Infanterieregiments König der Niederlande in vollster Parade am Perron aufgestellten Regimentsmusik von Benedek-Infanterie und der städtischen Musikkapelle gespielten Volkshymne den Hofwaggon unter freudig-sten Lebehochrufen aller in der Halle Anwesenden verließen. Dem Bürgermeister Innsbruck ward die Ehre zu Theil, Se. kaiserl. Hoheit mit einer ehrfurchtsvollen Ansprache willkommen zu heißen in der Hauptstadt von Tirol. [...] « IN, Nr. 220, S. 2142.

PROGRAMM

zur

Feier der fünfhundertjährigen Vereinigung

Tirols mit Oesterreich.

Ankunft S.ᵗ Majestät unsers Kaisers Franz Josef am Bahnhofe in Innsbruck
den 29. September 1863.

Die Feierlichkeiten zur 500-Jahr-Feier der Vereinigung Tirols mit
Österreich war auch für Kaiser Franz Joseph Anlass genug, um mit der
noch recht neuen Eisenbahn nach Innsbruck zu reisen.

30. SEPTEMBER »» | ## Was gestern noch ein gern geglaubtes Gerücht gewesen –

heute ist es zur allbeglückenden Thatsache geworden: Der Kaiser ist in Tirols Hauptstadt eingetroffen und verherrlicht das tirolische Landes-Jubelfest durch Allerhöchstseine persönliche Anwesenheit! – Eine größere Freude hätte Franz Joseph I. Seinen treuen Tirolern an diesem Tage nicht bereiten können! – Daß dem wirklich so war – davon konnte Sich sowohl Seine Majestät selbst, als Jeder aus den Tausenden von Einheimischen, Auswärtigen und Fremden, welche an diesem Landesfesttage Innsbrucks Mauern füllten – auf das Unzweideutigste überzeugt fühlen; welch' ein Jubel in aller Früh am Bahnhof, als Seine Majestät zum ersten Male sichtbar wurden. [...] «« IN, Nr. 221, S. 2149.

5. NOVEMBER »» | ## Gestern Abend um 11 Uhr entstand wiederum Feuerlärm,

der die Bewohner Innsbrucks in Schrecken setzte. Im Gold-arbeiter Klammer'schen Hause in der Judengasse brannten die Ueberleger zwischen dem 2. und 3. Stock; sie fingen durch ein Ofenrohr, das auf denselben lag, Feuer. Die Flamme war nicht zu sehen; jedoch konnte man die Stelle des Brandes bald an der großen Wärme der Wände gewahren. Es wurden die brennenden Bäume mit mög-

Da mit offenem Feuer gekocht und geheizt wurde, waren die Kamine der Häuser sehr beansprucht. Dementsprechend wichtig war die Wartung durch die Rauchfangkehrer.

lichster Schonung des Hauses so viel als möglich blos gelegt, und so beseitigte man nach und nach die Gefahr, welche nicht nur für das Haus allein, sondern für den ganzen angebauten Stadttheil nicht unbedeutend war. Durch die sofort herbeigeeilte Turnerspritze und Rettungsmannschaft war das Feuer bald wiederum gedämpft. Besonders thätig waren die Herrn Baumeister Mayr und Kaminfegermeister Sonvico. Auch waren mehrere andere Spritzen schleunigst herbeigeeilt, um Hilfe zu leisten. ≪ IN, Nr. 252, S. 2448f.

# 1864

22. JÄNNER »» Ihre Majestät die Kaiserin

haben dem Herrn Karl Alexander Czichna, Kunsthändler und Besitzer einer photographischen Anstalt dahier, dessen herausgegebenes photographisches Festalbum Ihre Majestät anzunehmen geruhten, eine Busennadel in Brillianten allergnädigst zustellen lassen. «« IN, Nr. 17, S. 147.

Die neue Technik der Fotografie und die Möglichkeit des Absatzes an die Sommerfrische-Gäste ließen einen breiten Markt an Fototechniken entstehen. Die Firma Czichna war eines der führenden Unternehmen.

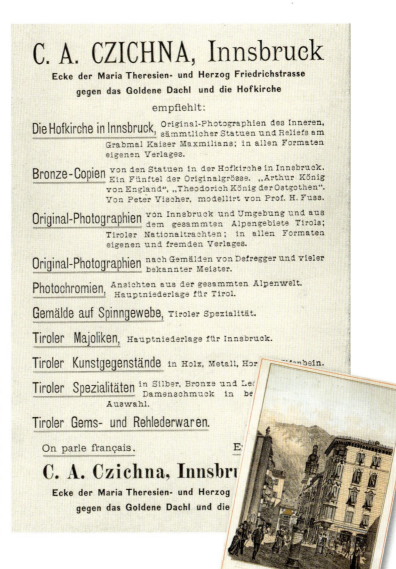

**1. FEBRUAR** » **Die „Schützen-Zeitung" meldet:**

Der Bau der Eisenbahn von hier bis Matrei wurde vom Baumeister Jos. Mayr dahier im Vereine mit zwei Württemberger Bauunternehmern übernommen, und zwar dem Vernehmen nach um die Summe von 4 Millionen und unter Kautionsleistung im Betrage von 100.000 fl. Die Strecke von Matrei bis Gries haben Plattner und Thurner von Innsbruck und Steiner von Matrei; die Strecke von Gries bis zum Brenner (einschließlich des Bahnhofes) Hohenauer von Innsbruck und ein Bauunternehmer aus Ungarn. Die Bauabtheilungen sind, mit Ausnahme jener von Sterzing, sämmtlich vergeben, und zwar auf der ganzen Strecke größtentheils an Tiroler. « IN, Nr. 25, S. 219.

Aus militärischen Gründen war die Brennerbahn von größter Bedeutung. Sie wurde in der unglaublich kurzen Zeit von 1864 bis 1867 unter Leitung von Karl Etzel errichtet.

**22. MÄRZ** » **Der Bau der Brennerbahn**

hat in hiesiger Gegend schon zwei Menschenleben gekostet. Am 18. d. Mts. stürzte ein Arbeiter über den Felsen beim Berg-Isel und starb an den Folgen der Gehirnerschütterung. Gestern spät Abends hatte sich ein Arbeiter aus Natters bei denselben Felsensprengarbeiten zu wenig gesichert, wurde beim Losbrennen der Sprengschüsse von einem Stein derart getroffen, daß er bald darauf eine Leiche war. « IN, Nr. 66, S. 587.

**7. MAI** » **Gestern Abends 10¼ Uhr**

wurde die Bevölkerung Innsbrucks durch Feuerlärm erschreckt. Ein Haus am Höttinger Ried stand in hellen Flammen. Die Leute schliefen noch in demselben, da schlug schon das Feuer aus dem Dach. Das Haus war beinahe ganz von Holz und daher das rasche Umsichgreifen des Feuers; sie konnten beinahe nichts als das nackte Leben retten. Ein Mann der Rettungs-Abtheilung eilte in das über und über brennende Haus und trug ein zurückgebliebenes Kind aus den Flammen.

Ein Knecht des Hauses soll zu Grunde gegangen sein. Ein Weib sprang zum Fenster heraus und beschädigte sich an einem Zaune. Als Hilfe herbei kam konnte an Rettung des vom hastigen Feuer verzehrten Hauses nicht mehr gedacht werden, man mußte trachten das zunächst stehende Nachbarhäuschen links zu retten. [...] «

IN, Nr. 103, S. 918f.

20. JULI  »| ## Auszug aus dem Protokolle über die Sitzung des großen Bürgerausschusses

vom 18. Juli 1864. [...] Herr Bürgermeister trägt das Gesuch der hiesigen israelitischen Gemeinde wegen Herstellung eines Friedhofes für selbe vor und stellt den Antrag des Magistrates, daß für selbe der dem Akatholiken-Friedhofe gegenüberliegende Platz hierfür bestimmt werden solle, und daß die hiefür veranschlagten Kosten per 245 fl. öst. W. aus der Stadtkasse bestritten werden, da die hiesigen Israeliten die Friedhofsteuer bisher bezahlten und noch bezahlen, und die in den Gottesackervorschriften bestimmten Gebühren für die Begräbnißplätze zu entrichten haben. Dieser Antrag wird einstimmig angenommen. [...] «  IN, Nr. 163, S. 1467f.

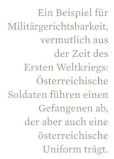

Ein Beispiel für Militärgerichtsbarkeit, vermutlich aus der Zeit des Ersten Weltkriegs: Österreichische Soldaten führen einen Gefangenen ab, der aber auch eine österreichische Uniform trägt.

15. SEPTEMBER  »| ## Ein Trauerzug,

wie solche glücklicher Weise sehr selten sind, bewegte sich heute früh 8 Uhr langsamen Schrittes von der Klosterkaserne über beiden Graben und den Innrain nach dem Exerzier- und Richtplatz am Brügelbau. Ein bereits fünfmal desertirter Mann vom Infanterie-Regimente Großfürst Michael, welcher bei Hopfgarten ergriffen und von seinem in Udine stationirten Regimentskommando zum Tode durch Pulver und Blei verurtheilt worden war, machte in Mitte einer

Division des Infanterie-Regiments König der Niederlande, an dessen Spitze der kommandirende Major und der Herr Garnisonsauditor ritten, an der Seite des ihm unabläßig zusprechenden hochw. Herrn Regimentskaplans mit Thränen in den Augen seinen letzten verhängnißvollen Gang zur Richtstätte, wo nach den Vorschriften der Kriegsartikel die Urtheilsvollstreckung vorgenommen werden sollte. Da erschien nach Verlesung des Todesurteils der Hr. Adjutant des Hrn. Generals v. Giani zu Pferde und rief in dem Momente als der Stab gebrochen werden sollte, den inzwischen ertheilten „Pardon!" Der Begnadigte, welchen die ausgestandene Todesangst und nun die Freude überwältigten, stürzte besinnungslos zu Boden. Tausende von Neugierigen aus Stadt und Land begleiteten den Exekutionszug von der Kaserne bis zum Richtplatz und brachen bei der Verkündigung der Gnade in laute Bravorufe aus. 《 IN, Nr. 210, S. 1879f.

28. OKTOBER 》 | ## Der Großfürst-Thronfolger von Rußland
ist auf der Durchreise von München nach Nizza gestern per Eisenbahn hier eingetroffen, hat nebst 18 Personen Gefolge im „Oesterr. Hof" übernachtet und heute die Reise nach Italien fortgesetzt. 《 IN, Nr. 247, S. 2198.

30. NOVEMBER 》 | ## Empfehlung
Die Gefertigte empfiehlt sich, Kleider von allen Gattungen Stoffen von Oel-, Fett- und anderen Flecken zu reinigen, dieselben auch ganz zu putzen, ohne sie zu zertrennen, ferner Shawls, Chemisetten, Gilet, Seidenstoffe von allen Farben, Spitzen, kurz alle zur Putzwäscherei gehörigen Artikel bestens und billigst zu besorgen. Um geneigten Zuspruch bittet Karolina Egger in St. Nikolaus Nr. 463. Abgabe in der Holzwaaren-Handlung des Nikolaus Furtner in der Bäckerthorgasse. 《
IN, Nr. 274, S. 2451.

Ein Blick über die ehem. Kettenbrücke und die Straßenbahnbrücke der „Haller" in das „Industrieviertel" von Innsbruck, die Fabriken an der Haller Straße.

# 1865

28. FEBRUAR ≫ | ## Die einzige diesjährige Redoute

und vielleicht überhaupt die allerletzte in den dermaligen Lokalitäten war – und das ist die Hauptsache – vom günstigsten finanziellen Resultate für die städt. Armenfondskassa begleitet, über 1400 Personen füllten die Säle! – so hat denn auch diesmal wieder der unerschöpfliche Wohlthätigkeitssinn der Innsbrucker sich bewährt, der illustrirte Zettel nebst Programm seine Schuldigkeit gethan, und der aus 86 Personen gebildete Zug das Programm in allen Piecen eingehalten mit einziger Ausnahme der für die humoristische Explikation der Innbrücken-Passage und der mit dem gold. Dachl vorbereiteten komischen Eskamotage – bestimmten Mitwirkung der sprechenden Personen – Quantner, Stritzow etc. etc., welche durch einen Zufall um wenige Minuten zu spät im Saale angelangten, und des ungeheuren Gedränges halber nicht mehr an den bestimmten Platz am Podium gelangen konnten, welch' letzteres überdies nebst den Aufgangsstufen zu beiden Seiten dicht vom Publikum besetzt war. [...] ≪ IN, Nr. 48, S. 415.

27. APRIL ≫ | ## Gestern ¼ nach 12 Uhr Mittags

wurden Innsbrucks Bewohner durch Feuerlärm in großen Schrecken versetzt, da eben heftiger Wind wehte und durch die lange Trockenheit der Witterung ein ausbrechender Brand um so schnellere Ausbreitung auf den theilweise noch hölzernen Dächern der Altstadt hätte finden können. Glücklicher Weise gelang es den Bemühungen der aus den nächsten Häusern der Pfarrgasse Herbeigeeilten, dem im Joas'schen Hause entstandenen Kaminbrande sofort Einhalt zu thun, wodurch alle Gefahr im Keim erstickt war. Die Schnelligkeit, womit auf den ersten Alarm wieder die beiden Spritzen der freiwilligen Feuerwehr und die Rettungsmannschaft mit ihren Requisiten in voller Rüstung am Orte der Gefahr erschienen war, verdient die aufrichtigste Anerkennung. – Daß man sich seit der gestrigen Mahnung allenthalben mit der Füllung der leeren Dachbrenten beschäftigen soll, braucht kaum bemerkt zu werden. ≪ IN, Nr. 96, S. 859.

19. MAI ≫ | ## Gestern traf Se königliche Hoheit

Arthur, Prinz von England, Herzog zu Sachsen und Prinz von Sachsen-Coburg, (geb. 1. Mai 1850), mit Gefolge von Bozen kommend, hier an, nahm sein Absteigquartier beim „Oesterr. Hofe" und hat heute seine Reise wiederum fortgesetzt. ≪ IN, Nr. 115, S. 1039.

Die Kettenbrücke war ein imposantes Bauwerk, das schlussendlich
deswegen obsolet wurde, da die Fahrbahn nur einspurig war.
Sie wurde ab Ende 1937 abgebrochen.

27. MAI  »» | Schank-Eröffnung
Unterzeichneter gibt hiemit einem verehrten Publikum bekannt,
daß von morgen Sonntag an die Wein- und Bierschank im Seilerhäusl zu Dreiheiligen wieder eröffnet ist, und für gutes Getränk und schnelle Bedienung bestens
Sorge getragen wird. Fr. Unterrainer. «« IN, Nr. 121, S. 1093.

20. JUNI  »» | Die hiesige Polizeidirektion
macht durch öffentlich angeschlagene Bekanntmachung die
nächtlichen Schreier und Ruhestörer aufmerksam, daß die Patrouillen angewiesen
sind, sie zu verhaften und daß ihrer überdies eine Geldstrafe bis zum Betrage von
100 fl. gewärtig sei. In der Nacht vom Sonntag wurden in verschiedenen Zeiträumen
spät nach Mitternacht 8 Individuen aus der untern Volksklasse wegen Störung der
Nachtruhe durch Schreien polizeilich beanständet. Dieselben werden dem gesetzlichen Verfahren unterzogen. «« IN, Nr. 139, S. 1255.

29. JULI  »» | Gestern Abends war bei Mühlau
der schon halb in Verwesung übergegangene Leichnam eines
jungen Menschen vom Lande vom Inn an's Ufer geschwemmt. Man vermuthet, es wäre
dieser Leichnam einer der beiden verunglückten Hirten von Kauns. «« IN, Nr. 172, S. 1551.

〉〉 | # In der Wallfahrtskirche auf dem hl. Wasser

werden in diesem Jahre wiederum die goldenen Samstage abgehalten und zwar auf folgende Weise: Am 30. September um 6 Uhr früh wird die Aussetzung des allerhöchsten Gutes stattfinden, dann werden mehrere hl. Messen gelesen; um 8 Uhr ist der feierliche Gottesdienst und um 2 Uhr Nachmittags der feierliche hl. Rosenkranz und die Einsetzung des höchsten Gutes. Ebenso wird es gehalten am 7. und 14. Oktober. An jedem der benannten Samstage kann nach würdigem Empfang der heil. Sakramente ein vollkommener Ablaß gewonnen werden. 〈〈 IN, Nr. 219, S. 1968.

〉〉 | # Am 20 ds. Mts. Abends

wurde ein mit seinem Fuhrwerke im Durchzuge befindlicher Geschirrhändler (Laninger) unweit der Kettenbrücke am linken Innufer unterhalb des steilen Abhanges aus einer Kopfwunde blutend angetroffen und von Vorübergehenden auf die Straße heraufgeschafft. Er war berauscht und es ist nicht ermittelt, wie er an die gedachte Stelle gelangt ist. So viel aber ist gewiß, daß er mit seinem gleichfalls betrunkenen Eheweibe auf der Straße in einen Raufhandel verwickelt war. Die Verletzungen derselben waren ganz geringe.

Am selben Tage Abends nach 8 Uhr hat ein berüchtigter Vagabund und Dieb nach Uebersteigung der rückseitigen Einfriedungsmauer des städtischen alten Friedhofes in der versperrten Kapelle dort an Votivmünzen einen Diebstahl verübt und

Noch im
21. Jahrhundert
einer der schönsten
Spaziergänge:
von Igls hinauf
zum Kirchlein
Heiligwasser.

sich hierauf bei der Behörde unter Anzeige der That selbst gestellt. Derselbe beabsichtigt aus Arbeitsscheue schon seit längerer Zeit in einer Strafanstalt Unterkunft zu finden. « IN, Nr. 268, S. 2419f.

27. DEZEMBER » | ## In der Nacht vom 23. auf den 24.

bildete sich im Meinhards-Canal (kleine Sill) Grundeis, durch welches das Wasser aufgestaut wurde, in Folge dessen dasselbe unter anderen, hauptsächlich den Garten des Steiner'schen Hauses in der obern Sillgasse überschwemmte, durch eine Lucke in den Keller, und nachdem derselbe vollständig mit Wasser angefüllt war durch den Boden nach etliche Zoll hoch in eine ebenerdige Wohnung des Stöcklgebäudes drang. – Der Schaden den es im Keller angerichtet hat, soll nicht unbedeutend sein. « IN, Nr. 295, S. 2697.

Ein Blick, der sich bis heute nicht grundlegend verändert hat: die Schlossergasse.

# 1866

Ebenso wie die Schlossergasse führt die Stiftgasse an der Innenseite der ehemaligen Stadtmauer entlang. Hier eine Bleistiftzeichnung von Richard Groth von 1906.

20. JÄNNER ≫ | Gestern Morgens vor 6 Uhr

ist im hiesigen Krankenhause der in Spitalspflege befindliche 71 Jahre alte Pfründner Johann K. vom Fenster des III. Stockwerkes in den Garten hinabgestürzt und sogleich todt geblieben. ≪ IN, Nr. 16, S. 143.

27. FEBRUAR ≫ | Gestern Abend nach 10 Uhr

entstand in einem Keller in der Stallgasse in dem eine nicht unbedeutende Quantität Petroleum und Spiritus eingelagert war, Feuer. Zum Glücke wurde dasselbe, als schon die Ganterbäume brannten, noch von unserer stets wachen, freiwilligen Feuerwehr, welche mit einer Metz'schen Spritze in unglaublicher Schnelligkeit am Platze war, gelöscht. Eine Abtheilung Militär besetzte die Zugänge zur Stallgasse. Auf diese Weise wurde eine Gefahr abgewendet, die für einen ohnehin engen und nicht gerade am feuersichersten gebauten Theile der Stadt, die verhängnißvollsten Folgen hätte haben können, ohne daß die Bewohner Innsbrucks durch Feuerlärm erschreckt worden wären. Im allgemeinen Interesse erscheint es aber dringend geboten, daß die Vorschriften über Aufbewahrung von Petroleum und anderen brennbaren Flüssigkeiten auf das stengste gehandhabt werden. ≪ IN, Nr. 47, S. 431.

Georg Erler, „erster Magistratsrath von Innsbruck", der den Wahlspruch führte: „Für das Gute und Schöne mußt Du durchgreifen ohne Rücksichten – Der Dank kommt von selbst". Na ja.

14. MÄRZ  ≫ | ## Gestern wurde an der Eisenbahn

ein Individuum angehalten, welches Reisenden Zigarrenpfeifen mit gewissen Photographien zumVerkaufe anbot. Dieser Handel trug ihm ein Freiquartier ein. ≪  IN, Nr. 60, S. 547.

24. APRIL  ≫ | ## Gestern Nachmittags wurde die Marmor-Büste des Georg Erler

am Erker des Mayr'schen Hauses in der Museumsstraße enthüllt. Nebst dem Stadtmagistrate war eine große Menschenmenge versammelt, um dem feierlichen Akte beizuwohnen. Ohne von irgend einer Ansprache begleitet worden zu sein, fiel der Vorhang und die hübsche vom Bildhauer Streicher gearbeitete Büste mit Kränzen und Guirlanden verziert, stellte sich den Blicken der Menge dar. Nach einem Tusche der städt. Musikbande ertönte der Chor der Liedertafel und hierauf spielte erste noch einige Stücke. Herr Baumeister Mayer, der dieses hübsche Monument auf eigene Kosten errichten ließ, hat sich dadurch selbst den schönsten Denkstein gesetzt. Unter der Büste ist eine Marmortafel mit der Inschrift angebracht: In dankbarer Erinnerung an die dauernden Verdienste des Georg Erler, ersten Magistratsrathes von 1829–1848 um die Erweiterung und Verschönerung der Stadt. ≪  IN, Nr. 93, S. 861.

29. MAI  ≫ | ## Wie man vernimmt,

denkt man an maßgebender Stelle bereits daran für den Fall, daß durch die kommenden Ereignisse Innsbruck von Militär gänzlich entblößt werden sollte, ein städtisches Korps zu bilden, das die Wachen und den Sicherheitsdienst in der Stadt zu übernehmen haben wird. Gestern hat in dieser Beziehung eine große

Versammlung von Bürgern hiesiger Stadt beim Magistrat stattgefunden, worin die Gründung einer freiwilligen Stadtwehr zum Sicherheitsdienste der Stadt einstimmig beschlossen wurde, und erklärten sich zugleich sämmtliche Herren zum Eintritte in die Stadtwehr bereit. Ein dießbezüglicher morgen erscheinender Aufruf wird das Nähere darüber mittheilen. « IN, Nr. 121, S. 1109.

2. JULI    »  Gestern kamen die italienischen Kriegsgefangenen,

über 1000 Mann mit 40 Offizieren von Kaiserjägern und Steinacher Landsturmmännern eskortirt, hier durch. Unter der wettergebräunten Mannschaft befanden sich viele hübsche Leute; die Anzüge jedoch boten eine Mannigfaltigkeit, die für reguläre Truppen sehr wunderlich in die Augen fiel. Gestern Nachmittags halb 4 Uhr wurden dieselben mittelst Extrazug über Kufstein nach Oesterreich transportirt. Der zweite Transport Gefangener von circa 1000 Mann langt heute um 12 Uhr Mittags hier an. « IN, Nr. 148, S. 1350.

Liste zur 30jährigen Erinnerungsfeier

an die

Innsbrucker Stadtwehr

im Jahre 1866.

Hauptmann und Corps-Commandant Herr
Carl Adam
Hausbesitzer, Altbürgermeister, Ehrenbürger der Landeshauptstadt Innsbruck 2c., Gründer und Mitglied der Feuerwehr-Rettungsabtheilung im Jahre 1857.

# 1866

21. AUGUST »| Einladung

Diejenigen Studirenden des k. k. Gymnasiums, welche sich in Innsbruck aufhalten, werden höflichst ersucht, heute am 21. August 3 Uhr Nachmittags die Leiche des Studirenden des dritten Kurses Vinzenz Zachistall, zur geweihten Erde zu begleiten. Der Versammlungsplatz ist beim Rößl in der Au. « IN, Nr. 190, S. 1718.

5. NOVEMBER »| Vorgestern Abend kam Se. Majestät König Ludwig I. von Baiern

hier an, nahm sein Absteigquartier im österreichischen Hofe und reiste gestern Abend nach Italien ab. Sein Enkel der regierende König Ludwig II. machte dem noch rüstigen Onkel von Hohenschwangau aus gestern hier im strengsten Incognito einen kurzen Besuch, und reiste Vormittags halb 11 Uhr schon wieder von Innsbruck ab. « IN, Nr. 253, S. 2282.

17. NOVEMBER »| Seit vorgestern sehen wir

in den Straßen und Gassen der Stadt jene zwei Wasserfässer herumführen, welche zum Besprengen der Straßen bei vorhandenem Staub bestimmt sind. Diesmal ist der Inhalt der Fässer nicht mehr bloßes Wasser, sondern eine Eisenvitriol-Lösung. Drei bis vier Arbeiter mit Spritzkannen versehen, begleiten jeden Wagen, füllen ihre Kannen durch Oeffnen des Hahnes mit dem Inhalt des Fasses, um die Aborte und deren Senkgruben zu desinfiziren. Die Sache geht schnell vor sich und bald werden alle Aborte und Gruben desinfizrt sein. Die Eisenvitriol-Lösung wirkt sehr gut, die Aborte werden bald geruchslos. Die Desinfektion erfolgt dermalen wohl zur Verbeugung im Falle des Auftretens der Cholera, es wäre aber sehr wünschenswert, daß die Hauseigenthümer in den Häusern, in welchen sich die üblen Dünste der Aborte bemerkbar machen, dieses sehr billige Mittel öfter anwenden würden. Cholerafall ist in Innsbruck noch keiner vorgekommen und da sich die Witterungs-Verhältnisse völlig geändert haben, scheint auch nichts mehr zu befürchten zu sein. « IN, Nr. 264, S. 2378.

19. DEZEMBER »| Billigst zu haben sind:

Christbaum-Kerzlträger und viele andere als Geschenke geeignete neu angekommene Gegenstände bei Ortner & Stanger. « IN, Nr. 290, S. 2625.

# 1867

gez. v. Obermüllner.                                                    gest.v.Eura

STAFFLACH UND DER JODOC.

Verlag v. Max Ravizzs. in München.

Die Bahnstrecke über den Brenner wurde in zeitgenössischen
Druckgrafiken eindrucksvoll dargestellt. Diese trugen so zur Bekannt-
heit der Strecke bei.

## Der Österreichisch-Ungarische Ausgleich:

*Das österreichische Kaisertum befand sich seit der Revolution
von 1848 in einem innenpolitisch sehr instabilen Zustand. Als
1866 durch die Schlacht bei Königsgrätz der Kampf gegen Preußen
verloren ging, war auch die außenpolitisch-militärische Situation sehr angespannt. So war Kaiser Franz Joseph I. gezwungen,
das Kaisertum in die Doppelmonarchie Österreich-Ungarn umzu-
wandeln und so den ungarischen Staat weitgehend wieder herzustellen.*

*Allerdings blieben zentrale Aufgaben wie die Außenpolitik und
das Militär in einer Realunion verbunden. Das Kürzel k.k. stand
nunmehr für Einrichtungn der westlichen Reichshälfte („Alt-
österreich"). K.u.k. hingegen für gemeinsame Einrichtungen.*

Mariahilf war um 1860 noch am Stadtrand gelegen. Zahlreiche Gewerbebetriebe hatten hier ihren Standort. Auch Lokale von nicht immer einwandfreiem Ruf fanden sich hier.

8. JÄNNER    » | Letzten Sonntag Nacht um 12 Uhr

wurde bei einem Rauf-Excesse in Mariahilf auf offener Straße ein Tischlergeselle aus Mähren von seinem Kameraden am linken Oberschenkel durch einen Messerstich schwer verletzt. Der Thäter wurde noch in der Nacht durch die städt. Sicherheitswache zu Stande gebracht. – Auch wurde in selber Nacht beim Mohrenwirth von einem Schlitten 1 Zentner Kaffee im Werthe von 80 fl. entwendet. Den schnellen eifrigen Nachforschungen der städt. Sicherheitsbehörde gelang es, den Thäter in der Person eines Fabriksarbeiters nebst dem entwendeten Kaffee aufzugreifen. Die Nemesis hat an der Entdeckung des Thäters einen wesentlichen Antheil, da verlorene Kaffeekörner die Spur zum Verwahrungsorte führten. – Gestern wurden die Pferde eines Bierwagens scheu, sprangen durch die St. Nikolaus-Kirchgasse, – während gerade die Schulkinder dieselbe passirten, denen aber auffallender Weise kein Unglück wiederfuhr, – in den s. g. neuen Weg, wo dieselben eine Milchdirne aus Mühlau überfuhren und sie schwer verletzten. Sie wurde in die Wohnung ihres Dienstgebers überbracht. « IN, Nr. 6, S. 48.

13. FEBRUAR    » | Im Monate Jänner l. Js.

wurden beim hiesigen Stadtpolizeiamte verhaftet: wegen Betteln 35 fremde, 7 hiesige Individuen, wegen Bestimmungslosigkeit 37, Trunkenheit 9, Unterstandslosigkeit 3, unsittlichen Lebenswandels 7, Bedenklichkeit, Diebstahls, Betruges etc. 14. Hievon wurden vor die Linie gestellt 44, auf den Schub gesetzt 38 und den Gerichten übergeben 13. Wegen Polizeistunde-Uebertretung wurden 2 gestraft, wegen Uebertretung der Straßen-Polizei-Vorschriften 6 gestraft, 1 verwarnt. Endlich wurden noch gestraft wegen Trunkenheits-Exzesses 4 und wegen Rauf-Exzesses 2. « IN, Nr. 36, S. 328.

» | # Hundesteuer

Der Stadtmagistrat Innsbruck hat folgende Kundmachung erlassen: Mit Beziehung auf § 2. der diesseitigen Verordnung vom 20. Jänner 1865, betreffend der Einhebung der Hundesteuer, wird hiemit bekannt gemacht, daß die Hundesteuer vom 8. bis einschließlich 21. d. Mts. täglich mit Ausschluß der Sonn- und Feiertage von 9 bis 11 Uhr Vormittags und von 3 bis 4 Uhr Nachmittags für das Jahr 1867 im Amtszimmer des städtischen Thierarztes (Fleischbankgebäude ebenerdig) erlegt werden kann. Die Besitzer von Hunden werden daher aufgefordert, diese Steuer für die in ihrem Besitze befindlichen Hunde binnen obiger Zeit umsogewisser zu bezahlen, als sonst nach § 5 und 6 obiger Verordnung gegen selbe vorgegangen würde. Diejenigen, welche im Lauf des Jahres einen Hund einstellen, haben denselben 8 Tage nach erfolgter Uebernahme zu versteuern. « IN, Nr. 81, S. 747f.

» | # Der erste Bahnzug über den Brenner

Heute Morgens um 8 Uhr 5 Minuten ist der erste Bahnzug bestehend aus der Lokomotive, einem Pack-, einem Personen- und einem Inspektionswaggon nach Bozen abgegangen. Um 11 Uhr Mittags wird nun das erste Lokomotive die Höhen des Brenners überfliegen. Das Lokomotiv war mit dem österreichischen und mit dem Tirolerwappen, mit österreichischen und Tirolerfahnen geschmückt. «

IN, Nr. 168, S. 1570.

Karikatur mit Gegenwartsbezug: Die Polizei überwacht das Verhalten, die Moral und das Privatleben.

24. AUGUST　　》 | ### Der letzte Eilwagen

Gestern Abends halb 8 Uhr fuhr der letzte Eilwagen nach Süd-tirol von hier ab. Der älteste Postillon in Innsbruck lenkte die Rosse, sein Hut war mit Trauer umflort, und der Wagen zur letzten Fahrt mit Zweigen von Trauerwei-den geschmückt. Zwei Schützen, die nach Matrei fuhren, waren die einzigen Pas-sagiere, welche dem Eilwagen die letzte Ehre erwiesen. Schon in den letzten Tagen war es auf der schönen, sonst so belebten und nun verödeten Straße auffallend todt. 《　IN, Nr. 193, S. 1796f.

12. SEPTEMBER　　》 | ### Bahnhof-Restauration Innsbruck

Täglich Früh, Mittag und Abends kalte und warme Küche in reicher Auswahl. Stets frisch bereiteter echter Mocca-Café. Alle Gattungen In- und Ausländer-Weine. Märzen-Doppel-Bier (vom Eisapparat) das Krügel 7 kr. Billige Preise, schnelle und gute Bedienung. Achtungsvollst Josef Eiselmeyer. 《

IN, Nr. 209, Extrabeilage, S. 1966.

3. OKTOBER　　》 | ### Postamt im Bahnhofe

Am hiesigen Bahnhofe ist ein k. k. Postamt errichtet worden, das sich mit dem Verkaufe von Briefmarken, gestempelten Briefkouverts, mit der Aufnahme und Abfertigung von Briefpost- und Fahrpostsendungen befaßt. Dessen Wirksamkeit hat am vorgestrigen Tage begonnen. Der Postschluß findet hier am Bahnhof Morgens um 7½ Uhr, Abends um 5 Uhr statt. 《　IN, Nr. 227, S. 2104f.

Eine Kutschenfahrt entlang der Sill. Was jahrhundertelang eine Notwendigkeit war, wurde durch die Errichtung der Eisenbahn innerhalb weniger Wochen überflüssig.

Das erste Postamt befand sich bis zur Errichtung der Hauptpost in der Maximilianstraße 1907 im Taxispalais in der Maria-Theresien-Straße.

**20. NOVEMBER** »  | ## Die zwei Mädchen,

welche gestern das gräßliche Unglück hatten, in siedende Lauge zu fallen, sind am selben Tage gestorben. Das eine war 3, das andere 6 Jahre alt; ihre Mutter, eine arme Wittwe, hatte sie auf das Brett, mit welchem der Laugenbottich zugedeckt war, gesetzt, um neben ihnen arbeiten zu können, – da balgten sich die beiden Kinder um ein Stück Brod, das Brett rutschte auf die Seite, und das Unglück war geschehen. […] « IN, Nr. 267, S. 2471.

**3. DEZEMBER** »  | ## Schwimmschule

Wie wir hören, soll in der nächsten Zeit im Bürger-Ausschusse die Frage wegen Erbauung einer neuen städtischen Schwimmschule wieder auf die Tagesordnung kommen. Die Väter der Stadt dürfen überzeugt sein, daß sie allseitigen Dank ernten, wenn sie diesem dringenden Bedürfnisse abhelfen. Da zu Eisenbahn-Betriebs-Zwecken der Villerbach unterhalb der Gluirsch über die Sill und durch den Berg-Isel-Tunnel nach dem Bahnhofe geleitet worden ist, dürfte es vielleicht nicht schwer halten im freundlichen Einvernehmen mit der Südbahn-Gesellschaft, die Schwimmschule mit dieser Wasserleitung auf irgend einer Weise in Verbindung zu bringen. Das Wasser eignet sich zu diesem Zwecke vollkommen und die Lage in der Nähe des neuen Stadttheiles wäre für eine Schwimmschule die günstigste, die um Innsbruck gefunden werden könnte. « IN, Nr. 278, S. 2576f.

# 1868

Abbildung einer neuen Banknote von Fünf Gulden.

Die wirtschaftliche und vor die allem finanzielle Situation der Monarchie war immer sehr schlecht. Die Einsparungen beim Militär waren ein Hauptgrund der vernichtenden Niederlage bei Königgrätz.

---

31. JÄNNER   »» | Balgerei

Gestern Abend um 5 Uhr geriethen zwei ihrer Kleidung nach den besseren Ständen angehörige Italiener, wie sie durch die Universitätsgasse gingen, aus einem Wortwechsel in eine hitzige Balgerei, und schlugen sich eine Zeit lang auf offener Gasse zur Belustigung des schnell versammelten Publikums auf höchst unschädliche Weise mit ihren Regendächern und mit Ohrfeigen herum, bis ein dazugekommener Landsmann die Combattanten trennte, und ihre erhitzten Gemüther zu beruhigen suchte. «« IN, Nr. 25, S. 216.

---

14. FEBRUAR   »» | Städtische Kontrolle

Gestern war das Gerücht verbreitet, ein Bediensteter des hiesigen Magistrates habe sich seit etlichen Jahren Unterschleife zu Schulden kommen lassen und soll sich das im Laufe der Zeit veruntreute Geld auf etliche Tausend Gulden beziffern. Leider hat sich das Gerücht bestätigt, und ist der Betreffende bereits festgenommen. Da dieses nicht der erste Fall ist, daß unsere städtische Behörde durch längere fortgesetzte Veruntreuungen zu Schaden kommt, und dieselbe in dieser Beziehung ihr Lehrgeld schon gezahlt hat, so frägt sich das Publikum mit Recht erstaunt, ob bei unserer städtischen Kammer in Bezug auf Geldgebahrung gar keine Kontrolle existirt, oder, wenn es eine solche gibt, wie selbe gehandhabt wird, daß solche Fälle möglich sind. «« IN, Nr. 37, S. 325.

## »| Schwimmschule

Die Reparirung der ehemaligen Schwimmschule in Büchsenhausen schreitet mir raschen Schritten ihrem Ende zu, und es dürfte der Eröffnung der Schwimmschule bis 1. Mai kein Hinderniß entgegenstehen. Der Eingang in dieselbe ist jetzt gleich bei der Ausgangsstiege, und an der Stelle der hier gestandenen Planke steht eine Mauer. Daselbst werden auf der Innenseite Badehütten aufgestellt. Das Bassin ist auf der Seite gegen Hötting beinahe um 2 Klafter verlängert worden, und anstatt des Bretterbodens für Nichtschwimmer ist jetzt in gleicher Tiefe ein steinerner Boden, dessen Grenze gegen die Tiefe durch ein festes Geländer angezeigt wird. Das Trambulin und der aus 2 Abtheilungen bestehende Sturz scheinen gleich beim jetzigen Eingang angebracht zu werden. Die Vorrichtung zum Abfließen des Wassers ist derartig, daß in kürzester Zeit das Bassin geleert sein kann; der Einfluß geht auf gleiche Weise und wahrscheinlich auch in gleicher Menge wie früher vor sich. Immerhin kann das schwimmlustige Publikum den Herren Nißl und Kreutner Dank wissen, daß sie sich desselben in anerkennenswerthester Weise angenommen haben, obwohl wir andererseits nicht hoffen, daß der löbliche Magistrat mit dieser provisorischen Vorkehrung auch die Schwimmschulfrage einschlafen zu lassen gedenke, da diese Schwimmschule doch nie den gewiß bescheidenen Ansprüchen der Innsbrucker Schwimmer genügen kann, wegen Mangel an Raum und an Zufluß. « IN, Nr. 80, S. 732f.

Nicht jede junge Dame im Badeanzug vermittelt auch den Eindruck, dass sie wirklich schwimmen geht. Das ist bis heute so.

9. MAI  »» | Kundmachung

Die Eröffnung der städtischen Schwimm- und Bade-Anstalt am Gießen wird am 15. d. Mts. erfolgen, und deren Benützung am Montag, Mittwoch und Freitag jeder Woche von 2 bis 5 Uhr Nachmittags ausschließlich für die k. k. Militärmannschaft, an den übrigen Tagen und Stunden jedoch von 11 Uhr Vormittags bis 8 Uhr Abends für das Publikum frei bleiben, was vom Stadtmagistrat Innsbruck hiemit öffentlich bekannt gemacht wird. «« IN, Nr. 107, S. 999.

23. MAI  »» | Täglich frisches Gefrornes

in verschiedenen Gattungen von 5 Uhr Früh bis 12 Uhr Nachts, die Portion zu 12 kr., 6 Portionen 68 kr., 12 Portionen nur fl. 1.30. Auch empfiehlt Unterzeichneter Gefrorenes in verschiedenen Formen, z. B. Blumen, Obst, Henne im Nest, Amor im Blumenbett etc. etc., geeignet für Verlobungen, Hochzeiten etc. etc., mit vorheriger Bestellung billigst und prompt besorgt. Ferner empfehle ich mich in allen Gattungen Torten, Confecturen, eingesottenen Früchten, Säften, Sulzen, Essenzen, Chocoladen, Bon-Bons, Liqueuren, Dessert- und Tafelweinen zu den billigsten Preisen. Um recht zahlreiche Abnahme bittet Gustav Katzung, Conditor, Stadtplatz unter den Lauben. «« IN, Nr. 118, S. 1115.

Das Katzung war und ist bis heute eine Institution unter den Kaffeehäusern der Stadt.

Diese Druckgrafik vermittelt einen romantischen Eindruck der Stadt und der Innbrücke.

7. JULI  ≫ | ## Floß gescheitert

Heute Früh um dreiviertel 8 Uhr ereignete sich wieder der Fall, daß ein mit Holz beladener Floß an unserer Innbrücke scheiterte. Derselbe war nämlich gerade, als die darauf Befindlichen die Landung hinter dem Innrain bewerkstelligen wollten und auch bis auf 3 Weibspersonen schon am Ufer waren, losgekommen und trieb gegen die Brücke zu. Bevor er diese erreichte, konnten die 3 Weiber jedoch durch die Bemühungen eines Mannes, welcher im Momente, als der Floß losgekommen, auf denselben gesprungen war, gerettet werden, während der Mann selbst erst bei der Brücke, nachdem der Floß gescheitert war, heraufgeholt werden konnte. Die Trümmer des Floßes und der Ladung wurde theilweise beim Löwenhause wieder aufgefangen. ≪ IN, Nr. 153, S. 1464.

14. JULI  ≫ | ## Bürgerausschuß-Sitzung vom 13. Juli

Anwesend 20 Mitglieder. [...] Herr Dr. Glatz macht auf die Feuchtigkeit der Viaduktbogenwohnungen aufmerksam, welche wahrscheinlich dadurch entsteht, daß die die Wände der Wohnungen bildenden Steinpfeiler nur mit hydraulischem Kalk verworfen werden, während in jenen Wohnungen, wo die Steinpfeiler mit einer Lattelwand verkleidet sind, dieser Uebelstand nicht zu finden ist und ersucht im sanitätspolizeilichen Interesse bei der Bewilligung zum Bau neuer Viadukt-Wohnungen darauf das Augenmerk zu richten, daß diesem Uebelstande abgeholfen werde. Hierauf wurde die Sitzung geschlossen. ≪ IN, Nr. 159, S. 1515f.

5. OKTOBER  ≫ | ## Großes Wasser

Gestern endlich hat sich der lästige Sirokko, der die letzten Tage uns mit seinem lauen Hauche nicht wenig belästigte, gelegt, und an seiner statt uns einen andern, aber etwas angenehmeren Gast, in der Gestalt eines lang ersehnten Regens geschickt. Der warme Südwind muß mit dem lauen Regen bedeutend unsere nächsten Ferner abgespült haben, denn sie entsandten eine Menge von Wasser, so daß wir gestern in der Stadt und auf dem Lande eine hübsche Ueberschwemmung hatten. In der Nähe der Abdeckerwohnung und der ärarischen Heumagazine trat die Sill aus ihren Ufern und überschwemmte einen Theil des dortigen Saggen und die Felder gegen die Reichenau zu, und blieb in dieser Höhe während des ganzen Tages und der Nacht. Es war das Austreten der Sill an dieser Stelle eine Seltenheit. Ein Theil der Verschallung der Pradlerbrücke wurde fortgerissen, und zur Abwehr der mächtigen Bäume, die die Sill daherbrachte, mußten an der Brücke sogenannte Schlenzbäume angebracht werden. An der Brücke bei Wilten arbeitete man gestern die ganze Nacht, um das Wasser von den dort stehenden Häusern abzuwehren, welche alle in großer Gefahr standen. Bäume in der Länge von 40 bis 50 Fuß, Brückenbestandtheile und unverkennbare Tennen- und Schupfenbäume trieben auf der hochgehenden und tosenden Sill daher. Von gestern um halb 8 Uhr bis gegen 10 Uhr stieg noch dies Wasser und erreichte mit seinen Wellen die Brücke am Gasometer. [...] ⟨⟨ IN, Nr. 228, S. 2156.

10. DEZEMBER  ⟩⟩ | ## Gilm's Leichenfeier

Nachdem der Sarg mit den irdischen Resten des vaterländischen Dichters Hermann v. Gilm gestern Abends in Innsbruck eingetroffen, wurde derselbe in der Landhaus-Kapelle ausgesetzt und wird von da heute um halb 6 Uhr Abends in feierlicher Weise nach dem städtischen Gottesacker übertragen. Das unterzeichnete Comité erlaubt sich daher nochmals zur Theilnahme an dieser wahrhaft patriotischen Feier einzuladen. Das Comité für das Gilm-Denkmal. ⟨⟨ IN, Nr. 284, S. 2711.

Hermann von Gilm (1812–1864) war ein bedeutender Dichter, der aber auch in seinem Brotberuf als Jurist mit Zuständigkeit für Theater große Zensur-Eingriffe verhinderte.

# 1869

Der Sillkanal als Energielieferant für die zahlreichen Mühlen und Hammerwerke war einer der bedeutendsten Wirtschaftsfaktoren. Hier zu sehen die Hofmühle in der Sillgasse.

25. JÄNNER  »  ## Die große Kälte

macht sich auf allerlei unangenehme Weise bemerkbar. So war vorgestern Abends eine Ritsche in der untern Sillgasse abgefroren, und verursachte eine kleine Ueberschwemmung. Gestern Abends fror ein Ritschenkanal unterhalb der Annasäule in der Neustadt ab und staute das Wasser bis auf die Straße. Der Kanal der hiesigen Spinnerei ist an der Brücke gegen den Gasometer bereits abgefroren. Der Wurmbach in Mühlau macht den dortigen Fabrikanten wenig Freude, und sein geringer Wasserstand läßt darauf schließen, daß oberhalb Mühlau dieser Bach abgefroren sei. Der Inn macht vollends Anstalt, sein Ufer mit Eis zu verbinden, und wir werden bei Fortdauer dieser Kälte den Inn ganz zugefroren sehen.  «  IN, Nr. 19, S. 180.

5. FEBRUAR  »  ## Eine Reparatur am Holzrechen

wird derzeit vorgenommen, es wird nämlich unter dem Rechenthor das Pflaster reparirt. Der Inn ist zu diesem Ende durch einen von dieser Stelle bis in seine Mitte reichenden Damm abgesperrt.  «  IN, Nr. 28, S. 269.

6. FEBRUAR  »  ## Die gestrige Bürgerausschuß-Sitzung

war eine der gewichtigsten seit langer Zeit; wie bedeutungsvoll sie war, erhellte zur Genüge aus der durch die öffentlichen Blätter bekannt gemachten Tagesordnung. Die Mitglieder des Ausschusses hatten sich sehr zahlreich eingefunden, es waren deren 30 anwesend, hingegen wenig, sehr wenig Interesse zeigte sich für die Verhandlungs-Gegenstände von Seite der Bürgerschaft Innsbrucks. Das Publikum bestand aus zwei, sage zwei Köpfen! und doch wurden theils Gegenstände verhandelt, die die vitalsten Interessen der Stadt berühren, wie z. B. die Vergrößerung des Stadtspitales zur Errichtung einer medizinischen Fakultät, theils solche, für die sehr lebhaft agitirt wurde, wie z. B. die städtische Schwimm- und Badeanstalt. Zum Beginn der Sitzung erstattete Herr Bürgermeister Bericht über die Erfolge der an das a. h. Hoflager angegangenen Deputation, um einen Beitrag zur Erbauung eines neuen, den Anforderungen der Gegenwart entsprechenden Spitals-, Gebär- und Findelhauses zu erbitten. [...] « IN, Nr. 29, S. 276f.

Ein Ausblick auf spätere Zeiten: Die Höttinger Riedgasse mit ihren damals noch schindelgedeckten Hausdächern und der ungepflasterten Straße.

10. MÄRZ  »  ## Feuerlärm

Gestern Nachmittags um 1 ¾ Uhr ertönte vom Thurme zu St. Nikolaus das Sturmsignal. Es war nämlich im Höttingerried im sog. Tischlerhause in der Küche ein Feuer ausgebrochen, welches durch den Kamin hinauf brannte. Durch rechtzeitiges Verstopfen des Kamins mit Rupfen und Schnee gelange es, das Feuer zu ersticken, welches wahrscheinlich durch Abspringen eines Funkens vom offenen Herde auf die in der Küche liegenden Hobelscheiten entstanden sein dürfte. « IN, Nr. 56, S. 561.

14. APRIL >> | ## Zugsverspätung

Der gestrige Postzug Nro. 6 kam mit einer Verspätung von ½ Stunde in Innsbruck an. Die Ursache ist, daß der Maschinenführer vor der Station Kirchbichl durch eigene Unvorsichtigkeit von der Maschine stürzte und sich in einem noch nicht bestimmbaren Grade verletzte. « IN, Nr. 83, S. 865.

24. MAI >> | ## Ein Rothkelchen

hat sich von der Pfarrgasse verflogen, wenn es eingefangen worden ist, wird ersucht, selbes gegen gute Belohnung bei der Expedition dieses Blattes abzugeben. « IN, Nr.115, S. 1229.

9. AUGUST >> | ## Leichenbestattungs-Anstalt

Wie das hiesige „Tagblatt" vernimmt, soll demnächst in Innsbruck eine Leichenbestattungsanstalt ins Leben treten. Der Unternehmer, ein hiesiger Bürger, soll sich die in Wien seit etwa zwei Jahren zur allgemeinen Zufriedenheit wirkenden derartigen Anstalten zum Muster genommen haben und würde demnach Alles und Jedes besorgen, was vom Augenblicke des eingetretenen Todesfalles bis zum Ende der Beerdigung erforderlich ist. Die Besorgung der Leichenbestattung erfolgt nach verschiedenen Klassen, worüber ein Plan angefertigt wird, so daß die Parteien sich genau informiren und bestimmen können, wie sie die Leichen ihrer Angehörigen behandelt haben wollen, und ebenso, was sie für Kosten haben. [...] « IN, Nr. 179, S. 1837f.

# 1869

21. SEPTEMBER »| Abfahrten von den Almen

Seit einigen Tagen schon sind einzelne Truppen Alpenviehs durch unsere Stadt gezogen, und unsere anwesenden Gäste können sich mit eigenen Augen von der Originalität dieser Abfahrt des Alpenviehes überzeugen. So sah man gestern Abends um 4 Uhr das gesammte Vieh aus den Höttinger-, Mühlauer- und Arzlerbergen in größtmöglichstem Pompe durch die Kaiserstraße ziehen, begleitet von 6 bis 7 Sennerjungen, Burschen in voller Nationaltracht. Es wäre wahrlich der Mühe werth gewesen, diese Abfahrt bekannt zu geben, da man hier heimkehrendes Alpenvieh in solcher Anzahl und mit diesem wirklich originellen Aufputze jetzt nicht sobald mehr sehen dürfte. Es war zum Staunen, welche Menge Viehes in diesen Bergen sich aufhalten konnte. « IN, Nr. 215, S. 2194.

24. SEPTEMBER »| Zur Ehrenrettung

des hiesigen Packträger-Institutes des Herrn Winkler müssen wir berichten, daß der Koffer, welcher vor einigen Tagen als abhanden gekommen im „Tiroler Boten" ausgeschrieben war, nach vielem Suchen aufgefunden wurde und zwar im österreichischen Hof, wohin er von Leuten der Expreß-Kompagnie irrig verführt worden war. Der Packträger, welchem das Verschulden zur Last gelegt worden war, hatte sich schon ein Leid anthun wollen, woran er nur durch das rechtzeitige Dazwischenkommen seines Sohnes verhindert wurde. « IN, Nr. 218, S. 2219f.

Es sollte niemand behaupten, dass Almabtriebe als Touristenspektakel eine Erfindung des 20. Jahrhunderts seien. Auf der Höttinger Alm scheint auf dieser Aufnahme das Vieh ebenfalls bereits im Tal zu sein.

Höttinger Alpe mit Frau Hitt und Brandjoch

*Tyrol.*

Eine Sennerin in Tracht vor einer stilisierten Darstellung des Dorfes Hötting, auf der aber mehrere wichtige Gebäude erkennbar sind.

23. OKTOBER ›› | ## Kegelbestscheiben

Morgen und übermorgen beim Sternwirth in Arzl. Hauptbest ein Widder und 5 weitere Gewinnste, wozu einladet Franz Stern. ‹‹ IN, Nr. 243, S. 2448.

1. DEZEMBER ›› | ## Der Namenlose Verein

zur geselligen Unterhaltung wurde gestern Abends noch bevor er sich seines Daseins hätte erfreuen können, wieder zu Grabe getragen. Mangel eines entsprechenden Lokales, nachdem sich gezeigt hatte, daß der Saal in der goldenen Sonne sich nicht mehr zur Tanz-Unterhaltung eigne, war die Schuld, daß der noch nicht Geborne schon zu Grabe getragen werden mußte. ‹‹ IN, Nr. 275, S. 2761.

28. DEZEMBER ›› | ## Anzeige

Bei mir werden billige Herrenkleider verkauft, gegen alte umgetauscht und alte Kleider zu den höchsten Preisen angekauft. David Preuss, untere Innbrückenstraße beim „goldenen Kreuz". ‹‹ IN, Nr. 296, S. 2992.

# 1870

Die Ottoburg
von der Innbrücke
her gesehen.

7. JÄNNER »| ## Von jetzt an bis Aschermittwoch
täglich zu haben: Faschings-Krapfen in gewohnter Güte in der Conditorei Gfall am Ursulinergraben. « IN, Nr. 4, S. 32.

4. FEBRUAR »| ## Erfroren
Gestern Morgens wurde im s. g. Jägerhause – von Biener's Zeiten her noch so benannt – bei Büchsenhausen, ein altes Weib auf ihrem Lager, das sie in einem hundestallähnlichen Lokale dort aufgeschlagen hatte, erfroren aufgefunden. Sie hatte, wie zu entnehmen war, Schnaps getrunken, um sich zu erwärmen, und sich höchst wahrscheinlich den Tod dadurch herbeigezogen. « IN, Nr. 27, S. 244f.

9. MAI »| ## Stadtverschönerung
Unser Magistrat fängt nun an einen bedeutenden Schönheitssinn zu bethätigen. Da er denselben bei der Fankhauser Schmiedhütte in Mariahilf leider nicht ausüben konnte, so geschieht es auf andere Weise. Nicht etwa, daß das goldene Dachlgebäude einen neuen Anstrich bekommt, obwohl andere Hauseigenthümer zum Anstreichen ihrer Häuser aufgefordert werden, aber auf dem Stadtplatz wurde einen neue porphyrene Brunnensäule aufgestellt und vielleicht wiederfährt ein gleiches Schicksal auch dem wackligen Josefsbrunnen in der Neustadt, was gewiß nicht überflüssig wäre. Ferner wurde am Platze vor der Pfarrkirche eine hübsche Anlage durch den kaiserl. Hofgärtner hergestellt. Die Uhr am neuen Schulgebäude wird auch hie und da Abends beleuchtet, warum es nicht alle Tage geschieht, wis-

sen wir nicht. Schließlich möchten wir noch den Wunsch aussprechen, daß bei der Anlegung der neuen Angerzellstraße darauf Rücksicht genommen werden möge, daß ein öffentlicher Zugang in die Neustadt hinüber allenfalls bei der goldenen Sonne ermöglicht werde, was nicht so schwierig sein dürfte. « IN, Nr. 104, S. 995.

9. JUNI    » | ## Geschäfts-Empfehlung
Unterzeichneter mache die ergebenste Anzeige, daß ich das frühere Scharmer'sche Geschäft in Pradl betreibe. Jederzeit sind billige Beschläge und Blecharbeiten in Vorrath. Auch übernehme ich jede Art von Maschinen-Reparaturen. Gefällige Aufträge nimmt entgegen Herr Schuhmachermeister Lechle Nro. 82 unter den Lauben. Für billige und dauerhafte Arbeit garantirt Jakob Müller, Schlossermeister in Pradl. « IN, Nr. 129, S. 1246.

7. JULI    » | ## Wähler-Versammlung
Aus Anlaß der bevorstehenden Landtagswahl zu Innsbruck werden die verfassungsfreundlichen Wähler von den Unterzeichneten zu der schon vorläufig angekündigten Besprechung eingeladen, welche am Samstag den 9. Juli im hiesigen großen Redouten-Saale um 8 Uhr Abends stattfindet. Innsbruck, den 5. Juli 1870. [...] « IN, Nr. 151, S. 1449.

3. AUGUST    » | ## Eingesandt
Es hat den Anschein, daß seit einigen Tagen der untere Stadtplatz der Tummelplatz jener Individuen geworden ist, welche, nachdem sie wegen eingetretener Polizeistunde in den Gasthäusern abgeschafft wurden, glauben ihre besoffenen Metten alldort fortführen zu können. Schon zum öftern ist es nun vorgekommen, daß tief in die Mitternacht hinein, deutsche und italienische Serenaden auf die unliebsamste Weise, und derart gebracht wurden, daß sich hierob hätten Steine erweichen – oder die aus dem Schlafe aufgestörten hätten glauben können, es zögen schon die kampfeslustigen Franzosen von Kufstein gegen unsere Stadt heran. So war es gerade auch wieder die verflossene Nacht, in welcher ein glückliches und doppelt entflammtes Paar, welches, nebenbei bemerkt, sich voraussichtlich in den Armen der Liebe verspätet hat, noch um 2 Uhr nach Mitternacht streitend einen kannibalischen Lärm machte, bis endlich ein gleichfalls aus dem Schlafe Gestörter, selbes zur Ruhe wies, und seinen Zweck auch dahin erreichte, daß diese lärmenden und die Ruhe störenden Individuen, nachdem sie noch einige kernhafte Schimpfworte ausgestoßen hatten, sich entfernten. Zum größten Ueberflusse heulte auch noch ein größerer Hund sein Klagen recht unheimlich in die Nacht hinein. Möchten doch die betreffenden Organe, deren Obliegenheit ist die Ruhe und Ordnung aufrecht zu erhalten, ihr Augenmerk dorthin richten. « IN, Nr. 174, S. 1660.

# 1870

17. OKTOBER »| ## Die Ankunft der Kaiserin

Ein reges Leben herrschte vorgestern in Innsbruck. Schon Nachmittags zogen die Leute schaarenweise durch die geschmückten Straßen, um die Dekorationen, an welche eben die letzte Hand gelegt wurde, zu beschauen. Um 3 Uhr bezog eine Kompagnie von Kaiserjägern mit klingendem Spiele die Wache in der k. k. Hofburg. [...] Gegen 7 Uhr verkündeten die Kanonen auf Schöneck abermals die Ankunft eines Eisenbahnzuges und abermals antworteten allsogleich die Pöller von Nah und Ferne. Dieses Mal war es kein Verkennen des Zuges mehr. Schlag 7 Uhr fuhr Ihre Majestät die Kaiserin in die Bahnhofhalle ein, in der die Wiltener Musikbande die Volkshymne anstimmte. Das gewöhnliche Austritts Lokale aus der Einfahrtshalle war in einen geschmackvoll mit Blumen und Gaslustern gezierten Salon umgestaltet. Dort hatten sich der Herr Bürgermeister, der Landeshauptmann und der Statthalterei-Leiter Hofrath Baron Ceschi zum Empfange der Kaiserin eingefunden. Ohne Aufenthalt bestieg Ihre Majestät die Erzherzogin Marie Valerie zu Sich in den Wagen nehmend, die bereit gestandene Hofequipage und fuhr langsamen Schrittes durch die Bahnhofstraße, Margarethenplatz, Landhausgasse, Neustadt, Stadtplatz, Hofgasse und Rennplatz durch das untere Thor in die Hofburg ein, begleitet vom fortwährenden Hochrufen der in den Straßen dicht gedrängten Menschenmenge. [...] « IN, Nr. 236, S. 2251-2253.

7. DEZEMBER »| ## Evangelischer Gottesdienst in Innsbruck

Morgen Donnerstag den 8. ds. wird Herr Pfarrer Aumüller (aus Salzburg) im österreichischen Hofe den regelmäßigen Gottesdienst abhalten, wozu alle Protestanten hiemit eingeladen werden. Beginn des Gottesdienstes 9 ½ Uhr Vormittags. Der Vorstand. « IN, Nr. 279, S. 2680.

Die bis heute so beliebte Kaiserin Elisabeth, „Sissy", scheint eine doch recht „coole" Persönlichkeit gewesen zu sein. Berichte über sehr kurz gestaltete Aufenthalte sind öfters zu finden.

# 1871

Eine Darstellung aus glücklicheren Tagen. Die Ehe des kaiserlichen Paares verlief nicht viel anders, als man es heute bei sog. Promis mitverfolgen kann.

2. JÄNNER    »» | Bekanntmachung
Die Ankunft Sr. Majestät des Kaisers wird heute um 5 Uhr 40 Min. Abends erfolgen und durch Pöllerschüsse signalisirt werden, daher die Ausführung der Beleuchtung rechtzeitig veranlaßt werden wolle. Die Serenade und der Fackelzug beginnt um 7 Uhr Abends. Die Zusammenkunft zur Entgegennahme der Fackeln im Universitätsgebäude erfolgt um 6½ Uhr, daher jene Herren, welche sich beim Fackelzuge betheiligen, eingeladen werden, um diese Stunde sich im Universitätsgang einzufinden. «  IN, Nr. 1, S. 4.

20. FEBRUAR    »» | Brückenbau
Mit dem Einschlagen der Grundpfähle für die 2 Pfeiler der neuen Brücke wird emsig fortgefahren und sammeln sich alle Tage, besonders Nachmittags, immer eine Menge Zuschauer auf der Nothbrücke, um dem regen Treiben der Arbeiter zuzusehen. Leider kam vor einigen Tagen ein Unfall vor, indem ein Arbeiter durch Loßreißen eines Seiles eine Verletzung erlitt. Um die Grundlagen der alten Brückenpfeiler zu beseitigen, werden jetzt Dynamitsprengungen vorgenommen. «  IN, Nr. 41, S. 461f.

3. MÄRZ

## » Feier des Friedensschlusses

An die Bürgerschaft Innsbrucks, an die Mitglieder des konstitutionellen Vereins, an die Akademiker, die Mitglieder der Liedertafel, des Turnvereines, ergeht hiemit die freundliche Einladung, an dem Fackelzuge theilzunehmen, welcher zur Feier des Friedensschlusses von einem Comité von Bürgern veranstaltet wird, und heute Abends 7¼ Uhr von der Universität seinen Ausgang nimmt. « IN, Nr. 51, S. 556.

9. MAI

## » Städtisches

Gegenwärtig wird von Seite des k. k. Bauärars eine neue Art von Straßenpflasterung in der Universitätsgasse und zwar an deren oberen Ende vor der Klosterkaserne in Anwendung gebracht, welche nicht nur praktisch sein dürfte und darin besteht, daß der Länge nach in den Straßenboden mehrere Reihen von einem Schuh breiten Granit Steine eingelassen werden, welche von einander wieder über einen Schuh abstehen. – Nächstens wird auch das Trottoir beim alten Landhause in der Landhausgasse erweitert werden, dies wird aber wahrscheinlich in dieser Gasse für heuer die einzige Neuerung und Verschönerung bleiben, denn der Winkel beim Albaneder'schen Hause scheine eine Unrathsablagerungsstätte bleiben zu sollen, während es doch ganz passend wäre, dort eine kleine Anlage mit Gesträuchen u. dgl. anzubringen und die der Landhausgasse zugekehrte Facade des alten Landhauses auch nicht sobald harmonirend mit der Hauptfacade hergestellt zu werden scheint. Wahrscheinlich wird die zweierlei Färbung der Außenseite des Gebäudes beibehalten als Symbol der 2 Partheien, die zur Zeit des Landtages in dessen Innerem auch nicht zusammen harmoniren. [...] « IN, Nr. 106, S. 1152.

Die Pflasterung der Straßen hatte vor allem den Zweck, die enorme Staubbelastung zu reduzieren. Aber auch das Landhaus in der heutigen Meranerstraße scheint viel Staub aufgewirbelt zu haben.

Badeanstalten waren nach Geschlechtern getrennt, und ein Bademeister
wie hier im Hintergrund wachte über die Sicherheit der Badegäste.

19. JUNI  》 | ## Städtische Schwimmschule
Die Temperatur des Wassers ist ungeachtet der verflossenen
kalten Tage jetzt eine sehr angenehme, 16 Grad R., dabei ist das Wasser sehr rein.
Die Zahl der Abonnenten beträgt bis jetzt 70. – Hiebei könnte bemerkt werden, ob
denn in den Kabinen keine Kämme spendirt werden, Spiegel sind dort? In allen
anderen Schwimmschulen sind solche vorhanden. 《 IN, Nr. 137, S. 1528.

20. JUNI  》 | ## Eine Ueberschwemmung,
wie sie hier schon lange nicht mehr erlebt worden sein mag,
hat gestern unsere Stadt unter Wasser gesetzt. Der fürchterlich tobend daherbrau-
sende Inn war im Laufe des Tages bis Mitternacht noch fortwährend im Ganzen
um 2½ Schuh gestiegen, so daß nach und nach immer mehr Theile der zunächst
liegenden Gassen und Straßen überfluthet wurden. Im Innrain, wo man Mittags
noch trockenen Fußes bis zur St. Johanniskirche gehen konnte, reichte das Wasser
Nachmittag um 6 Uhr schon bis zum Bier Waastl, um 9 Uhr bis zur Fleischbank und
um 11 Uhr floß es gar vom Ursulinenplatz ab längs der Innkaserne zurück in den
Stadtplatz. Um Mitternacht, wo der höchste Stand erreicht war, waren außer dem
Innrain, Mariahilf, die untere Innbrückenstraße und St. Nikolaus unter Wasser, der
Stadtplatz von der Ottoburg an bis zum Magistratsgebäude, die Bäckerthor-, Schul-,
Ballhaus und Seilergasse, die Badhausgasse, der ganze Innquai und die englische
Anlage. […] 《 IN, Nr. 139, S. 1537.

1. Original-Bauernspieler-Gesellschaft in Pradl bei Innsbruck u. Adambräu
Direktion Weiss

Aus der Tiroler Tradition der Bauerntheater entstanden später Bühnen wie die Exl-Bühne, die im gesamten deutschsprachigen Raum aufgetreten ist.

22. JULI  »  ## Sommer-Theater in Pradl

Die angekündigte letzte Aufführung: „Das Zauberschloß" mußte wegen Erkrankung zweier Mitglieder am vergangenen Sonntag unterbleiben und wird nun morgen stattfinden. Alles Günstige, was bisher über dieses lustige und erheiternde Zaubermärchen gesprochen und berichtet wurde, werden die Besucher der morgigen Vorstellung bestätigt finden und wünschen dem Verfasser des amüsanten Stückes und Pächter der heuer mit so viel Aufwand von Mühe und Opfer geleiteten Bühne nach langer Pause wieder einmal ein recht volles Haus. « IN, Nr. 166, S. 1788.

5. AUGUST  »  ## Todes-Anzeige

Am 4. August ist Hugo Zachistal, Schüler der II. Gymnasial-Klasse, gestorben. – Die Beerdigung ist Sonntag den 6. August um 3 Uhr Nachmittags vom Hause Nro. 425 untere Innbrückenstraße aus auf den Mariahilfer Friedhof. – Es werden hiemit seine Studiengenossen freundlichst eingeladen, ihm die letzte Ehre zu erweisen. « IN, Nr. 178, S. 1907.

16. OKTOBER  »  ## Die Ankunft

Ihrer Majestät der Kaiserin und der Erzherzogin Valerie erfolgte vorgestern ¾ 7 Uhr Abends mittelst Separattrain. Alle offiziellen Empfangsceremonien waren verboten worden und nur der Herr Statthalter Graf Taaffe hatte sich in

Civil am Bahnhofe eingefunden. Ihre Majestät fuhr in dem bereitstehenden Hof-
wagen in die Burg, vor welcher die Nachmittags als Wache aufgezogene Kompagnie
von Maroicic-Infanterie aufgestellt war und die bei der Ankunft die vorgeschrie-
bene Ehrenbezeugung leistete. Die Abreise der Kaiserin nach Bozen geschah gestern
Vormittag um 9¼ Uhr wieder mit Separatzug. Zum Abschiede hatte sich wieder
der Herr Statthalter in Civil am Bahnhofe eingefunden. Die drei Lieblingshunde
der Kaiserin begleiteten dieselbe auch heuer wieder nach Meran. 〉〉 IN, Nr. 237, S. 2499.

2. DEZEMBER 〉〉 | Schnelle und sichere Vertilgung
der Ratten u. Mäuse durch das von Sr. Majestät dem Kaiser
Franz Josef I. durch ein ausschließendes Privilegium ausgezeichnete Rattengift.
Echt zu beziehen in Innsbruck bei Alois Rainer, Neustadt ober der Spitalskirche.
〈〈 IN, Nr. 277, S. 2935.

11. DEZEMBER 〉〉 | Bank für Tirol und Vorarlberg
Vom Ministerium ist der Bank für Oberösterreich und Salzburg
die Bewilligung zur Errichtung einer Aktien-Gesellschaft unter der Firma „Bank
für Tirol und Vorarlberg" mit dem Sitz in Innsbruck bewilliget und sind deren Sta-
tuten genehmiget worden. 〈〈 IN, Nr. 283, S. 3024.

Noch wurden Geschäfte mit einfachen Rechnungen abgewickelt.
Binnen weniger Jahre sollten prachtvolle Prunkformulare
das Bild dominieren.

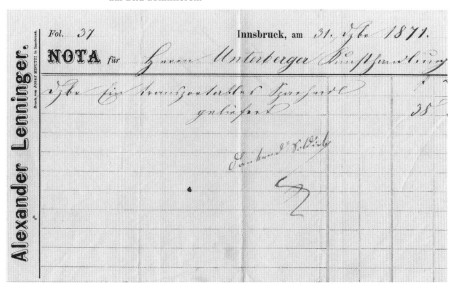

# 1872

9. JÄNNER »|## Neues Monument

In der linksseitigen Mittelarkade des städt. Friedhofes ist kürzlich in der Gugler'schen Grabstätte ein vom tirol. Bildhauer Grißemann ausgeführte Statue, den auferstandenen Christus darstellend, aufgestellt worden, die jedoch nicht gerade als Meisterwerk des Genannten bezeichnet wird. [...] « IN, Nr. 6, S. 52.

18. APRIL »|## Riesen-Generation

Bei der gestern hier stattgefundenen Assentirung zur Reserve und den Landesschützen wurden unter etlichen 70 Jünglingen des Stadtbezirkes nur 17 als zur Reserve körperlich tauglich befunden. Wohl ein trauriger Beleg wie nothwendig es war, daß die neuen Schulgesetze auch der körperlichen Ausbildung der Jugend die ihr gebührende Rücksicht erweisen. « IN, Nr. 88, S. 951.

25. APRIL »|## Aviso!

Verkauft wird in der Schaubude vor dem Fleischbank-Gebäude während des kurzen Aufenthaltes: 1. Ein ganz gut abgerichteter Affe, womit jedes Kind spielen kann. 2. Ein gut abgerichteter Neufundländer-Hund, echter Race. 3. Einige Stück Wachsköpfe, sehr natürlich nachgeahmt und sehr geeignet für Friseure oder Kleiderhändler. 4. Eine Spielorgel. « IN, Nr. 94, S. 1015.

Die Arkaden des 1856 in Betrieb genommenen Westfriedhofes. Dadurch konnte der viel zu klein gewordene Friedhof hinter dem Stadtspital aufgelassen werden.

>> Kindesweglegung

Die Person, welche vor zwei Wochen ihr neugebornes Kind in der Thorhalle des hiesigen Ursulinenklosters legte oder legen ließ, ist nun entdeckt worden und zwar ist es eine Dienstmagd aus dem Oberinnthal. Das Kind ist bereits am letzten Samstag gestorben. ≪ IN, Nr. 137, S. 1484.

12. JULI >> Zum Schusterstrike

Das Comité der strikenden Schuster-Gesellen hat dermalen seinen Aufenthalt am Pfarrplatze genommen. Ueber Ersuchen des Landesgerichtes wurden nämlich 7 Gesellen die das Comité bilden, in Haft gebracht. Die Ursache ist uns bekannt. ≪ IN, Nr. 157, S. 1687.

18. JULI >> Unfreiwillige Douche

Gestern ging eine den besseren Ständen angehörige Frau bei der Klosterkaserne vorüber und wurde, als dieselbe auf der Seite gegenüber dem Kapuzinerkloster anlangte, aus einem Fenster des obern Stockes mit Wasser begossen. Es wäre angezeigt, die Vorübergehenden in Hinkunft von derlei Douchebädern zu verschonen, nachdem sich ohnehin mehrere Bade-Anstalten zu diesem Zwecke in Loco befinden. ≪ IN, Nr. 162, S. 1743.

8. AUGUST >> Erdbeben

Es fängt an etwas unangenehm und unheimlich zu werden in unserem lieben Innsbruck. Erdbeben in der Art, wie wir gestern Abends und heute Morgens eines zu verspüren hatten, sind schon darnach angethan, einige Besorgnis und Schrecken zu erregen. Auf einen schönen Morgen hatte sich gestern Vormittags nach 10 Uhr der Südwind mit großer Vehemenz eingestellt und wüthete dann den ganzen Tag. Um ¾ 7 Uhr erfolgte plötzlich ein Erdbeben, wie es hier seit Jahrzehnten nicht vorgekommen ist, obwohl Erdbeben in den letzten Jahren auch hier gerade nichts seltenes waren. Die Stöße geschahen in vertikaler Richtung rasch auf einander und dauerten 3 – 4 Sekunden. Viele Leute eilten aus den Häusern auf die Straßen, da sie sich innerhalb der Mauern schon nicht mehr recht sicher fühlten. [...] ≪ IN, Nr. 180, S. 1934f.

16. AUGUST >> Die Pflasterausbesserung

am Franziskanergraben kann füglich mit den alten abgenützten Steinen als eine ganz unnütze Arbeit angesehen werden. Es wäre doch bald höchste Zeit, daß dies miserabelste Pflaster der ganzen Stadt, auf dem Pferde und Wagen ruinirt werden, entfernt würde. ≪ IN, Nr. 186, S. 2000.

# 1872

Die Pflasterung der Wege und Straßen im Stadtgebiet war ein immer wiederkehrendes Thema. Der Franziskanerplatz war ca. 50 Jahre später sauber gepflastert, wie hier zu sehen.

10. SEPTEMBER   >> | ## Apothekertag

Gestern traten hier die österreichischen Apotheker zur alljährlichen Generalversammlung zusammen. Es waren circa 50 Apotheker aus verschiedenen österreichischen Provinzen beigekommen. Die Versammlungen werden im k. k. Universitäts-Gebäude abgehalten. Gestern Mittags fand ein gemeinsames Diner in Kraft's Veranda und Nachmittag Ausflug nach Hall statt. Heute Abends ist Reunion in der Hofgarten-Restauration. << IN, Nr. 207, S. 2216.

11. OKTOBER   >> | ## Ertrunken

Gestern ereignete sich beim hiesigen Holzrechen ein trauriger Unfall. Vier auf einem Floße befindliche Arbeiter, die mit der Reparatur des Rechens beschäftiget waren, wurden, da der Floß plötzlich an demselben anfuhr, in das Wasser geschleudert. Dreien davon gelang es sich zu retten, während der Vierte, ein Bursche von 22 Jahren, in den Wellen seinen Tod fand. << IN, Nr. 234, S. 2489.

2. NOVEMBER   >> | ## Aus dem Malfattischen Institute

entwich am Kirchmontage ein Knabe aus einer hiesigen Familie, und gestern, also nach nahezu 14 Tagen erst erhielt die Mutter des Knaben zu ihrem großen Erstaunen vom Direktor des Institutes einen Zettel, womit sie von der Entweichung ihres Sohnes in Kenntniß gesetzt wurde. Einen Knaben aus dem Institute entwichen zu wissen und erst nach so langer Zeit Anzeige davon zu erstatten, ist doch ein Vorgehen, das eine öffentliche Rüge verdient! << IN, Nr. 252, S. 2669.

16. NOVEMBER ≫ | Eissport

Der Winter ist bereits definitiv bei uns eingekehrt und so wird denn auch der Eissport, der seit zwei Jahren ungemein emporgeblüht hat, bald wieder beginnen. Wie wir hören soll aber heuer nicht bloß der schon zu enge gewordene Raum in der städtischen Schwimmschule, die merkwürdiger Weise im Winter eine bessere Einnahmsquelle bietet, als zur Sommerszeit, für die Schlittschuhläufer dienen, sondern auch der Platz vor der Gasfabrik, wo schon voriges Jahr ein mißglückter Versuch einer Eisbahn gemacht wurde, nunmehr zu einem ordentlichen Eislaufplatz adaptirt werden, und hat ein Comité von Herren die Sache in die Hand genommen. Natürlich ist auch da Entré zu entrichten, doch wäre es wünschenswerth, wenn sowohl auf dieser Eisbahn, als auch auf der in der städtischen Schwimmschule, die dann wohl insbesondere von Damen und Anfängern frequentirt werden wird, ein Abonnement eingerichtet würde. ≪ IN, Nr. 264, S. 2784.

20. DEZEMBER ≫ | Passende Weinachts- und Neujahrs-Geschenke.

Große Auswahl von Handschuhen, als: Winter, Waschleder, Schwedische und Glacé, für Herren und Damen in allen Farben. – Auch werden sehr hübsche Holzschnitzereien zur gefälligen Auswahl am Lager gehalten. Um geneigte Abnahme bietet Josef Mair, am untern Stadtplatz Nro. 137, im katholischen Kasino-Gebäude. ≪ IN, Nr. 293, S. 3096.

So schön das Heim auf dieser Ansicht auch aussieht, so scheint es doch auch entweichende Knaben gegeben zu haben. Hoffentlich ist der hier genannte nicht mit einem Floß wie dem abgebildeten geflüchtet.

Der Neubau des St. Josefs-Knabeninstitutes unter der Leitung der Ehrw. Schulbrüder zu Innsbruck.

# 1873

**29. JÄNNER**  » | ### Ueberreste aus dem Alterthum
Waffen und Geräthe aus der Bronce-Zeit wurden in Tirol an verschiedenen Orten bereits gefunden, aber die Stein-Zeit lieferte bisher keine Ausbeute. Vor Kurzem jedoch wurde in der Nähe der „Hungerburg" bei Innsbruck beim Abräumen des Schuttes oberhalb des Mayr'schen Steinbruches ein etwa ¼ Fuß langer Meißel mit breiter Schneide aus einem grünlich grauen Schiefer aufgefunden. Dieser Schiefer kommt in der Gegend von Innsbruck nicht vor, wohl aber findet man ihn im Sengesthal bei Mauls am Eisack. [...] « IN, Nr. 23, S. 236.

**20. MÄRZ**  » | ### Die Brückeneröffnung und Corsofahrt
fand gestern Mittags, begünstigt von einer windstillen, milden Frühlings-Temperatur, in der von uns bereits angekündigten Weise statt. Eine Anzahl von über 20 Equipagen und mehr als doppelt so vielen Reitern, hatte sich bis ½ 12 Uhr Mittags auf dem Rennplatz versammelt, von wo aus bald darauf die

Bereits bald nach 1900 wurde die Hungerburg mittels der bekannten Standseilbahn erschlossen. Bis dahin war es noch ein sprichwörtlich steinzeitliches Gebiet.

Fahrt über den Franziskanergraben und Stadtplatz zur feierlich beflaggten Inn-brücke erfolgte. [...] Als der Zug am Stadtplatze anlangte, ertönten die Fanfaren vom Stadtthurme, die Pöller beim Schießstande knallten, und die bei der Brücke postirte Infanterie-Musik spielte beim Erscheinen des Zuges die Kaiserhymne, und während Reiter und Wagen über die Brücke fuhren, noch einen Marsch. Damit war nun die neue schöne Brücke dem öffentlichen Verkehre übergeben und die in zahlreicher Menge sich eingefundenen Zuschauer strömten alsbald darüber. An der Brücke postirte Polizeidiener wiesen die Passanten an, daß über die Brücke immer rechts gegangen wird, was als immerwährende Norm zu gelten hat. [...] ≪ IN, Nr. 65, S. 703f.

Und schon ist das fertige Pädagogium in der Fallmerayerstraße zu sehen. Bis heute dient es schulischen Zwecken.

24. MÄRZ    ≫ | Bürgerausschuß-Sitzung vom 20. März

[Schluß.] Unter dem lebhaften Beifall der Versammlung theil-te sodann der Herr Bürgermeister den Entschluß der Regierung mit, die Lehrer- und Lehrerinnen-Bildungsanstalt auf den Feldern hinter dem Serviten-Kloster zu erbauen. Der liegt es nun ob, gegen einen vom Aerar zu leistende Entschädigung von 60.000 fl. sowohl den dazu nöthigen Baugrund zu stellen, als auch die Verbindung mit der Stadt von zwei Seiten zu eröffnen. Es wird daher beantragt, den nöthigen Baugrund vom Serviten-Konvente, die Klafter zu 6 fl. zu kaufen, ferner eine Straße vom neuen Spitalanbau an parallel mit der Neustadt und eine zweite durch Ein-lösung des Melzer'schen Hauses quer durch die westliche Fronte der Neustadt zu eröffnen. [...] ≪ IN, Nr. 68, S. 744f.

14. MAI    ≫ | Kindergarten

Sobald ein günstiger Witterungswechsel uns sonnige warme Tage bringt, wird der Innsbrucker Kindergarten seinen kleinen Zöglingen ein klei-nes Maifest bereiten, als dessen Schauplatz der Salon in der Mitte des Hofgartens in Aussicht genommen ist. Wir freuen uns lebhaft über diesen ungemein glücklichen Gedanken und gönnen nicht blos den Kindern, die wir so frei gedeihen sehen, die ihnen winkende Festesfreude, sondern insbesondere auch allen Eltern dieser Stadt

Beilage zu den „Innsbrucker Nachrichten" Nr. 114.

**Erstes Maifest**

des

**Innsbrucker Kindergartens**

im

**Pavillon des k. k. Hofgartens**

am 19. Mai 1873.

die leichte bequeme Gelegenheit, sich von der Einrichtung des Kindergartens und den wohlthätigen Resultaten seines Wirkens durch eigenen Einblick Kenntniß zu verschaffen. Denn wie wir hören, wird den Hauptinhalt des festlichen Thuns gerade dasjenige bilden, womit die Kleinen auch im Kindergarten sich beschäftigen: Vortrag von Sprüchen und Gedichten, Spiel, Gesang und Arbeit – und diesmal im festlichen Gewande, im verzierten Saale und von der großen theilnehmenden Schaar der Eltern und anderer Kinderfreunde und Kinderfreundinnen der Stadt, die alle zu dem kleinen Feste willkommen sein werden. ⟪ IN, Nr. 110, S. 1358.

11. AUGUST  ≫ | ## Der Schah in Innsbruck

Hatte es der Mittelpunkt des Weltalls, Nassr-eddin, Schah von Persien, vor 14 Tagen bei seiner Fahrt nach Wien verschmäht, die gastlichen Gemächer der hiesigen Hofburg zu seinem Nachtquartier zu benützen und war er deshalb am Bahnhofe in seinem Waggon geblieben, so hatten ihn doch die Annehmlichkeiten des Laxenburger Aufenthaltes in so gute Laune versetzt, daß er beschloß, bei seiner Rückreise auch der Hauptstadt Tirols, des Vaterlandes eines seiner Generale, dem er nach der Behauptung eines Wiener Blattes angeblich von Monat zu Monat die Gage schuldig bleibt, den Anblick seiner Hoheit zu gönnen und hier eine Rast zu halten. Daß ein so seltenes Ereigniß, der Besuch eines asiatischen Herrschers, dem zu Ehren sämmtliche größere europäische Höfe die prächtigsten Huldigungsfeste veranstaltet hatten, unsere Stadt in eine leichte Aufregung versetzte und in der tropischen Hitze der Hundstage einiges Leben hervorrief, ist selbstverständlich. Die ersten Symptome hievon zeigten sich schon darin, daß die Kunsthandlungen in aller Eile die nach einem Bilde aus einem illustrirten Journale aufgenommene Photographie des Königs der Könige ausstellte, damit derselbe dem Publikum bei seiner Ankunft schon gleich als alter Bekannter erscheinen konnte. […] ⟪ IN, Nr. 183, S. 2171.

21. AUGUST ≫ | # Nicht zu übersehen!

– Nur auf kurze Zeit ist AMICA, die berühmte wahrsagende Wunderdame aus Egypten zu sprechen. Diese Dame besitzt die Kunst, Alles mit verbundenen Augen zu errathen, sowie auch einer jeden Person Aufschluß über alle Verhältnisse aus der Vergangenheit, Gegenwart und Zukunft, welche im Leben vorkommen, aus den Linien der Hand ertheilen zu können. Auch besitzt die Dame die Gabe, den Menschen vor irgend einem Unglücke zu warnen, welches ihm in den Planetengestirnen bevorsteht. Bemerkung: Diese Dame stützt ihre Kunst auf ein 6jähriges Studium in Egypten und kann aus den Zeichen der Sterne, in welchen der Mensch geboren, demselben seine Zukunft enthüllen. Zu sprechen von 8 Uhr Früh bis 9 Uhr Abends im Gasthause zum „weißen Kreuz" unter den Lauben, Zimmer Nro. 9. Diese Dame ist für jede Person allein zu sprechen. Strenge Verschwiegenheit wird beobachtet. – Um gütigen Besuch bittet Amica. ≪ IN, Nr. 191, S. 2264.

22. AUGUST ≫ | # Bürgerausschuß-Sitzung vom 21. August

Nach Genehmigung des Protokolls über die letzte Sitzung interpellirte G.-R. Schumacher den Bürgermeister, welche Vorkehrungen von Seite der Stadt gegen die Einschleppung der Cholera getroffen worden seien und ob demselben bekannt sei, ob und welche Maßregeln gegen das Auftreten dieser Krankheit im weitern Kreise von der Landessanitäts-Behörde angeordnet worden seien. Der Herr Bürgermeister antwortet hierauf, daß von Seite der Stadt schon seit 3 Wochen wöchentlich einmal die Aborte der Einkehrgasthäuser, der Kaffee- und Schankhäuser mit Eisenvitriol und Carbolsäure desinfizirt werden; daß diese Desinfektion in Zukunft zweimal in der Woche vorgenommen werden wird; daß ferner die Abtrittgruben der frequenteren Gasthäuser auf geruchlose Weise mit den neuen pneumatischen Apparaten vorgenommen werden. [...] ≪ IN, Nr. 192, S. 2267.

Billard könnte ein interessantes und lustiges Spiel sein. Leider ist es aber eher eine komplexe Kunst und damit eine Belastung für die Nerven des Glücksspielers.

# 1873

11. OKTOBER >> | Ein fast ganz neues Billard sammt Zugehör
wird wegen beschränkten Raum billig verkauft. Wo? sagt die
Expedition dieses Blattes. ⟪ IN, Nr. 234, Extra-Beilage, S. 2714.

6. DEZEMBER >> | Eisbahn
Die seit Anfang dieser Woche wieder eingetretene Kälte, ermög-
lichte es, daß die nächst der Gasfabrik gelegene Eisbahn, indem die Adaptirungs-
Arbeiten noch rechtzeitig beendet waren, und das Wasser eingelassen wurde, am
7. ds. um 4 Uhr Nachmittags eröffnet werden kann, während bei der neuen Bahn am
Schießstandsanger noch zugewartet werden muß, denn die in Klausenburg ange-
kaufte Maschine, um das Wasser aus dem Inn auf den Anger zu heben ist noch nicht
angelangt, wird jedoch bald eintreffen und war der Herr Bürgermeister bei seiner
jüngsten Anwesenheit in Wien so glücklich für diese Maschine keine Fracht auf
den Bahnen zu erwirken, weil das Unternehmen ja zu Gunsten des Armenfondes
geschieht. ⟪ IN, Nr. 281, S. 3247.

Das rasante
Wachstum der
Stadt – wie hier im
Saggen – machte
auch eine neue
Straßenbenennung
notwendig.
Die Art und Weise
der autoritären
Verordnung
erscheint uns heute
abenteuerlich.

24. DEZEMBER >> | Bürger-Ausschuß-Sitzung vom 22. d. Mts.
[...] Gemeinde-Rath Dannhauser erstattet Bericht über die
Beschlüsse des Comité's zur neuen Hausnummerirung. Es habe sich ergeben, daß
einzelne Gassen keinen Namen hatten, daß bei manchen der Name nicht mehr zutref-
fend sei, und einige Straßen da sie nur einen einzigen geraden Straßenzug bilden,
füglich auch nur mit einem Namen zu bezeichnen seien. 5 Straßen seien bis jetzt
nach Klöstern und Konfessionen benannt. An einzelne der vom Comité vorgeschla-
genen Benennungen knüpften sich längere Debatten. Gemeinde-Rath Hauser sprach
sich im Allgemeinen gegen die Aenderung von Straßennamen aus, wo sie nicht abso-
lut nothwendig ist. In der Benennung der Straßen wurden folgende Aenderungen

angenommen: Angerzellgasse hat die Gasse respektive der Durchgang vom Kaffee Grabhofer zur Universität zu heißen; Bahnstraße die vom Waisenhause zum Bahnhofe; Schulgasse und Ballhausgasse zusammen die Ballhausgasse; Dreiheiligen-Straße vom Daserbrückl bis zur Pradlerbrücke; die Erlerstraße wird bis zur Museumsstraße verlängert; Franziskanergraben hat Burggraben; Ursulinergraben hat Marktgraben zu heißen; der Innrain wird verlängert bis zur Innkaserne, die obere Kapuzinergasse wurde in Saggengasse, die untere Kapuzinergasse in Kapuzinergasse glattweg umgetauft; die obere Innbrückenstraße heißt nun Mariahilfstraße; Kohlstattgasse die von der Kirche in Dreiheiligen bis zum Sillkanal; Rudolfsstraße die vom Boscarolli'schen Hause bis zur Mündung in die Bahnhofstraße; die Neustadt oder Vorstadt in Erinnerung an ihre alte Bezeichnung theresianische Vorstadt und mit Rücksicht auf die sie abschließende Triumphpforte: Maria-Theresienstraße; Rennweg heißt die Promenade von der Franziskanerkirche bis zur Kettenbrücke; Sarntheingasse und Judengasse zusammen Schlossergasse; Sailergasse und Bäkkerthorgasse zusammen Sailergasse. (Das Comité beantragte gestützt auf die alte Benennung des dort bestandenen Thores die beiden Gassen Pickenthorgasse zu benennen.) Das parallel mit dem Fuggergäßchen laufende Servitengäßchen wurde in Welsergasse umgetauft; die obere Sillgasse vom Scheyringhause bis zur Museumsstraße heißt glattweg Sillgasse; hingegen wird die untere Sillgasse bis zum Daserbrückl zur Universitätsstraße einbezogen. Der Weg vom Eisenbahn-Viadukt zur Kirche von Dreiheiligen am Militärspital vorbei wurde Fabriksgasse genannt. Der obere und untere Stadtplatz, der dem Begriffe Platz nicht entspricht wird in Herzog Friedrichstraße umgetauft, zur Erinnerung an den Erbauer des goldenen Dachls; (das Comité beantragte den untern Theil zur Erinnerung an die Ansprache Hofers, die er vom „goldenen Adler" herab an das Volk hielt, Sandwirthsstraße und den oberen Stadtplatz Herzog Friedrichstraße zu nennen;) die untere Innbrückstraße bis zur Stadtgränze und die damit zusammenhängenden kleinen Gäßchen heißen Innstraße; das Innufer hinter dem Turnusvereins-Hause bis zum Innsteg Innallee; die Stallgasse wird Stiftgasse, und der Weg vom Christofhause zur Dreiheiligenstraße Viaduktgasse genannt. Für die Straße, welche in ihrer künftigen Verlängerung von der Carlstraße in der Nähe des Gilm'schen Geburtshauses in die Neustadt, wollte sagen Mariatheresienstraße münden wird, wurde der Name Gilmstraße geschöpft. Herrengasse heißt die dem Neugebäude entlang, vom Burgdurchgang bis zur Herzog Ottostraße führende Gasse; die Dienzgergasse heißt Fallbachgasse und die Gärbergasse führt in Dreiheiligen am Gärber Nußbaumer'schen Hause entlang. Die Kosten für die Häusernummerierung, die gesetzmäßig den Hauseigenthümern zur Last fällt, wird in vierteljährigen Raten mit der Grundsteuer eingehoben. « IN, Nr. 295, S. 3458-3464.

# 1874

Die Maria-Theresien-Straße, als sie nicht mehr als Vorstadt bezeichnet wurde. Hier – um 1910 – kreisen bereits zahlreiche Straßenbahnen durch die Stadt.

28. JÄNNER  »  **Zu dem frechen Einbruch-Diebstahl,**
der vorgestern Nachts in dem an einem der frequentesten Punkte der Stadt gelegenen Ghedina'schen Verkaufs-Gewölbe ausgeführt wurde, haben wir noch ergänzend zu berichten, daß der Thäter nicht blos die im erbrochenen Auslagfenster befindlichen Sachen mitnahm, sondern auch durch das Fenster in den Laden selbst stieg und auch dort werthvolle Gegenstände raubte. Der Schaden des Herren Ghedina dürfte sich auf mehr als 4000 fl. belaufen. «  IN, Nr. 22, S. 247.

28. MÄRZ  »  **Bitte um Schonung für das Alter**
Es taucht das Gerücht auf, daß wieder einige der schönen, alten Bäume in der Allee vom Innstege zum Löwenhaus der Axt zum Opfer fallen sollen. Sie seien morsch und hohl und könnten bei einem Windstoße durch ihren Umsturz Unheil anrichten. Wir anerkennen die Berechtigung einer solchen Fürsorge für die öffentliche Sicherheit, mit Rücksicht auf diese schöne in ihrer Art einzigen Allee und die für unsere Generation wohl unersetzbaren Bäume bitten wir aber, wenn das Gerücht wahr sein sollte, bei Prüfung und Ausscheidung der zu fällenden Bäume mit größter Sorgfalt vorzugehen, damit nicht so alt ehrwürdige Bäume unnützer Weise geopfert werden. «  IN, Nr. 70, S. 806.

## Pension, Restauration und Bade-Etablissement

Kayser in Mühlau. Empfehle einem hiesigen verehrlichen Publikum meine Restaurations-Lokale mit reingehaltenen Tiroler Rothweinen, österreichische Weißweine, Vöslauer (roth) vom Faß, per Seitel 30 kr. Meine Bade-Lokalitäten: Warme und kalte Bäder in Zink- oder Steinwannen à 40 kr. Jeden Sonntag und Mittwoch von 8 bis 1 Uhr Römisch-Irische Bäder (heiße Luft), besonders zu empfehlen gegen Dickleibigkeit, Nerven-, Gicht- und rheumatische Leiden. – Für Damen jeden Mittwoch von 2 bis 5 Uhr bei vorhergehender Anzeige. – Hochachtungsvollst Karl Kayser. ≪ IN, Nr. 84, S. 990.

## Unfug

Erst kürzlich wurde im „Tagblatt" der Unfug gerügt, daß aus den Fenstern der Häuser, insbesondere des neuen Stadttheiles, auf die Straße Teppiche ausgeklopft, Abwischlappen ausgebeutelt u. dgl. Geschäfte verrichtet werden, durch welche die unten auf der Straße vorübergehenden Leute sehr häufig in's Mitleid gezogen werden. Dieser Unfug dauert noch immer fort, und ist sogar jetzt, wo überall die Winterfenster beseitiget sind, noch ärger als früher. Auch ganze Douchebäder kann man gratis erhalten, da manche Blumenfreunde und Freundinnen ihre am Fenster befindlichen Blumenstöcke so ungeschickt begießen, daß die größere Qualität Wasser auf die Straße kommt. Unsere Sicherheitswachmänner können bei ihren Gängen durch die Stadt in den Vormittagsstunden leicht Gelegenheit haben, sich von diesem Unfuge zu überzeugen und selben abzustellen. Insbesondere aber mögen den Dienstboten von ihren Herrschaften derselbe untersagt werden. ≫

IN, Nr. 108, S. 1286.

Wenige Meter östlich von Schloss Büchsenhausen befand sich die Pension Kayser, die in eine großzügige Anlage eingebettet war.

25. JUNI >> ## Gesucht wird

ein braves, nicht unter 30 Jahre altes Frauenzimmer, besonders für Kinder und auch zu häuslichen Arbeiten verwendbar. Wo? sagt die Expedition. « IN, Nr. 142, S. 1677.

13. JULI >> ## Ein Kind erstickt

In Mariahilf ist am verflossenen Freitag Nachmittag ein Vierteljahr altes Kind auf recht jämmerliche Weise zu Grunde gegangen. Die Großmutter desselben legte es zur Ruhe, gab ihm, um es einzuschläfern den sogenannten Schnuller in den Mund und ging dann ihrer Arbeit nach. Als sie nach kurzer Zeit zu dem Bettlein zurückkehrte, fand sie eine Leiche. Das Kind war – so wird wenigstens behauptet – durch zu starkes Hineinsaugen des „Schnullers" erstickt. (Innsbr. Tagbl.) « IN, Nr. 156, S. 1836.

28. SEPTEMBER >> ## Exceß

Vorgestern Morgens um ½ 2 Uhr erschien eine Rotte italienischer Arbeiter in sehr angeheitertem Zustande lärmend und tobend vor dem Schmied-Hause an der kleinen Sill in Wilten. Um dem nächtlichen Lärmen ein Ende zu machen, hat wahrscheinlich ein Bewohner des Hauses den schreienden Haufen durch Herabgießen von Wasser zerstreuen wollen. Das war aber für dieselben das Signal, das Haus mit Steinen und zwar in einer Weise zu bewerfen, daß nicht nur die Fenster, sondern auch die Kreuzstöcke zertrümmert wurden. Der Besitzer des Hauses wollte nun persönlich Ruhe schaffen, begab sich auf die Gasse unter den aufgeregten Rudel, wurde aber mit einem Ziegelsteine derart verletzt, daß das Blut in Strömen herabfloß. Er hatte trotzdem den Muth auszuharren und seine Beschwichtigungsversuche fortzusetzen, bis sie ihn mit Messern zum Rückzuge zwangen. Die Gerichtskommission hat bereits den Thatbestand aufgenommen. « IN, Nr. 220, S. 2628.

19. OKTOBER >> ## Feuerwehr-Allarmirung

Gestern gleich nach 2 Uhr Nachmittag ertönte vom Stadtthurme das Feuerzeichen, das vom Thürmer aber falsch gegeben wurde, indem er 4 Schläge an die große Glocke machte, während laut Allarmirungs-Vorschriften Universitätsstraße, Dreiheiligen und Kohlstadt mit 2 Schlägen anzuzeigen sind. Es war in der Kohlstadt in einem der alten, größtentheils aus Holz gebauten Häuser, ein Flitschenhaufen, aus bis jetzt unermittelter Ursache in Brand gerathen, wurde jedoch glücklicher Weise von den Hausbewohnern gelöscht. [...] « IN, Nr. 238, S. 2871.

Inzwischen ist St. Nikolaus von der bei uns eigentlich völlig traditionslosen Figur eines Weihnachtsmannes verdrängt worden. Auch Weihnachtsbräuche haben offensichtlich eine schwankende Konjunktur.

*Herzliche Weihnachtsgrüsse*

28. DEZEMBER »

## Christbäume

Die Sitte der Christbescherung und der mit ihr Hand in Hand gehende Gebrauch der Christbäume hat sich bei uns in verhältnißmäßig kurzer Zeit rasch verbreitet und St. Nikolaus verdrängt, lohnt es sich ja doch schon seit mehreren Jahren, auf dem Stadtplatze einen förmlichen Christbaum-Markt zu halten, über den vielleicht manches waldfrohe Forstmanns-Herz bluten mochte, wenn er die Hoffnung des Waldes so schnöde auf Brettchen genagelt zum Verkaufe feilgeboten sieht. Die Reihe der Christbaumfeste beginnt mit der Bescherung im engen Familienkreise. Die Mutter, als geduldige Bötin des Christkindleins, hat lange vorher schon gesammelt und eingeheimst und in verborgenen Winkeln versteckt, was an jenem Abende – an dem so Viele, die schon lange die Kinderschuhe abgelegt haben, in der edlen Bedeutung des Wortes mit den Kindern Kinder werden – Groß und Klein erfreuen soll. Der Tannenbaum hat in einem Hinterzimmer, geziert mit vielen wunderbaren Säckelchen und umsponnen von Gold- und Silberfäden gestanden, bis er hervorgeholt worden ist, und die bunten Kerzchen angezündet worden sind, deren Glanz nichts überstrahlt, als die Freude, die aus den überseligen Kinderaugen leuchtet. [...] « IN, Nr. 295, S. 3692.

# 1875

Ein Billig-Shop in der Innsbrucker Prachtstraße? Ein Skandal! Sind doch nur hochqualitative Fachgeschäfte dort zu finden. Manche haben sogar Filialen in der ganzen Welt ...

29. JÄNNER  »  ## Nur billig!
Der „27Kreuzer-Manufaktur-Bazar" in der Maria Theresien-straße hat eine kleine Revolution in einigen Manufaktur-Geschäften hervorgerufen. Kaum hatte sich gezeigt, daß die 27kr.-Waare beim Publikum Anklang findet, füllten auch schon einige hiesige Geschäfte ihre Auslagen mit 20kr.-Artikeln in schwerer Menge und reicher Auswahl, zur nicht geringen Versuchung des kauflustigen weib-lichen Geschlechtes, bei dem es auch hie und da vorkommen soll, daß die Kauflust größer als der Geldbeutel ist. « IN, Nr. 23, S. 288.

20. FEBRUAR  »  ## Heute Samstag den 20. Februar
in der Steinmayer'schen Wein- und Bier-Halle Großes Konzert mit ausgewähltem Programm der Tirolersänger-Gesellschaft Messmer, bestehend aus 6 Personen. Anfang 8 Uhr – Eintritt 15 kr. Morgen Sonntag um 4 Uhr Nachmit-tag im Löwenhaus. « IN, Nr. 41, S. 494.

29. APRIL  »  ## Feuer
Gestern wurde die hiesige freiwillige Feuerwehr allarmirt. Im ehemaligen Gasthause „zur Traube" in Mariahilf befindet sich im Schank-Garten ein Salettel, in welchem Läden und Flitschen aufgehäuft waren. Die Letzteren fin-gen um circa ½ 9 Uhr zu brennen an, und es entwickelte sich rasch ein so großes Feuer, daß es die Anrainer des Bruckfeldes allsobald bemerkten. Es wurde sogleich,

ohne Schaden anzurichten, von einigen Haus-Bewohnern und Feuerwehrmännern gelöscht. Um 9 Uhr waren alle Geräthe der Feuerwehr, welche mit anerkennenswerther Pünktlichkeit am Platze war, wieder in ihren Magazinen. Der Feuerpolizei wäre dieses Haus besonders zu empfehlen. 〈〈 IN, Nr. 96, S. 1169.

18. MAI    〉〉 | ## Hohe Reisende
Ihre Majestät die Königin-Mutter von Schweden und Norwegen kam gestern Abends inkognito als Gräfin Tullgarn hier an, stieg im „Hotel l'Europe" ab, und reist morgen Früh nach Verona weiter. 〈〈 IN, Nr. 110, S. 1368.

25. JUNI    〉〉 | ## Ausverkauf!
Nachdem ich mein bisher geführtes Modewaaren-Geschäft aufgebe, beehre ich mich bekannt zu machen, daß ich alle vorräthigen Mode-Artikel, als: Hüte, Band, Blumen, Spitzen, Tülle, Federn etc. und alle sonstigen Aufputz-Artikel unter den eigenen Kosten ausverkaufe. Das Posamentier-Geschäft werde ich mit meinem Sohne fortführen. Ich danke dem P. T. geehrten Publikum für das mir geschenkte Zutrauen und bitte mich mit ferneren Aufträgen zu beehren unter Zusicherung der reellsten und billigsten Bedienung. Hochachtungsvollst August Mendel's Witwe vormals F. Moser. 〈〈 IN, Nr. 142, S. 1776.

5. JULI    〉〉 | ## Im Wagen verschieden
Ein abgehender Student des Haller Gymnasiums, dessen einzige Sehnsucht war, noch einmal seine Heimat im Oberlande zu sehen, wurde gestern zur Erfüllung seines Wunsches von seinen Leuten in einem Wagen abgeholt, aber auf seiner Heimreise verschied er in Mariahilf im Wagen. 〈〈 IN, Nr. 149, S. 1875.

Ein zeitgenössischer Blick auf die bekannte Häuserzeile in Mariahilf.
Die Hügel im Westen von Hötting sind noch fast gänzlich unverbaut.

28. AUGUST  »  | Alpenverein

Im Laufe des gestrigen Tages hatte die Stadt ihren Festschmuck anzulegen vollendet und die zahlreich, insbesondere in der Neustadt und am Stadtplatz von den Häusern wehenden Fahnen geben beredtes Zeugniß für die Sympathien die Innsbruck's Bevölkerung dem Alpenvereine und seinen Bestrebungen entgegenbringt. Der Nachmittag wurde zu einem gemeinsamen Spaziergange auf den Berg Isel benützt, während Sektions-Delegirte sich über die Angelegenheiten der Generalversammlung besprachen. Im Bierstindl-Garten hatte die Regimentskapelle Aufstellung genommen, und trug die vorzügliche Aufführung mehrerer Stücke nicht wenig zur freudigen Stimmung bei, die unter den zahlreichen Versammelten herrschte. Als es zu dunkeln begann, erglänzten die am linken Innufer gelegenen Burgen in rothem bengalischen Lichte. Abends versammelten sich die Mitglieder des deutsch-österreichischen Alpenvereines in Kraft's Veranda und bald war diese, sowie der anstoßende Fortunasaal, in welchem die Regimentsmusik spielte und ein Theil des Kaffeehauses, der zu Zwecken des Vereines durch eine Wand abgeschlossen war, mit Zuhörern dicht besetzt. Die fröhlichste Stimmung herrschte in der Versammlung und wurde nur gesteigert durch einige schwungvolle Worte, die an die Versammelten gerichtet, mit einem Toaste auf die Alpen endeten. In den Zwischenpausen der Regimentsmusik ließ Herr Mutschlechner seine Jodler ertönen, die Keiner so singt wie er, und die nicht nur die fremden Gäste, sondern auch die anwesenden Innsbrucker zu stürmischem Applause hinrissen. Gegen 12 Uhr trennte sich die Gesellschaft in fröhlichster Stimmung. Heute Vormittags fand die Generalversammlung im Gesellenvereins-Hause statt und wird um 4 Uhr das Festessen im deutschen Kaffeehause abgehalten. Abends ist ebendaselbst der Schluß-commers. « IN, Nr. 196, S. 2377.

Die Wut, die sinnlose Zerstörung auslöst, ist bis heute wohl gleich geblieben. Ob die hier vorgeschlagene Prügelstrafe eine Lösung darstellt, darf aber bei der Dummheit der Vandalen bezweifelt werden.

8. OKTOBER   》│ ## Marktbericht

Der heutige Brigittamarkt, durch die Witterung sehr begün-
stigt, ist zahlreich besucht, nicht minder der heuer zum ersten Male in ausgedehn-
tem Maße stattfindende Zuchtviehmarkt auf dem Prügelbau, der Nachmittags auf
den Hirschanger verlegt werden wird, wohin auch nach der Preisvertheilung das
Vieh der Ausstellung zu Markt geführt und wo morgen der Markt fortgesetzt werden wird. Auffallend viele fremde Käufer, besonders Schweizer, haben sich zu dem
Markte eingefunden. 《   IN, Nr. 230, S. 2770.

9. NOVEMBER   》│ ## Vandalismus

Von vorgestern auf gestern Nachts wurden die zwei Petroleum-
Laternen, welche in der Ferdinands-Allee am Innstege und vor dem Lösenhause
stehen, zertrümmert und das Gerippe derselben abgebogen. Obwohl der materielle
Schaden, der dadurch abgerichtet worden ist, nicht schwer in die Wagschaale fällt,
so bleibt die tolle Zerstörungswuth doch immer gleich sträflich, und man bedau-
ert bei solchen Anlässen, vorausgesetzt, daß man der Thäter habhaft wird, nur, daß
der Haslinger nicht mehr geschwungen werden darf; 24 mit demselben kunstge-
recht applicirt dürften ihre civilisatorische Mission in solchen Fällen nicht verfehlen. 《   IN, Nr. 256, S. 3077.

31. DEZEMBER   》│ ## Eine Vogelweide

Zwei Tage lang hat es in dichten Flocken lustig fortgeschneit,
der Schnee deckt fußhoch Alles zu. Um so dankbarer wird das befiederte Völklein
sein, welches sich in großen Schaaren auf den Bäumen und Sträuchern zwischen
dem Inn und dem Statthaltereigebäude herumtreibt, für die Mahlzeiten, die ihm –
die Wahl des Platzes mag etwas Ironisches für einen knurrenden Menschenmagen
haben – der künftigen Volksküche gegenüber in reichlichem Maße bereitet werden. Unter einer Gruppe von Bäumen an recht trauter Stelle ist eine kleine Schutz-
hütte errichtet, auf deren Boden, ein wahres „Tischlein deck' dich" für die munteren
Gäste, das Futter niemals fehlt und auch nicht vom neufallenden Schnee zugedeckt
wird. […] 《   IN, Nr. 299, S. 3661f.

# 1876

Schloss Weiherburg inmitten der idyllischen Wege als Naherholungsgebiet der Innsbrucker Bevölkerung. Aber auch Finsterlinge scheinen sich hier früher herumgetrieben zu haben.

19. FEBRUAR  >> | Die Volksküche

dahier geht ihrer Vollendung entgegen. Dieselbe ist im ersten Stockwerke des ehemaligen Hofwaschhauses untergebracht, während im Erdgeschosse zwei Wohnungen sich befinden. [...] << IN, Nr. 40, S. 479f.

16. MÄRZ  >> | Ein artiger Knabe,

welcher eine gute Handfertigkeit hat und von ordentlichen Eltern ist, findet unter günstigen Verhältnissen Gelegenheit, ein einträgliches und hübsches Gewerbe zu erlernen. Eltern oder Vormünder, welche sich für diesen Posten interessiren, belieben gefällige Offerte mit genauer Adresse und Angabe des Alters und Schulbildung des Knaben unter J. H. in der Expedition zu hinterlegen. <<

IN, Nr. 62, S. 749.

14. APRIL  >> | Eine stumme Glocke

Beim gestrigen Läuten der großen Glocke im Stadtpfarrthurme ereignete es sich, daß der Schwengel derselben zur Ueberraschung der mit Läuten Beschäftigten in der oberen Hälfte zerbrach und, ohne weiteren Schaden anzurichten, zu Boden fiel. Die Pause, welche durch diese zwei Tage der Charwoche ohnehin für alle Glocken eintreten, kommt für die große Glocke sehr erwünscht, da sie unterdessen ohne Störung des üblichen Geläutes wieder „geheilt" werden kann. <<

IN, Nr. 86, S. 1049.

8. JUNI

## »| Hochwasser

Der Inn ist heute Morgens, nachdem er gestern Abends bedeutend zurückgegangen war, wieder erheblich gestiegen, er erreichte die Höhe von mehr als 3.6 Meter. In Folge dessen ist die Herzog-Friedrich-Straße vor dem Landesgerichtsgebäude inundirt, so daß der Zugang zu demselben nur auf Treppen möglich ist. Auch der „Gießen" ist durch den hohen Wasserstand des Inn zurückgestaut, so daß die zur städtischen Schwimmschule führende Straße überschwemmt und zur Stunde ungangbar ist. « IN, Nr. 130, S. 1653.

26. JUNI

## »| Herz-Jesu-Fest

Gestern Abends erglänzten, damit denn doch die kirchliche Feier nicht ohne weltliche Demonstration verbleibe, im Innthale zahlreiche Feuer auf den Bergen, am Abhange des Patscher-Kofels brillirte ein Herz und ein Kreuz darauf. Diese Bergbeleuchtung war eine der schönsten, von denen die je hier gesehen worden sind. Die Feuer wurden bis in die späte Nacht unterhalten, am Morgen aber löschte der unausbleibliche Regen die letzte Gluth der glimmenden Aschenhaufen aus. [...] « IN, Nr. 144, S. 1841.

Das Schutzhaus am Patscherkofel wurde 1887 als „Kaiser-Franz-Joseph-Schutzhaus" errichtet. Die Bergfeuer lodern noch immer.

11. AUGUST    ≫ | Das Dorf Hötting

wurde gestern zum zweiten Male in diesem Jahre vom Schaden-
feuer hart betroffen. Einige Minuten nach ¾ 1 Uhr gab der Stadtthürmer das Alarm-
zeichen und im selben Augenblicke sah man schon unter der Kirche mächtige Feuer-
garben gegen Himmel steigen, welche das Haus und Stadl des Franz Muglacher,
vulgo Mugl, verzehrten. Selbes steht in der Nähe der Bachbrücke, dem Sießmüller
gegenüber. Die freiwillige Feuerwehr von Innsbruck war in unglaublich kurzer Zeit
mit all ihren Geräthen am Platze und kam gerade recht, um die 3 Nachbarhäuser,
welche schon theilweise in Flammen standen, dem sichern Untergange zu entrei-
ßen. Der Bach und noch mehr die Wasserrinne der Sießmühle lieferten hinlänglich
für alle Maschinen reines Wasser, auch der in der Nähe des Stamser angebrachte
Wasserkasten bewährte sich vortrefflich und wurde das Brandobjekt in kürzester
Zeit mit Wasser überfluthet. […] ≪   IN, Nr. 183, S. 2297f.

12. OKTOBER   ≫ | Ein hübscher Zug von Mitleid

war es, den wir vorgestern auf der Innbrücke zu bemerken Gelegenheit hatten. Einem in den Inn geworfenen Kätzchen war es gelungen, einen
der Pfeiler schwimmend zu erreichen und den untersten Absatz zu erklimmen.
Dort war aber auch kein weiterer Ausweg mehr zu erspähen und das arme Thier
miaute jämmerlich. Wie das bei solchen Vorkommnissen nicht selten zu geschehen
pflegt, sammelte sich eine große Menschenmenge an, um das Endschicksal der
Katze abzuwarten. Da fand sich ein mitleidiges Wesen, welches an einem Seile dem
Thierchen einen Korb hinabließ; die Katze verstand es nicht, diesen Rettungsweg
zu benützen. Nun war ein Bursche so mitleidig, sich selbst an einem Seile an den
Fuß des Joches hinabzulassen und die Todeskandidatin ungefährdet emporzubrin-
gen. Es kontrastirt dieser hübsche Zug von Erbarmniß selbst verachteten Thieren
gegenüber angenehm mit der Thierquälerei, die hier leider nur zu häufig bei Rosse-
lenkern zu beobachten ist. ≪   IN, Nr. 234, S. 2910f.

Die alte Innbrücke
um 1860. Sie
war wohl immer
wieder Schauplatz
ergreifender
Rettungsaktionen.
Der Umgang mit
Tieren war früher
ein sehr rauher.
Tierquälerei ist
aber bis heute
ein verbreiteter
Ausdruck eigener
Dummheit.

»| Wieder ein Raubüberfall

Vor einigen Tagen wurde, wie man uns mittheilt, auf dem Wege von der Weiherburg nach Mühlau eine Bäurin, welche Milch in die Stadt gebracht hatte und nach Hause zurückkehrte, von zwei Strolchen mit den Worten „Geld oder Blut" überfallen. Das erschrockene Weib entgegnete, daß sie kein Geld bei sich habe. Einen Guldenzettel besaß sie wohl, hatte ihn aber unter dem Busentuche verwahrt. Die Spitzbuben schenkten ihrer Aussage wenig Glauben, nahmen sie in die Mitte und meinten, sie würden das Geld schon zu finden wissen. Glücklicherweise wurden Menschenstimmen in der Nähe hörbar, die Bäurin begann lauter zu werden, von weiter oben herab ertönte ein Pfiff, wahrscheinlich als Warnungssignal für die Gauner und diese zogen es vor, auf eine fernere Eskortirung und Rocktaschenuntersuchung der Bäurin zu verzichten. « IN, Nr. 248, S. 3070.

28. NOVEMBER »| Gemeinderaths-Sitzung vom 27. November

[...] Von den Gegenständen der Tagesordnung rief der Antrag der Polizei-Sektion wegen Festsetzung der Vorschriften für Reinigung der Trottoirs im Winter vieles Reden und Gegenreden hervor. Von den drei Anträgen, welche vorlagen, und von denen zwei bei Säumniß des Hauseigenthümers nicht nur die Vornahme der Reinigung der Trottoirs durch städt. Arbeiter um 10 kr. für den Currentmeter auf Kosten des Säumigen, sondern mehr oder minder empfindliche Geldbußen feststellten, wurde der dritte, mildeste, angenommen, daß nämlich gegen Vergütung von 10 kr. per Currentmeter die Reinigung der Trottoirs auf Kosten des Eigenthümers von städtischen Arbeitern vor jenen Häusern vorzunehmen sei, vor welchen sie 1½ Stunden nach dem Glockenzeichen noch nicht gereinigt sind. [...] Bei dieser Gelegenheit wurde es gerügt, daß die der städtischen Obsorge übertragenen Trottoirs sich sehr oft in schlechterem Zustande befinden als die vor Privathäusern, die Stadt möge mit gutem Beispiele vorangehen. « IN, Nr. 273, S. 3410ff.

27. DEZEMBER »| Duell

Während der Feiertage machte das Gerücht von einem Pistolen-Duell die Runde durch die Stadt, das am heiligen Abend zwischen einem Studenten und einem Offizier stattgefunden und für Letzteren mit dem Verlust eines Armes geendet haben soll. « IN, Nr. 295, S. 3768.

# 1877

Der Brunnen am Wiltener Platz wurde mit dem Wasser aus der neuen Wasserleitung der Gemeinde 1886/87 gespeist. Damit war Wilten vor der Stadt Innsbruck mit einer Hochdruck-Wasserleitung versorgt.

12. FEBRUAR  >> | ## Aus dem Fenster gestürzt

Aus dem zweiten Stock des Oberrauch'schen Hauses in Wilten hat sich in der Nacht von Freitag auf Samstag eine Frau in einem Anfall von Geistesstörung auf die Straße gestürzt. Die Unglückliche, die bei dem Sturz drei Beinbrüche und mehrere andere Verletzungen an verschiedenen Körpertheilen und besonders im Gesichte erlitten hat, ist gestern verschieden. ‹‹ IN, Nr. 34, S. 420.

2. MÄRZ  >> | ## Das erste und größte Etablissement

für Kücheneinrichtungen, Sparherde, Oefen und praktischen Hausartikeln aus Blech, Holz, Messing und Eisen, bietet einzig und allein die Firma: Josef Aicher in Innsbruck, Metallwaaren-Handlung und Kommissions-Geschäft-Niederlage von schönen und billigen Eisenmöbeln. ‹‹ IN, Nr. 50, S. 607.

»» | Tagesbericht

Ein etwas verfrühtes Bergfeuer – die für morgen Abends pro-
jektirte Bergbeleuchtung wurde, nebenbei bemerkt, aus naheliegenden Sicherheits-
gründen von der k. k. Bezirkshauptmannschaft verboten – sandte gestern Mittags
seinen dichten Qualm vom Achselkopfe empor. Es war im ärarischen Forste dortselbst in bedeutender Höhe an zwei von einem kleinen Rücken getrennten Stellen
ein Waldbrand entstanden, der bei dem herrschenden Winde, der steilen, der Ein-
schränkung des Feuers nicht günstigen Lage und den großen Waldungen, die sich
ringsumher befinden, ernste Dimensionen anzunehmen drohte. In Hötting wurde
Allarm gemacht. Den schnellen und wirksamen Löschvorkehrungen des Herrn Forst-
inspektors Klement und dem vereinten Zusammenwirken der Gemeindevorstehung
und der Gendarmerie gelang es aber in der verhältnismäßig kurzen Zeit von 4 Stunden den Brand, der bereits 8 bis 10 Joch des Spitzwaldes ergriffen hatte, zu löschen.
Zur Erlangung ausreichender Löschmannschaften wurden die bei den verschiedenen Bauten in Hötting und Umgebung beschäftigten Arbeiter aufgeboten. Nachts-
über wurde die Brandstätte sorgfältig überwacht. Als Entstehungsursache wird uns
Unvorsichtigkeit von Holz- oder Blumensammlern bezeichnet. ‹‹ IN, Nr. 124, S. 1572f.


»» | Neues Steighaus in Wilten

Gestern Abends wurde von der Wiltener freiwilligen Feuerwehr
die Errichtung eines neuen Steighauses festlich begangen. Das genannte Bauobjekt,
welche vom Herrn Baumeister J. Mair in Wilten hergestellt wird, erhebt sich gegenüber dem Tempelwirthshause und verdankt seine Entstehung zum größten Theile
den freundlich gewährten Spenden wohlhabender Gönner des so gemeinnützigen
Institutes. So wurden die zwei mächtigen Bäume, welche das Hauptgerippe für das

Die Dörfer in der
Umgebung von
Innsbruck bestanden
aus nur wenigen
Häusern.
Damit war der Blick
auf die Nordkette
umso freier.

Gerüstwerk abgeben, geschenkweise überlassen; der Baumeister besorgte unentgeltlich die Fundamentirung und wieder Andere trugen in anderer Weise zur Förderung des löblichen Unternehmens bei. Das vierte Stockwerk des Steighauses war gestern mit einem bekränzten „Gut Heil!", Fähnchen und Tannenbäumchen geschmückt. – Wir begrüßen die hiedurch kundgegebene Regsamkeit auf dem Gebiete menschenfreundlichen Wirkens mit aufrichtiger Sympathie. 〈〈 IN, Nr. 156, S. 2018.

29. SEPTEMBER 〉〉 ## Kronprinz Rudolf in Innsbruck

*[...] Die Feierlichkeit der Enthüllung des Rudolfbrunnens und der Schützenzug*

Nach 10 Uhr begann sich der Menschenstrom nach dem Margarethenplatz zu wälzen. Schon um ½ 11 Uhr hatte sich da ein dichter Knäuel von sich drängenden Menschen ringsum die Feuerwehr gebildet, welche nur mit Mühe die Schranken für den großen Kreis innehielten, innerhalb welchem sich um das Monument herum die Schützenzüge und Musikbanden aufstellten. Mit klingendem Spiel zogen sie heran die wackern Männer von Nah und Fern mit ihren Fahnen und Stutzen. Nicht ein schwaches, sondern ein lebensvolles Bild der geübten Wehrkraft der Felsenburg Tirol, des Hortes der Treue und Liebe zum Kaiserhause, bildeten diese wettergebräunten Gesichter und diese, von der Last der täglichen Arbeit abgehärteten Gestalten in ihrer malerischen Volks- und Nationaltracht. [...] Punkt ½ 12 Uhr kam Se. kais. Hoheit der Kronprinz Erzherzog Rudolf in Begleitung Sr. Excellenz des Statthalters Grafen Taaffe und seines Hofstaates unter den Klängen der Volkshymne und den Jubelrufen des Volkes angefahren. [...] 〈〈 IN, Nr. 223, S. 2822 – 2827.

Die Einweihung des Rudolfsbrunnens erfolgte erst 1877, wo doch das Jubiläum bereits 1863 angestanden hätte. Schlussendlich entstand ein Bauwerk, das mit viel Symbolik und Mystik angereichert ist.

Heute erfolgt die Bezahlung an das Elektrizitätswerk mittels Abbuchung vom Bankkonto. Im späten 19. Jahrhundert gab es noch von Hand ausgefüllte Rechnungen.

24. OKTOBER  »» | ## Der erste Sprechtelegraph am Continente in Innsbruck

In der gestrigen Gemeinderaths-Sitzung sollte über die Errichtung eines Feuersignal-Telegraphen vom Stadtthurme in das Feuerwach-Lokale entschieden werden. Da machte Herr Altbürgermeister Dr. Tschurtschenthaler auf eine neue amerikanische Erfindung, auf den Bell'schen Sprachtelegraphen aufmerksam, und in Folge dessen vertagte die Versammlung die Beschlußfassung über den Feuersignal-Telegraphen so lange, bis die mit diesem Sprachtelegraphen durch Professor Dr. Pfaundler und Mechaniker Müller angestellten Versuche, die ein sehr günstiges Resultat erwarten lassen, beendet sein werden. Dieser Sprachtelegraph vermittelt auf weite Entfernungen mit der Schnelligkeit der Elektrizität Töne, und zwar so genau, daß der durch einen solchen Telegraphen Angesprochene sogar den Charakter der Stimme des Sprechenden vernehmen kann. So viel uns bekannt, wird heute Abends Prof. Pfaundler im naturwissenschaftlichen Vereine diesen interessanten Apparat vorzeigen. In Amerika, besonders in Boston wird von Bell's Telephon bereits ziemlich ausgedehnter Gebrauch gemacht. «« IN, Nr. 244, S. 3088.

21. NOVEMBER  >> ## Ein Dienst für Alles

sucht ein junger, kräftiger Mann, der lesen und schreiben kann und überdies gute Zeugnisse besitzt. Näheres am Innrain Nro. 23 im zweiten Stock im Stöckl. <<  IN, Nr. 267, S. 3377.

13. DEZEMBER  >> ## Ein Schnellläufer

Gestern produzirte sich Nachmittags auf dem Rennwege ein Jünger einer jener brodlosen „Künste", deren Anhänger, ohne daß man es bedauern müßte, immer seltener zu werden scheinen. Ein Schnellläufer, – vor Jahrzehnten, vor dem Zeitalter der Eisenbahnen in Tirol, beehrten uns dergleichen „Künstler" öfters mit ihren Vorstellungen, – hatte angekündigt, die Strecke vom Theater bis zum Eisenstege 20mal in 35 Minuten zu durchlaufen. Was Wunder, daß der seltene „Künstler", dessen Abbildung auf seinen Ankündigungszetteln an den Straßenecken zu sehen war, zahlreichst die männliche Jugend um sich versammelte. Umgeben von einem Schwarm Schulknaben begann er seine Produktion, für die er sich durch herzhafte Schwingungen mit seiner Peitsche Raum schaffen mußte. Die Kunst eines solchen Schnellfüßlers ist aber allzu schön, als daß sich die Knaben mit dem bloßen Zusehen begnügen konnten. Die eigene Fertigkeit im Laufen mit jener des Läufers zu messen ist zu verführerisch, und so lief denn auf einzelne Touren Knaben vor und hinter ihm her und suchten es ihm zuvor zu thun, standen dann vom Wettlaufe ab und sprangen wieder ein. Dieser Dilettantismus muß aber dem Manne vom Fach im Kostume eines Groom nicht recht behagt haben, denn verschiedene Male rief er ihnen zu: „stehen bleiben" oder man konnte den Fluch zwischen seinen Zähnen hören, die Teufelsbuben, die verfluchten Buben. Der Läufer legte die Tour in kürzerer programmmäßiger Frist zurück und gab noch eine kleine „Extratour" zu. <<

IN, Nr. 285, S. 3705f.

Ende des 19. Jahrhunderts begann sich die Stadt langsam auch nach Westen auszubreiten, wobei der noch nicht regulierte Inn eine ständige Bedrohung darstellte.

# 1878

5. FEBRUAR ›› Schach der Wohnungsnoth und
Wohnungstheuerung

Die vielen Neubauten der letzten Jahre haben der Wohnungs-
noth in Innsbruck ein Ende gemacht. Der Beweis hiefür liegt in der Thatsache, daß
in den wenigen Tagen seit Lichtmeß nicht weniger als 27 Wohnungen ausgeschrieben wurden, die auf Georgi zu vermiethen sind. Es dürfte also der Zeitpunkt nicht
mehr ferne sein, da der Hausbesitzer sich nach Wohnungspartheien umsieht, während seit etlichen Jahren sich die Wohnungsnoth so fühlbar steigerte, daß die Partheien oft erst nach vielen vergeblichen Nachfragen ein düsteres feuchtes Loch als
Wohnung beziehen konnten. [...] ‹‹ IN, Nr. 29, S. 340.

18. FEBRUAR ›› Ueber den Verlauf der Hundswuth

Die Straßen und Gassen Innsbruck's sind nun wie mit einem
Schlage hundeleer geworden, und die wenigen Vierfüßler, die man noch sieht, schlei-
chen gedrückten Gemüthes mit ihren Maulkörben einher. Heute beginnt die große
Kontrollsversammlung der Hunde in Innsbruck und Umgebung. Vorsicht nach allen
Richtungen hin ist jedenfalls am Platze; denn gestern Abends wurde ein Knabe in
der Nähe der städtischen Schwimmschule von einem Hunde gebissen; glücklicher
Weise war ärztliche Hilfe sofort zur Hand, und der betreffende Hund unter Beobachtung gestellt, und wenn auch nicht jeder Hund, der schnappt oder beißt deswegen auch schon wuthkrank sein muß, so ist die Ungewißheit und Sorge um die
Zukunft der von einem Hunde Gebissenen in gegenwärtiger Zeit schon schlimm
genug; denn wir sind leider in der Lage, berichten zu können, daß jener kontuma-
zirte weißrothe Pintscher, welcher nach Aussage des Eigenthümers in den ersten
drei Tagen der vergangenen Woche in den verschiedensten Straßen der Stadt eine
so große Zahl an Hunden abgerauft und deßhalb Anlaß zur ämtlichen Beobachtung
gegeben hat, gestern Früh an der Hundswuth verendet ist und Nachmittags secirt
wurde. [...] ‹‹ IN, Nr. 40, S. 491f.

16. MÄRZ ›› Raubanfall

Wie uns mitgetheilt wird, wurde am vergangenen Donners-
tag der Wirth in Igels, Herr Josef Scheiber, auf dem Heimwege von Innsbruck im
Walde bei dem Dunkel der Nacht von einem unbekannten Strolche überfallen. Der
Wegelagerer hatte offenbar die Absicht, den einsamen Wanderer wenigstens um
die Börse ärmer zu machen. Er kam aber an den Unrechten, denn der Wirth ist ein
kräftiger Mann, der sich um seine Haut zu wehren weiß. Die zwei Gegner kamen

Der Lanser See und Igls bildeten die erste wirklich touristische Region im Großraum Innsbrucks, wovon zahlreiche touristische Werbemittel Zeugnis geben.

zum Faustringen, bei welchem beide auf dem Boden herumkollerten und wobei der Angefallene Regenschirm und Hut verlor. Schließlich entledigte sich der Wirth des Angreifers dadurch, daß er ihm drohte mit dem Messer zuzustechen, wenn er ihn nicht loslasse. Das war nur ein Schreckschuß, da er gar kein Messer hatte; aber er war von Erfolg begleitet, denn der Räuber verlor sich mit großer Hast im Dickicht des Waldes. ≪ IN, Nr. 63, S. 763.

2. MAI ≫ | ## Großer Brand

In der vergangenen Nacht tönte um 11 Uhr plötzlich das Feuersignale vom Stadtthurme. In der Kapferer'schen Bierbrauerei (Summerer und Soyer) war im Malzcylinder auf eine ganz unerklärliche Weise Feuer ausgekommen. Hätte man nur einen Extinkteur oder besser noch mehrere zur Hand gehabt, so wäre es vielleicht dem Dienstpersonale ein leichtes gewesen, den Brand im Keime zu ersticken, so aber griffen die Flammen wie Zunder in den ausgedehnten Gebäuden um sich, die größtentheils aus Riegelwerk, Balken und Sparren bestanden. Die freiwillige Feuerwehr war schnell vollzählig auf dem Platze; sie konnte aber wegen Abgang des Wassers nicht sofort zur wirksamen Rettungs-Arbeit schreiten. Wegen Reparaturen im Kanalbette in der Kohlstadt und wegen des Neubaues am Margarethenplatze war der Sillkanal abgesperrt und es mußte erst Wasser in den Sandkanal eingelassen werden, ehe man überhaupt die bereitstehenden Spritzen durch die Schläuche damit versorgen konnte, weil es unzulässig war, Wasser durch den Sillkanal zu leiten, da dadurch der ganze Margarethenplatz und die Kohlstadt unter Wasser gesetzt worden wäre. Unter diesen heillosen Hindernissen konnte die Feuerwehr nur darauf bedacht sein, das dem Brandobjekte zunächststehende Restaurations- und Wohngebäude zu retten. Die Hitze war eine so intensive, daß das Zink an der Dachrinne schmolz und schon brannten die Sparren am Dachvorsprunge an der Westseite des Hauses. Dennoch gelang es der in dieser qualvollen Hitze ausdauernden Mannschaft, diesen Theil zu retten. Die Futterräume und Stallungen, das Betriebswerk und Magazin in seiner ganzen Ausdehnung aber wurde ein Raub des gefräßigen mit wahrer Wuth um sich greifenden Elementes. Es konnte nichts geschehen, als sie einstürzen und niederbrennen zu lassen, was ungefähr um 2 Uhr geschah. [...] 《 IN, Nr. 100, S. 1261ff.

14. JUNI  》 | ## Verloren wurde ein Gebetbuch
am 9. ds. in der englischen Anlage. – Gegen Belohnung in der Kiebachgasse Nro. 16 im dritten Stock abzugeben. 《 IN, Nr. 135, S. 1729.

10. AUGUST  》 | ## Erdbeben
Gestern um 12 Uhr 32 Minuten wurde in Innsbruck und auch auf dem südlichen Mittelgebirge, z. B. in Natters um 11 Uhr 35 Min. ein Erdbeben verspürt. Die Erschütterung war nicht besonders heftig, war aber von einem etwas anhaltenden, sehr starken donnerähnlichem Getöse begleitet. 《 IN, Nr. 182, S. 2282.

12. AUGUST  》 | ## Beim Tempelwirthe in Wilten
befindet sich zwar außerhalb des Schankgartens, aber in unmittelbarer Nähe eines unabgesperrten Ausganges eine mit Wasser gefüllte große unbedeckte Brenta, die bis an den obern Rand in die Erde eingegraben ist und also mit der Bodenfläche eine Linie bildet, was für unachtsame Kinder, die gerne mit Wasser plätschern und auch für Erwachsene, die sich etwa nicht mehr im Gleichgewichte halten können, in bedenklicher Weise gefährlich werden kann. [...] 《 IN, Nr. 183, S. 2303.

Eines der traditionsreichsten Gasthäuser in Wilten war der „Templ". Über mehrere Generationen befand es sich in der Hand der gleichen Familie, um schließlich um das Jahr 1988 dem fehlenden Denkmalschutz zum Opfer zu fallen.

# 1878

**22. AUGUST** »| **Der große Zapfenstreich**

gestern Abends zur Siegesfeier der Eroberung von Serajewo war von einer ungeheuern Menschenmenge begleitet, ohne daß sonst irgendwelche Ovationen zu verzeichnen wären. Solche Patrioten, die fast betrübt sind über die Siege unserer Truppen, da ihnen eben der Anlaß entzogen ist, über Regierung und Generalstab loszuziehen, meinten freilich in verschämter Humanität, es wäre besser, Klagelieder anzustimmen über die erlittenen Verluste, als in den ebenso mäßigen als berechtigten Siegesjubel einzustimmen über die errungenen Siege. O diese von Humanität übertriefenden Heuchler! « IN, Nr. 191, S. 2402.

**18. NOVEMBER** »| **Ein Mädchenfänger**

Im allgemeinen Interesse wird hiemit aufmerksam gemacht, daß in den letzten Tagen einige, glücklicher Weise mißlungene Versuche von einem Manne gemacht worden sind, kleine Mädchen zu verführen. Die Kinder in den hiesigen Mädchenschulen sind bereits gewarnt worden. « IN, Nr. 265, S. 3378.

**23. DEZEMBER** »| **Josef Bauer & Sohn, Innsbruck,**

Hauptgeschäft: M.-Theresienstraße 31, Hotel Sonne, Filiale: unter den Lauben im goldenen Dachlgebäude. In unserer Filiale im „goldenen Dachlgebäude" noch immer Ausverkauf aller Gattungen Kleiderstoffe, Flanelle, Möbelstoffe, Teppiche, Leinwanden, Tuchzeuge und anderer Manufakturwaaren, die wir nach und nach ausgehen lassen, zu sehr herabgesetzten Preisen. Wohlthätige Frauen machen wir auf unsere große Auswahl staunend billiger Waren, zu Massengeschenken passend, höflich aufmerksam. Bestellungen von Auswärts werden prompt und gewissenhaft erledigt, Nichtkonvenables anstandslos umgetauscht. « IN, Nr. 295, S. 3813.

Aus dem Geschäft des Josef Bauer wurde später Bauer & Schwarz und mit dem Kaufhaus Tyrol das erste moderne Kaufhaus in Innsbruck. Die Familie wurde im Nationalsozialismus vertrieben.

# 1879

Zu einer Zeit, als das Wahlrecht nur bestimmten Personen zustand, gab es personalisierte Ausweise. Das Wahlrecht wurde zwar immer weiter ausgedehnt, bis zum Frauenwahlrecht wird es noch bis 1918 dauern.

**21. JÄNNER** » | ### Faschings-Chronik

Im Tiroler Hofe werden in diesem Fasching, von hervorragenden Mitgliedern der Innsbrucker Gesellschaft angeregt, Tanzunterhaltungen, oder wohl richtiger gesagt, Bälle auf Subskription veranstaltet, und sind hiefür der 27. Jänner, 12. und 24. Februar in Aussicht genommen. Am 8. Februar findet im Redoutensaale ein Ball der Feldwebel, Oberjäger, Feuerwerker und Wachtmeister der hiesigen Garnison statt. « IN, Nr. 16, S. 188.

**13. MÄRZ** » | ### Der Fackelzug der Studentenschaft

zur Feier der silbernen Hochzeit des Kaiserpaares fand gestern Abends bei sternenhellem Himmel statt. In den ersten Morgenstunden hatte das Wetter einen so bedrohlichen Charakter angenommen, daß man ernstlich an die Verlegung des Fackelzuges auf Freitag oder Samstag dachte, so daß diesbezüglich bereits Plakate gedruckt wurden, wodurch das Mißverständniß in unserem gestrigen Blatte, daß der Fackelzug nicht stattfinde, hervorgerufen wurde. Mittags schon und während der Nachmittagsstunden aber zerstreuten sich die Nebel an den Bergeshängen und das Gewölke am Firmamente, so daß alsbald alle Zweifel schwanden. Gegen Abend wurden an manchen Häusern der Straßen, durch welche sich der Zug programmmäßig bewegen sollte, zur Erhöhung der Feierlichkeit Fahnen ausgehängt. Die Front des Universitätsgebäudes prangte in reichstem Flaggenschmucke. Vor demselben ordnete sich der Zug. [...] « IN, Nr. 60, S. 756f.

Auf dem Entwurf einer Speisekarte der Restauration Flunger von Karl Redlich ist die „Hauptstraße von Wilten" Richtung Norden zu entdecken. Die Zeichnung stammt aus dem Jahr 1889.

5. APRIL    » | ## Kandidaten der katholischen, konservativen Partei,

für die Ergänzungswahl zum Gemeinderath von Seite des ersten Wahlkörpers: Herr Franz Angermair, Handelsmann, Anton Köllensperger sen., Handelsmann, Dr. Cäsar Onestinghel, Advokat, Dr. Julius v. Riccabona, Hausbesitzer, Josef Flunger, Gastwirth (auf 1 Jahr). Die Wahl findet Montag den 7. April im kleinen Redouten-Saale statt. – Sie beginnt um 9 Uhr und endet Schlag 12 Uhr. « IN, Nr. 78, S. 997.

17. MAI    » | ## Die Musikbande von Wilten

ist heute Morgens unter klingendem Spiele und im vollen Nationalkostüme auf den Bahnhof gezogen, von wo sie mit den Schützen von hier zum Festschießen nach Salzburg fuhr. Dortselbst wird sie sich bei dem Schützenaufzuge und in Konzerten produzieren und durch ihre Leistungen sicherlich auch den guten Ruf mancher Musikbanden tirolischer Landgemeinden rechtfertigen. «

IN, Nr. 113, S. 1511.

20. MAI    » | ## Zur Abhilfe einiger Uebelstände

Der gegenwärtige Zustand des Trottoirs in der Hauptstraße der Gemeinde Wilten, zu dessen Herstellung einmal ein anerkennenswerther Anlauf genommen wurde, läßt beinahe befürchten, daß die aufgebotenen Kräfte ermattet und die für das Trottoir bestimmten Gelder allzu frühe erschöpft seien. Diese Straße ist auch nicht ganz gefahrlos zu passiren. Da ist nämlich ein an die Straße stoßendes

Grundstück durch eine sogenannte Gartenmauer abgegrenzt, die aber weiter nichts ist als eine mit Mörtel verkleidete Holzwand, welch zudem sehr gebrechlich und baufällig ist. Von der Gefahr eines seiner Zeit nicht unwahrscheinlichen Einsturzes abgesehen, muß man dem alternden Bau seine starke Vorbeugung zu Gute halten, denn aus Höflichkeit neigt er sich unablässig vor jedem Vorübergehenden ohne Unterschied seines Standes, in der er die Manierlichkeit seines Eigenthümers nicht ohne Geschick nachahmt. Nun kommt ein dritter Uebelstand zu rügen. Die Milchwägen und die Milchkarren scheinen ein größeres Anrecht auf den Gebrauch des Trottoirs geltend machen zu wollen, als ihnen von Rechtswegen gebührt. In dieser Hinsicht dürfte eine ausgiebige Strafe für den Uebertretenden leicht Abhilfe bringen. Das sind so die Bemängelungen einiger Städter, welche hie und da zum Stindl „gearn giangan". « IN, Nr. 115, S. 1548.

14. AUGUST » | Säkularfeier in Pradl
In den Tagen vom 15. bis 17. August wird in Pradl das 200jährige Säkulum der Einweihung des dortigen Seelsorgs- und Wallfahrtskirchleins gefeiert. Die Gemeinde bietet Alles auf, um dieses Fest so schön als möglich zu feiern. Es wird wohl jedes Haus, an dem die Prozession, bei der das Gnadenbild „Mariahilf" umgetragen wird vorüberzieht, festlich dekorirt. Die Feier beginnt heute Donnerstag Abends mit einem feierlichen Rosenkranz; am Freitag wird um 8 Uhr Früh und 7 Uhr Abends Predigt gehalten, ebenso am Samstag Abends 7 Uhr; am Sonntag wird um 8 Uhr Morgens der Hochwürdigste Prälat Blaas von Wilten das Pontifikal-Amt halten und darauf die Weihe des neuen Gottesacker vornehmen. Nachmittag um 2 Uhr findet zum Schluß die feierliche Prozession statt, die großartig zu werden verspricht. Broschüren über die Entstehung und Ausbreitung dieses Seelsorgs- und Wallfahrtskirchleins sind in Karl Rauch's Buchhandlung (Schwick) zu haben. «

IN, Nr. 186, S. 2469.

Die Säkularfeier wurde noch in der hier zu sehenden alten Pfarrkirche begangen. Diese Kirche wurde nach der Errichtung der jetzigen Kirche 1908 ein Magazin und Jugendheim, bevor sie 1941 der Leitgebhalle weichen musste.

# 1879

22. OKTOBER »| Verlaufen hat sich ein Jagdhund

auf den Namen „Diana" hörend, hellbraun mit fein behaarter Decke, weißer Zeichnung am Kopf, Hals, Brust, Füßen und Ruthenspitze. – Der jetzige Besitzer wolle gegen entsprechende Entlohnung denselben in Innsbruck, Museumsstraße Nro. 9 abgeben. « IN, Nr. 243, S. 3199.

25. NOVEMBER »| Cäzilien-Feier

Der alte Brauch der Cäzilien-Feier scheint immer mehr abhanden zu kommen. Es hatten sich sonst Musiker und Musikfreunde zusammengefunden, um in Wort und Ton den Cäzilientag, als das Fest ihrer Patronin zu feiern. Auch in der Kirche auf dem Musikchore bemühte man sich sonst, dieses Fest solenner zu begehen. Abgesehen von andern Rücksichten ist das Verschwinden dieser alten schönen Sitte schon deshalb zu bedauern, da die Cäzilienfeier Musiker und Musikfreunde wenigstens einmal im Jahre in gesellschaftlicher Vereinigung zusammenbrachte. [...] « IN, Nr. 271, S. 3595.

15. DEZEMBER »| Von der Gebäranstalt

Die wohlthätigen Folgen der zweimonatlichen Schließung der hiesigen Gebäranstalt während der Ferien und der vorgenommenen Reinigung und Desinfizirung sämmtlicher Anstaltsräume sind deutlich sichtbar. Seit dem 1. Oktober ist von den 68 entbundenen Verpflegten keine gestorben, von den Neugebornen starben nur 2, davon eines, welches nicht lebensfähig war. Um diese günstigen Verhältnisse auch weiterhin möglichst zu erhalten, wurde, abgesehen von der scrupulosesten Reinlichkeit und fortwährenden Desinfektion mit Carbolsäure, von Professor Kleinwächter die Einrichtung getroffen, daß die Entbindungen nur unter dem Carbol-Nebel vor sich gehen. « IN, Nr. 287, S. 3855f.

Die Gebäranstalt in der Michael-Gaismair-Straße wurde erst 1890 eröffnet. Zuvor war sie am Marktgraben im Spitalsgebäude untergebracht. Die gleichzeitige Auflösung der Vorgängereinrichtung bei Trient führte zu schweren Spannungen mit der italienischen Bevölkerungsgruppe.

Innsbruck.
Landes-Gebäranstalt. – Istituto provinciale delle partorienti.

# 1880

Hötting mit seinen Bauernhöfen eignet sich (bis heute) bestens für idyllische Blicke. Inzwischen gibt es aber nur mehr wenig Landwirtschaft.

31. JÄNNER  ≫ | ## Zu verkaufen
Ein Bauernhof in der Gemeinde Hötting, 50 Minuten von Innsbruck entfernt und nahe der Landstraße, bestehend aus Wohnhaus, zur Sommerfrische für Städter geeignet, mit Wirthschaftsgebäuden und einer zum Messelesen eingerichteten Kapelle, 25 Jauch Aecker und Wiesen, 28 Jauch Wald mit fast durchweg schlagbarem Holzbestand, 5 Grasrechte auf der Höttinger-Alpe, Wasserrecht vom Rausch-Brunnen mit eigener Leitung. Ein Theil des Kaufpreises kann als Hypothek auf dem Gute stehen bleiben. Näheres Innsbruck, Meinhartstraße Nro. 6 im ersten Stock. ≪ IN, Nr. 25, S. 331.

16. FEBRUAR  ≫ | ## Auf der Heimreise gestorben
Am vergangenen Freitage wurde eine Lehrerin israelitischen Bekenntnisses durch ihren Vater von Trient, wo sie ihrem Berufe sich widmete, seit längerer Zeit aber kränkelte, in die Heimat abgeholt. Auf der Reise nach Innsbruck verschied sie plötzlich in Franzensfeste. ≪ IN, Nr. 37, S. 488.

24. MÄRZ  ≫ | ## Blumen-Ausstellung
Die Ausstellung blühender Alpenpflanzen ist im hiesigen k. k. botanischen Garten mit dem heutigen Tage eröffnet worden und zwar stehen die in Töpfen kultivirten Pflanzen auf einer geräumigen Stellage in dem von der Universität begrenzten Theile des Gartens. [...] ≪ IN, Nr. 68, S. 903.

Da Bier bekanntermaßen ein Grundnahrungsmittel ist, gab es früher eine ganze Reihe von Brauereien, die den Durst der Bevölkerung hochqualitativ zu löschen wussten.

4. MAI  >> | ## Eine Dampf-Feuerspritze in Innsbruck!

Ueber diese Nachricht wird Mancher ungläubig sein Haupt lächelnd schütteln und daran zweifeln; aber dennoch ist sie kein Märchen und was das Beste ist: die Dampf-Feuerspritze kostet der Stadt keinen Kreuzer. Die tüchtigen und sehr thätigen Besitzer der Summerer und Soyer'schen Brauerei ließen dieselbe zum eigenen und zum Schutze der weitesten Umgebung von der rühmlichst bekannten Firma Gebrüder Beilhack, Mechaniker in Rosenheim, bauen. Sie wurde nun am vergangenen Donnerstag in Gegenwart der Eigenthümer, des Fabrikaten, des Feuerwehr-Oberkommandanten und andern Mitgliedern der hiesigen freiwilligen Feuerwehr einer Probe unterzogen, welche geradezu überraschend ausfiel. Sie wirft einen herrlichen thurmhohen senkrechten Strahl, liefert mit 4 Strahlröhren 1800 L. per Minute und kann als Zubringer das Wasser bis zum Hotel Europa und zur Nusbaumer'schen Gärberei in hinreichender Menge liefern. [...] << IN, Nr. 101, S. 1372f.

23. JUNI  >> | ## Zerstreutheit

In der Nacht vom Samstag auf den Sonntag wurde vor dem Theater ein kompletter Männer-Anzug mit Ausnahme des Hemdes von der städtischen Polizei gefunden. Wie sich andern Tags herausstellte, hat sich dort ein Schumacher-Geselle in der Meinung, er sei zu Hause, entkleidet und ist dann im Hemde durch die Stadt heim und ins Bett gegangen. << IN, Nr. 141, S. 1963f.

## Ein blutiger Raufhandel

wickelte sich in der Nacht vom Sonntag auf Montag um ½ 2 Uhr vor dem Portale der Pfarrkirche zu St. Nikolaus ab. Zwei Brüder Mößmer von St. Nikolaus, auf dem Heimwege von dem Schankgarten in Büchsenhausen begriffen, wurden von dem Bräuer Ignaz Niedermeier und Binder Benno Wagner, die ebenfalls von Büchsenhausen kamen, eingeholt und mit Steinwürfen traktirt, was einen Wortwechsel absetzte. Gleichzeitig kam von unten herauf ein gewisser Gutleben mit seinem stark angeheiterten Zechgenossen. Der Wortkampf ging alsbald in Thätlichkeiten über. Der Binder machte von seinem scharfen Messer Gebrauch und brachte dem Gutleben eine furchtbare Schnittwunde rund um den einen Oberarm und von der Wölbung der Augenbrauen schief durch die Nase eine Stichwunde bei. Der Schwerverwundete wurde nach großem Blutverluste von der intervenirenden Sicherheitswache in's Spital befördert, der Thäter aber und sein Kampfgenosse in der Morgenfrühe durch die Gendarmerie der Justizbehörde eingeliefert. »

IN, Nr. 187, S. 2674.

## Ertrunken

Gestern Nachmittags gegen 5 Uhr glitt ein 18jähriges Mädchen auf dem Waschfloß ober dem Eisensteg, als sie nach Beendigung ihrer Wascharbeit mit einem Schaffe auf dem Kopfe auf das Uebergangbrett treten wollte, am Rande des Flosses aus und stürzte kopfüber in den Innstrom, der gestern wieder bedeutend höher ging, als die vorhergehenden Tage. Zwei andere Wäscherinnen schrieen vom Floß aus um Hilfe, doch das Mädchen, das zwar noch mehrmals auftauchte, wurde schließlich von den Wellen ganz verschlungen, da auch vom Eisenstege aus keine Rettungsstange etc. der Unglücklichen zugereicht wurde. Ihre Leiche ist noch nicht aufgefunden. « IN, Nr. 193, S. 2648.

Neben dem Eisensteg, der St. Nikolaus und die Stadt verbindet, lag früher ein Floß, auf dem die Wäsche im Wasser des Inn gewaschen wurde. Diese Arbeit war nicht nur hart und kalt, sondern auch gefährlich.

# 1880

2. SEPTEMBER ≫ ## Eine Badeanstalt in Innsbruck

Nachdem in Folge Ankaufes des Dr. v. Rapp'schen Anwesens durch die Stadt die Eröffnung der Grenzstraße zwischen Innsbruck und Wilten in der Richtung der Südfront des Kölle'schen Hauses näher gerückt und die Stadterweiterung dortselbst ermöglicht worden ist, beabsichtigt ein Konsortium von Innsbrucker Bürgern in der Nähe der Serviten-Mühle am Sillkanal eine Waschanstalt und ein den Anforderungen des Komforts entsprechendes Bade-Etablissement zu errichten. Ein Mitglied dieses Konsortiums hat sich zu dem Zwecke bereits auf eine Informationsreise begeben. ≪ IN, Nr. 201, S. 2748.

20. NOVEMBER ≫ ## Zur Stadtverschönerung

In der Innstraße wurde in der letzten Zeit der im Unterbau schadhaft gewordene Brunnen gegenüber dem ehemals Haßlwanter'schen nun Walde'schen Hause einer Reparatur unterzogen. Dieser Brunnen ist einer der wenigen monumentalen Brunnen, welche unsere Stadt aufzuweisen hat. Ueber einer muschelartigen Schale aus einem weißen Marmorsteine steht auf einer kleinen Marmorsäule das Bildniß des hl. Josef ebenfalls aus Marmor. Die Fugen der verschobenen Granitstufen an der Basis dieses Brunnens waren schon lange sehr zerklüftet und das Fundament des Brunnens selbst scheint nicht das festeste gewesen zu sein, da sich Brunnen und Säule bereits bedenklich nach vorne zu neigen begannen. [...] ≪ IN, Nr. 267, S. 3684.

7. DEZEMBER ≫ ## Gasthaus-Eröffnung

Erlaube mir hiemit einem verehrten P. T. Publikum die ergebenste Anzeige zu machen, daß ich in meinem Hause Nr. 53 oberhalb der Grasmayr'schen Gießerei in Wilten eine Wirthschaft errichtet habe und stets bestrebt sein werde, die P. T. Gäste durch Keller und Küche vollständig zu befriedigen. Um geneigten Zuspruch bittet Hochachtungsvollst J. Mayr. ≪ IN, Nr. 281, S. 3894.

# Anhang

Kurzbezeichnungen Zeitungsnamen
Bote von Tirol: siehe unten
IN = Innsbrucker Nachrichten
Tir. Schützztg = Tiroler Schützenzeitung
Tir. Ztg. = Tiroler Zeitung

„Bote für Tirol":
1813: Bote von Tirol
1813: Bote von Süd-Tyrol
1817: Der Kaiserlich Königlich privilegirte Bothe
        von und für Tirol
1820: Der Kaiserlich Königlich privilegirte Bothe
        von und für Tirol und Vorarlberg
1849: Bothe für Tirol und Vorarlberg
1919: Bote für Tirol

Beilagen zwischen 1830 und 1855:
1814: Intelligenz-Blatt zum Boten von Tirol
1817: Amtsblatt zum Kaiserl. Königl. privilegierten Bothen von Tyrol

Eckpunkte der österreichischen Währungsgeschichte
        im 19. und 20. Jahrhundert:
1811: Staatsbankrott
1811: Einführung der sog. Wiener Währung (W.W.)
1816: Gründung der Nationalbank
1820: Beginn der Einführung der Conventionsmünze (C.M.);
        100 Gulden C.M. = 250 Gulden W.W.
1857: Einführung der Gulden-Währung österreichischer Währung (Ö.W.);
        100 Gulden C.M. = 105 Gulden Ö.W.
1892: Einführung der Kronen-Währung;
        1 Gulden = 2 Kronen; 1 Krone = 100 Heller
1922: Inflation
1924: Silberschilling
1938: Reichsmark

# Straßen- und Gassennamen in Innsbruck im 19. Jahrhundert mit ihren heutigen Entsprechungen

| | |
|---|---|
| **Adolf-Pichler-Straße** | *Conradstraße* |
| **Angerzellgasse** | *Verbindung von der alten Universität zum Café Grabhofer* |
| **Bäckerthorgasse** | *Seilergasse* |
| **Bahnstraße** | *Verbindung Waisenhaus zum Bahnhof; heute Brunecker Straße* |
| **Ballhausgasse** | *Schulgasse und Ballhausgasse; heute Kiebachgasse* |
| **Chotekstraße** | *Karl-Kapferer-Straße* |
| **Colinstraße** | *Colingasse* |
| **Dienzgergasse** | *Fallbachgasse* |
| **Dreiheiligenstraße** | *vom Daserbrückl bis zur Pradlerbrücke* |
| **Fabriksgasse** | *vom Eisenbahn-Viadukt bis zur Kirche Dreiheiligen am Militärspital vorbei; Weinhartstraße* |
| **Franziskanergraben** | *Burggraben* |
| **Friedhofallee** | *Innerkoflerstraße* |
| **Gärbergasse** | *am Gärber Nußbaumer'schen Hause in Dreiheiligen entlang; Jahnstraße* |
| **Gilmstraße** | *Verlängerung der Carlstraße bis zur Maria-Theresien-Straße* |
| **Herrengasse** | *vom Burgdurchgang bis zur Herzog-Otto-Straße* |
| **Innallee** | *Innufer vom Turnusvereinshaus bis zum Innsteg* |
| **Untere Innbrückenstraße** | *Innstraße* |
| **Innrain** | *Verlängerung bis zur Innkaserne* |
| **Judengasse** | *Schlossergasse* |
| **Karl-Ludwig-Platz** | *Adolf-Pichler-Platz* |
| **Karlstraße** | *Wilhelm-Greil-Straße* |
| **Kirchgasse** | *Schmelzergasse* |
| **Landhausstraße** | *Meranerstraße* |
| **Margarethenplatz** | *Bozner Platz* |
| **Maximilianstraße (östlicher Teil)** | *Salurnerstraße* |
| **Neue Quaistraße** | *Herzog-Otto-Straße* |
| **Neustadt bzw. Vorstadt** | *Maria-Theresien-Straße* |
| **Obere Innbrückenstraße** | *Mariahilfstraße* |
| **Obere Kapuzinergasse** | *Saggengasse* |
| **Ofenlochgasse** | *Badgasse* |
| **Pfarrplatz** | *Domplatz* |
| **Postgasse** | *Fuggergasse* |
| **Rudolfstraße** | *vom Boscarolli'schen Hause bis zur Mündung in die Bahnhofstraße; Brixnerstraße* |
| **Saggengasse** | *Kaiserjägerstraße* |
| **Sarntheingasse und Judengasse zusammen** | *Schlossergasse* |
| **Seilergasse** | *Seilergasse und Bäckerthorgasse zusammen* |
| **Servitengasse** | *Welsergasse* |
| **Schulgasse** | *Ballgasse; heute Kiebachgasse* |
| **Sillgasse** | *obere Sillgasse vom Scheyringhaus bis zur Museumstraße* |
| **Stadtplatz, oberer und unterer** | *Herzog-Friedrich-Straße* |
| **Stallgasse** | *Stiftgasse* |
| **Universitätsstraße** | *1873 verlängert um die ehemalige untere Sillgasse bis zum Daserbrückl* |
| **Untere Kapuzinergasse** | *Kapuzinergasse* |
| **Ursulinergraben** | *Marktgraben* |
| **Viaduktgasse** | *vom Christofhause zur Dreiheiligenstraße; Ing.-Etzel-Straße* |

# Begriffserklärungen

**(Neujahrs-)Entschuldigungskarte**  *Eine ab ca. 1820 zugunsten des Armenfonds herausgegebene Karte, mit der man von den oft als lästig empfundenen Neujahrswünschen „entschuldigt" war*

**Abdecker**  *Heute meist Wasenmeister genannt; entsorgt Tierkadaver*

**Adjunkt**  *Gehilfe oder Assistent eines Beamten*

**Aerar**  *Staatsvermögen, aus materiellen und immateriellen Werten bestehend*

**Aerarial-Obligation**  *Staatsschuldverschreibung*

**Agentie**  *Geschäftsstelle; auch Agentur, Vermittlungsbüro*

**Aktivitätsvokal**  *Hohes Ehrenamt in einem Verein um 1860? Konnte aber nicht mit Sicherheit geklärt werden*

**Allerhöchstes Gut**  *Monstranz*

**Amraser See**  *Ehem. Fischteich zur Versorgung des landesfürstlichen Hofes, sinnigerweise etwa auf dem Areal des heutigen Einkaufszentrums in Amras*

**Apostolische Majestät**  *Ehrentitel der Könige von Ungarn*

**Appellationsgericht**  *Übergeordnetes Gericht oder Berufungsgericht*

**appliciren**  *verabreichen, gebrauchen, anwenden, anbringen*

**Arcana**  *Geheime „Mittelchen", Geheimnis*

**Archenversicherung**  *Wasservorbau; Schutzbau gegen Erosion*

**Armenfonds**  *Armenstiftung, die die Funktionen eines heutigen Sozialamtes erfüllte*

**Assentirung**  *Prüfung auf militärische Tauglichkeit*

**Ausstellungsplatz**  *Gelände auf dem heutigen Messegelände*

**Bataillefeuer**  *Feuerordnung im Gefecht unter erschwerten Umständen*

**beiläufig**  *annähernd, ungefähr*

**besoffene Mette**  *Ursprünglich war Mette eine morgendliche Uhrzeit (vom Gottesdienst abgeleitet); daraus wurde dann ein alkoholisches Gelage bzw. das Erbrechen der Zecher*

**Brenta**  *Eigentlich ein veraltetes Hohlmaß; hier in der Bedeutung einer Wanne*

**bronciren**  *Einer Oberfläche das Aussehen von Metall bzw. Bronze geben*

**Bücher-Revisions-Kommission**  *Amtliche Stelle zur Überprüfung der Einhaltung der Zensurordnung, Zensurstelle*

**Busennadel**  *Auszeichnung, Anstecknadel, Brosche*

**Cäzilienfeier**  *Gedenkfeier am Tag der Heiligen Cäcilia von Rom (Märtyrerin); 22. November*

**Carbolsäure**  *Heute als Phenol bekannt, seit 1865 als Desinfektionsmittel in Verwendung*

**Censur**  *Staatliche Überprüfung von Publikationen, um Informationen zu unterdrücken*

**Chemisette**  *Kleines Hemd, meist die Hemdbrust beim Smoking bzw. Kragentuch bei Frauen*

**Chocolade**  *Kakao, Schokolade*

**Cholera**  *Bakterielle epidemische Infektionskrankheit, die auf verschmutztes Wasser zurückzuführen ist. Heute nur mehr in Entwicklungsländern*

**Choleraspital**  *Im Zuge einer Cholera-Epidemie zur Isolation der zahlreichen Kranken errichtetes Not-Spital*

**Combattant**  *Eigentlich: Soldat, regulärer Kämpfer; hier: Raufer*

**Comptoirist**  *Büroangestellter eines Geschäftes, meist im Bereich der Buchhaltung*

**Conventikel**  *Religiöse Zusammenkunft außerhalb eines Gotteshauses*

**Conventuale**  *Ordensmitglieder*

**Conversationstänze**  *gängige Gesellschaftstänze*

**Currentschrift**  *Handgeschriebene Schrift mit zusammenhängenden Buchstaben im Gegensatz zur Druckschrift*

**Currentmeter**  *Laufmeter*

**Dachbrente**  *Trog, Wasserkessel; hier Löschwasserbehältnis*

**ddo.**  *de dato, ab Datum, gegeben zu (am Ort, an dem z. B. eine Verordnung erlassen wurde)*

**defiliren**  *Feierliches Vorbeischreiten meist von militärischen Verbänden*

| | |
|---|---|
| **Depesche** | *Telegramm* |
| **Deutschtirol** | *Gebiete Tirols, in denen Deutsch gesprochen wurde* |
| **Dispens** | *Amtliche Befreiung von einem Gebot oder Verbot* |
| **Domestike** | *Dienstbote, Diener oder sonstiges Hauspersonal* |
| **domiciliren** | *beheimatet sein* |
| **Douche** | *Dusche, Wasserbad, Spritz- oder Gießbad* |
| **Dukaten** | *Goldmünze, die in Österreich bis heute nachgeprägt wird* |
| **Effektuirung** | *Versand einer Ware, Leistung einer Zahlung, Ausführung eines Auftrags* |
| **Einfriedungsmauer** | *Umzäunungsmauer* |
| **Eisensteg** | *Heute der Emile-Béthouart-Steg zwischen St. Nikolaus und dem Hofgarten* |
| **Eisenvitriol** | *Eisensulfat; ein Lösungsmittel, das früher zur Reinigung von Abwasser verwendet wurde* |
| **Erdtoschen** | *Eine vor allem in Bayern vorkommende Bezeichnung für manche Rüben* |
| **Erzherzog** | *Bei den Habsburgern meist als Titel aller nicht regierenden Prinzen und Prinzessinnen des Hauses Habsburg verwendet* |
| **Eskamotage** | *Taschenspielerei, aber auch Kunst der Illusionisten* |
| **Este** | *Bedeutendes italienisches Adelsgeschlecht, ab dem 19. Jh. eine Nebenlinie der Habsburger, die den Thronerben stellte* |
| **Etablissement** | *Betrieb, Niederlassung, Vergnügungsstätte (bis hin zum Nachlokal)* |
| **Etagere** | *Regalähnliches Gestell* |
| **Evolution (militärische)** | *Bewegung eines militärischen Truppenteils* |
| **Exerzierhof** | *Kasernenhof* |
| **Fahrnis** | *Bewegliche Sachen* |
| **Fechsung** | *Ernte, Ernteertrag* |
| **Feldbataillon** | *Militärischer Truppenverband* |
| **Festschießen** | *Feierliches Wettschießen auf einem Schießstand* |
| **Fleischbank** | *An einem Ort zusammengefasste Verkaufsstände der Metzger eines Ortes. In Innsbruck war dies ein eigenes Gebäude am heutigen Marktplatz* |
| **Flitschen(-haufen)** | *Fetzen, Müll* |
| **Franziskanergraben** | *Heute Burggraben, umgangssprachlich auch der Franziskanerplatz* |
| **Freischießen** | *Ursprünglich ein Schützenfest, bei dem sich der Sieger von der Steuer „freischießen" konnte* |
| **Fürstbischof** | *Ein Bischof, der neben der geistlichen Macht auch ein Territorium als Landesherr regierte* |
| **Gala** | *Repräsentative Ausgehuniform* |
| **Galli bzw. auf Galli** | *Tag des Hl. Gallus am 16. Oktober, verbreiteter Termin für Übersiedlungen und berufliche Veränderungen* |
| **Gallwiese** | *Ein Flurname im Westen von Innsbruck, nahe dem Sieglanger* |
| **Ganterbaum** | *Unterlage(-balken) für Fässer* |
| **Garnison** | *Ort, an dem militärische Truppenteile längerfristig untergebracht sind* |
| **Gasometer** | *Eigentlich nur Gasbehälter, gemeint sind aber meist die großen Gasbehälter am Gaswerk* |
| **Gebäranstalt** | *Krankenhaus speziell für Geburtshilfe* |
| **Gefällenverwaltung** | *Verwaltung der Steuereinnahmen aus Verbrauchssteuern oder Monopolen (Salz, Tabak etc.)* |
| **Gerechtsame** | *Auch als Gerechtigkeit bezeichnet; ein Recht oder eine Befugnis der Allgemeinheit gegenüber* |
| **Gesellenvereins-Haus** | *Eine Art Herberge für wandernde Handwerksgesellen, wo diese kostenfrei unterkommen konnten. Diese Einrichtung geht auf Adolph Kolping zurück* |
| **Gewerbeverein** | *Örtliche Vereinigung von Gewerbetreibenden, auch aus verschiedenen Berufen, um die gemeinsamen Interessen zu vertreten* |
| **Gewinnst** | *Gewinne bei einer Lotterie* |
| **Gießen** | *Flur- und Bachname in der Höttinger Au* |
| **Gilet** | *Ärmellose Jacke* |
| **Glückstopf** | *Lotterie* |

| | |
|---|---|
| Gottesacker | Friedhof |
| Grießhaken | Der Begriff konnte nicht eindeutig geklärt werden. |
| Groom | Beifahrer eines Pferdegespanns; hier ist eine Sportkleidung gemeint |
| Gubernialrat | Rat der Regierung einer Provinz des Kaiserreiches; Amtstitel |
| Gubernium | Regierung einer Provinz des Kaiserreiches |
| Guirlande | Girlande; dekoratives Band aus Laub, Stoff oder Papier |
| Guldenzettel | Geldschein, auf Gulden lautend |
| Gymnasial-Präfekt | Vorstand/Direktor eines Gymnasiums |
| Haslinger | Haselstecken, hier als Rute gemeint |
| Heliometer | Gerät zum Messen von Winkeln in der Astronomie |
| Herbarium | Sammlung getrockneter Pflanzen |
| Hirschanger | Flurname im Bereich des Klosters Ewige Anbetung |
| Hofmühle | Mühle an der kleinen Sill im Bereich der Sillgasse |
| Holztriftkanal | Kanal, der von der Rechengasse bis zum Innrain, etwa auf der Höhe des heutigen Finanzamtes, führte |
| Hornviehkrankheit | Wahrscheinlich Maul- und Klauenseuche |
| Hörner-Abstand | In der Astronomie Abstand der „Hörner" des Mondes |
| Höttinger-Alpe | Höttinger Alm |
| Höttinger Ried | Flurname, am Fuße von Hötting |
| Hülfe | Hilfe |
| Hundswuth | Tollwut, tödlich verlaufende Infektionskrankheit |
| hydropathisches Blatt | Möglicherweise eine Art frühes Kontaktmagazin |
| Industrie-Schule | Spezielle Schulen, in denen Kinder aus der Unterschicht so weit ausgebildet wurden, dass sie in Industrie und Gewerbe arbeiten konnten |
| inundirt | Überflutet; natürlich bedingte Überflutung eines Gebietes, das normalerweise trocken liegt |
| Invalidenfonds | Fonds zur Unterstützung von (meist) Kriegsinvaliden |
| Israeliten | Juden |
| instradirt | Über eine bestimmte Straße befördert |
| Jauch | Tiroler Flächenmaß, eigentlich die Fläche, die ein Ochse an einem Tag bearbeiten konnte |
| k.k. | Kaiserlich-königlich; bis 1867 Einrichtungen des Gesamtreiches |
| k.u.k. | Kaiserlich und königlich; ab 1867 Einrichtungen des Gesamtreiches |
| kantoniren | Truppen unterbringen |
| Kartusch | Patronentasche am Schulterriemen |
| Kasinogesellschaft | Vereinigung der männlichen Oberschicht einer Stadt, die der Unterhaltung und der Kommunikation diente |
| Katafalk | Gerüst, auf dem ein Sarg steht |
| Kegelbestscheiben | Wettkegeln |
| Kirchenparamente | Kostbare, in der Kirche verwendete Textilien |
| Klafter | Altes Längenmaß, in Österreich ca. 1,9 Meter |
| Kleine Sill – Sillkanal | Bedeutender künstlicher Kanal seit dem Hochmittelalter, der als Energielieferant zahlreiche Mühlen und Hammerwerke in der Stadt antrieb. Verlief unter anderem durch die Adamgasse, die Meinhardstraße und den heutigen Klara-Pölt-Weg |
| Kleinkinder-Bewahranstalt | Entspricht heute einem Kindergarten oder Kinderhort |
| Klenken | Aus dem Mittelhochdeutschen „klingen machen"; Klingen |
| Klosterkaserne | Ehemalige Kaserne in der Universitätsstraße, heute befindet sich dort die Sozial- und wirtschaftswissenschaftliche Fakultät |
| Konvikt – Konviktgebäude | Studienhaus im Stile eines Stiftes, das auch über eine Seelsorge-Einrichtung verfügt |
| Korps | Als Offizierskorps die Gesamtheit der Offiziere eines Truppenteiles |
| Kreisamt | Entspricht nach früherer Verwaltungsstruktur etwa einem Bezirk |
| Kremsier | Ort im heutigen Tschechien, in dem der Reichstag einen von Kaiser Franz Joseph ignorierten Verfassungsentwurf ausarbeitete, den sog. Kremsierer Entwurf |

| | |
|---|---|
| **Kronland** | *Teilgebiet des Kaisertums Österreich, das die Habsburger im Laufe der Zeit errungen hatten. Dazu gehörten beispielsweise Kärnten, Krain, Dalmatien, Tirol, Steiermark* |
| **Kuratiekirche** | *Kirche, die aus bestimmten Gründen noch keine eigene Pfarre bildete* |
| **Landeshauptschießstand** | *Wichtigster Schießstand, der mehrfach verlegt wurde: zuerst in Mariahilf gelegen, später im heutigen Olympischen Dorf, jetzt bei Arzl* |
| **Landgericht** | *Bedeutendste Gerichtsform, die an zahlreichen Orten bestand* |
| **Landsturm** | *Eigentlich das „letzte Aufgebot" aller Männer, die ein Land verteidigen können bzw. im Kriegsfalle Funktionen übernehmen können, die sonst von Soldaten wahrgenommen werden* |
| **Landtag** | *Parlament eines Bundeslandes in Österreich; geht in Tirol in seinen Ansätzen bereits auf das Hochmittelalter zurück* |
| **Laninger** | *„Fahrendes Volk", das sich mit Scherenschleifen, Kesselflicken und ähnlichen Gelegenheitsarbeiten über Wasser zu halten versuchte* |
| **Leuchtgas – Kohlengas** | *Auch als Stadtgas bezeichnet, durch Kohlevergasung erzeugt; später durch Erdgas ersetzt* |
| **leucosiren** | *Wohl von Leucojum, der Knotenblume, abgeleitet; meint das Bleichen bzw. Aufhellen von Zähnen, um sie weiß zu machen* |
| **Liedertafel** | *Gesangsverein in Innsbruck* |
| **Liqueur** | *Likör, auch Sammelbegriff für verschiedene alkoholische Getränke* |
| **Lithographische Anstalt** | *Anstalt, die reproduktionsfähige (Stein-)Platten zum Druck von Darstellungen („Lithographien") herstellte* |
| **Lohnkutscher** | *Kleines „Fuhrunternehmen" des 19. Jahrhunderts* |
| **Lungenlähmung** | *Sammelbegriff für zahlreiche (tödliche) Erkrankungen der Lunge* |
| **Lungenseuche** | *Bei Rindern eine bakterielle Infektionskrankheit, heute werden erkrankte Tiere nicht behandelt, sondern getötet* |
| **Malfatti Institut** | *Erziehungsanstalt für verwahrloste Knaben, gestiftet von Alois Malfatti* |
| **von Maroicic-Infanterie** | *Infanterie-Truppe unter dem Kommando von Joseph von Maroicic di Madonna del Monte* |
| **Maul- und Klauenseuche** | *Sehr gefährliche Tierseuche, befallene Tiere werden getötet* |
| **Menagerie** | *Eigentlich eine Art höfischer Tiergarten, im 19. Jahrhundert eine wandernde Tierschau* |
| **Mohrenmädchen** | *Mädchen aus Afrika* |
| **Mühewaltung** | *Arbeit, Aufwand, Bemühung* |
| **Musikverein** | *Vereinigung von Innsbrucker Bürgern zur Pflege der Musik* |
| **Nationalgarde** | *Paramilitärische Formation aus Freiwilligen und Reservisten* |
| **Nationaltheater** | *Ehemalige Bezeichnung des heutigen Landestheaters* |
| **Nekrolog** | *Nachruf, manchmal auch Totenverzeichnis* |
| **Neuraut** | *Flurname auf dem Gelände des heutigen Frachtenbahnhofes* |
| **Oekonom** | *Früher: ein Landwirt, Bauer* |
| **Offizierskorps** | *Gesamtheit der Offiziere eines Truppenteiles* |
| **Optikus** | *Optiker, Augenoptiker* |
| **P. T.** | *Prämissio titulo; nach vorausgeschickten Titeln, alle Titel einer Gruppe von Menschen* |
| **paradiren** | *vorbeimarschieren* |
| **Pastinakwurzel** | *Wurzelgemüse, ähnlich der Karotte* |
| **Peterspfennig** | *Spende zugunsten des Papstes* |
| **Pfefferrösel** | *Vermutlich eine Leckerei aus Marzipan, der mit Pfeffer und Zimt vermischt ist* |
| **Pflastergeld** | *Abgabe für das Benützen einer gepflasterten Straße, mit der weitere Pflasterungen bezahlt wurden* |
| **Pfründner** | *Inhaber einer Pfründe, also der Einnahmen aus einem Amt, oder auch Insasse eines Altersheimes bzw. Armenhauses* |
| **Physiognomie** | *Äußere Erscheinung, charakteristische Gesichtszüge* |
| **Placirungsbureau** | *Vertretung, hier Inseratenbüro* |

| | |
|---|---|
| **Posamentier-Geschäft** | *Geschäft für Zierfäden und -behänge, meist aus goldfarbigen Geweben (Borten, Kordeln, Spitzen)* |
| **Postfelleisen** | *Verschlossener Behälter, in dem Briefe transportiert wurden und der erst am Bestimmungsort geöffnet wurde* |
| **Postillon** | *Lenker einer Postkutsche als Pferdegespann* |
| **Pränumeration** | *Eine Vorausbezahlung von Büchern oder Zeitungen, ähnlich einem Abo* |
| **Precipisse** | *Der Begriff konnte nicht eindeutig geklärt werden.* |
| **Preßfreiheit** | *Das Grundrecht jedes Menschen, seine Meinung ohne Eingriff einer Zensur in Wort und Bild zu vertreten* |
| **Produktionsbewilligung** | *Genehmigung, auftreten zu dürfen; also sich zu produzieren* |
| **Protektor** | *Schutzherr* |
| **Provinzialhauptstadt** | *Hauptstadt einer Provinz des Reiches, entspricht heute der Landeshauptstadt* |
| **Prügelbau** | *Gebäude am ehem. Holztriftkanal am Innrain, in der Nähe der heutigen Universität. Dort wurden Holzprügel aus dem Kanal gefischt* |
| **Realschule** | *Ehemaliger Schultypus mit Betonung der Berufsvorbereitung; heute noch als Realgymnasium geführt* |
| **Reaumur** | *Früher verbreitete Temperaturskala; Ende des 19. Jahrhunderts außer Gebrauch geraten* |
| **Rechenschaftsbericht** | *Bericht über einen Zeitraum, meist von Unternehmen, die damit den Fortgang der Geschäfte dokumentieren* |
| **Redoute** | *Ballveranstaltung bzw. Maskenball* |
| **Redouten-Saal** | *Veranstaltungssaal, Ballsaal* |
| **Reichstag** | *In diesem Fall: Volksvertretung in Österreich, die nach der Märzrevolution von 1848 errichtet und 1849 wieder aufgelöst wurde* |
| **Remm** | *Eine Art Scheune, Lagerraum für Heu* |
| **Rennplatz** | *Alte Bezeichnung des Rennweges, vor allem des oberen Teiles* |
| **Restant** | *Wehrpflichtiger Arzt beim Militär* |
| **Rettungsstange** | *Eine an Gewässern gelagerte Stange, mit der man Menschen aus dem Wasser bergen konnte* |
| **Reunion** | *Alte Bezeichnung für eine gesellige Veranstaltung* |
| **Revue** | *Eine Art Musiktheater, ähnlich der Operette* |
| **Rgr.** | *Vermutlich Reichsgroschen, deutsche Kleinmünze* |
| **Ritsche** | *Eine Art offener Kanal zur Abwasserbeseitigung und Löschwasserzuführung ohne eigenen Hausanschluss* |
| **Ritterakademie** | *Ehemalige Bildungsanstalt für Söhne aus adeligen Familien; in Innsbruck erstmals 1775 gegründet* |
| **Rosenkranzbruderschaft** | *Eine religiöse Bruderschaft für Laien, die sich dem Rosenkranzgebet widmete* |
| **Rupfen** | *Grobes Gewebe aus ungewaschener Jute oder Flachs* |
| **Sägenfeiler** | *Ausgestorbenes Handwerk, das sich mit der Herstellung von Sägen beschäftigte* |
| **Salettel** | *Eine Art Gartenhaus in Form eines Pavillons* |
| **Salinenarbeiter** | *Arbeiter in einem Salzbergbau, hier ist jener von Hall in Tirol gemeint* |
| **Schah** | *Titel des persischen Königs* |
| **Schießstandsanger** | *Flurname in Mariahilf am Landeshauptschießstand* |
| **Schiffsbrücke** | *Auch Pontonbrücke; eine Brücke aus Schwimmkörpern oder Schiffen* |
| **Schifteln** | *Ein Süßgebäck, Krapfen* |
| **Schlagfluss** | *Schlaganfall, Gehirnschlag* |
| **Schlußcommers** | *Offizielle Feier zum Abschluss eines (meist mehrtägigen) Zusammentreffens, vor allem bei Studentenverbindungen und Vereinen* |
| **Schmetten** | *Rahm bzw. fetthaltiger Teil der Milch* |
| **Schodder** | *Schotter* |
| **Schuh** | *Altes Längenmaß von ca. 30 cm; heute noch in England üblich* |
| **Schutzpocken-Impfung** | *Impfung gegen die Pockenkrankheit, bei der mit einer minimalen Pockenvirendosis geimpft wird* |
| **Schwimmschule** | *Bad, Badeanstalt* |

| | |
|---|---|
| **Sekularfeier** | *Feier eines Jahrhunderts; Jubiläum von 100 Jahren* |
| **Serenade** | *Abendveranstaltung, Konzert (meist im Freien);* |
| | *auch Komposition für ein kleines Orchester* |
| **Shawl** | *Schal, Halstuch* |
| **Sirocco – Sirokko** | *Eigentlich heißer Wind im Mittelmeerraum; hier in der Bedeutung von Föhn* |
| **solenner** | *feierlich, festlich* |
| **Solferino** | *Ort südlich des Gardasees, bekannt durch die Schlacht 1859,* |
| | *die zur Gründung des Roten Kreuzes geführt hat* |
| **Solar-Jahr** | *Ist das uns heute bekannte Kalenderjahr von 1.1. bis 31.12. – die Zeit,* |
| | *die die Erde bei einem Umlauf um die Sonne benötigt* |
| **Söller** | *Balkon, Dachboden, Austritt* |
| **Souffleur** | *„Einsager" beim Theater, der in einem Kasten am vorderen Rand der Bühne sitzt* |
| **Staar** | *Altes Getreidemaß von ca. 30 Litern* |
| **Thennwerk** | *Teil von Stallungen, Tenne* |
| **Wasserwahl; Wahler** | *Künstliches Bewässerungssystem aus Schleusen und Kanälen* |

# Freier Eintritt ins Stadtmuseum Innsbruck!

Haben Sie Lust auf noch mehr Innsbruck bekommen?
Dann besuchen Sie das **Stadtarchiv/Stadtmuseum**
(Badgasse 2 in der Innsbrucker Altstadt). Die Dauerausstellung
„Stadtgeschichte" zeigt Glanzstücke zur Geschichte Innsbrucks
beginnend im 12. Jahrhundert bis zu den Olympischen Winter-
spielen von 1964 und 1976.

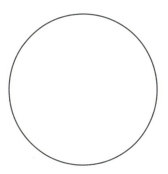

Mit dem Buch *Innsbrucker Alltagsleben* in der Hand erhalten Sie
und Ihre Begleitung **einmalig freien Eintritt.** Darüber hinaus können
Sie sich auf dieser Seite einen **Sonderstempel** eintragen lassen,
der aus Ihrem Exemplar ein individuelles Sammlerstück macht.

Wir freuen uns auf Ihren Besuch!

## Weitere Bücher von Lukas Morscher im Haymon Verlag

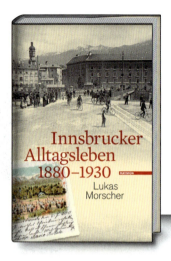 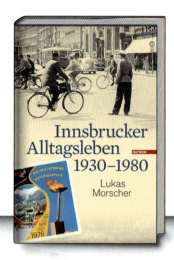

**Lukas Morscher**
Innsbrucker Alltagsleben 1880 –1930
gebunden, mit zahlreichen Farbabbildungen
256 Seiten, € 24.90
ISBN 978-3-85218-687-0

**Lukas Morscher**
Innsbrucker Alltagsleben 1930 –1980
gebunden, mit zahlreichen Farbabbildungen
256 Seiten, € 24.90
ISBN 978-3-85218-739-6

Was hat den Alltag der Innsbrucker in den Jahren von 1880 bis 1930 bewegt? – Die ersten elektrischen Lampen in einem Innsbrucker Gastgarten, ein Auto im Sillkanal, der König von Siam auf der Durchreise, ein Fliegerangriff, ein Mord in Amras und vieles mehr.

Der Besuch der Queen Elisabeth, der Abzug der Franzosen, die olympischen Spiele und das Rolling-Stones-Konzert, aber auch die Abschaffung der Lebensmittelmarken und nicht zuletzt der Frauenmörder am Patscherkofel haben die Innsbrucker zwischen 1930 und 1990 in Atem gehalten.

**Lukas Morscher,** als Leiter des Innsbrucker Stadtarchivs der Experte für die Geschichte der Stadt, macht anhand von Zeitungsberichten und erstmals veröffentlichten Fotografien den Innsbrucker Alltag in seiner Reihe *Innsbrucker Alltagsleben* wieder lebendig.

**www.haymonverlag.at**